한국전쟁기 소설 연구

김문수 지음

국학자료원

■머리말

　이 책은 한국전쟁기 소설에 대한 연구서이다. 꽤나 오래 전 박사학위 논문으로 발표했던 것을 묵혀두었다가 보완 재정리하여 한 권의 책으로 펴낼 용기를 내었다. 논문 발표 뒤 좋은 후속 논문 내지는 관련 논문들이 나온다면 굳이 책으로 만들 필요가 없을 것이라고 생각해 왔던 터다. 그러나 이 분야에 관한 연구는 연구의 여지나 가치가 그렇게 많지 않다는 인식 탓인지 관련 논문이나 저서가 보이지 않았다. 부족한 대로 책으로 묶어 남기기로 용기를 내게 된 소이다.

　'6·25전쟁'과 '소설'이 본 연구의 핵심어가 될 것이다. 6·25전쟁이라면 필자에게는 유년기 체험에 속할 것이다. 전쟁에 관한 기억은 없다. 그러나 서너 살 적 중조부모 이하 대가족이 소달구지에 간단한 가재도구를 싣고 재 너머 청도 쪽으로 피란을 갔다고 하니, 아마도 낙동강 전선의 대포 소리를 들었을 것이고 전투기가 날아다니는 광경도 목도했을 것이다. 전후 국민학교 시절 등하굣길의 시냇가나 낙동강변의 모래사장에는 크고 작은 포탄의 탄피가 심심찮게 발견되기도 했다. 놀잇감이 되기도 했고 가끔씩 사고의 원인이 되기도 했다. 그리고 상이군인과 고아, 거지와 나환자, 구호물자와 보릿고개 등 끔찍한 상흔들도 기억한다. 그러한 6·25전쟁은 시대·역사의 굴곡인 채 반세기를 훌쩍 넘어 여전히 현재적 상태로 남아 있다.

　그리고 소설이란 무엇일까. 필자가 글을 익힌 이후 가까이했던 갈래의 하나이면서 대학 이래 공부를 해 온 분야이지만 지금껏 풀리지 않은 화두로 남아 있을 뿐이다. 소설은 사람 사는 이야기라고 한다. 그러니까 어떻게 살았던가에 대한 끊임없는 반성이며, 어떻게 살 것인가에 대한 끊임없는 물음일 것이다. 그것에 대한 간명한 답이 없기에 수많은 소설들이 나왔고 또 앞으로도 계속 창작될 것이다.

이 두 가지의 키 워드를 결합시켜야 하는 거대한 논제에 대하여 주눅들 수밖에 없는 일이었다. 그래서 먼저 겸손해야 되겠다고 마음먹었다. 따라서 여기저기 흩어져 있고 묻혀 있던 자료를 충실히 찾아내고, 한 사람의 성실한 독자가 되어 꼼꼼하게 읽어내고자 했다. 그러나 애초의 의욕대로 성취하지는 못했다. 부족하지만 이 책이 한국현대소설 연구에 조그마한 벽돌이 되었으면 하는 바람이다. 그리고 이 연구가 보다 훌륭한 연구를 위한 거름이 되었으면 더욱 더 좋겠다.

선뜻 출판을 허락해 주신 정구형 사장님·김성달 이사님, 그리고 꼼꼼하게 본문의 내용까지를 더듬어 가며 편집에 수고하신 이하나 대리·신수빈 씨와 편집 디자인실의 정유진·윤지영 씨께 깊은 감사의 말씀을 드린다.

2013년 2월
김 문 수

차 례

머리말 3

제1부. 서론   9
 1. 문제의 제기와 기존 연구 검토   9
 2. 연구 범위 및 방법   15

제2부. 한국전쟁기의 문단과 문학론   23
 1. 전쟁기의 문단   24
   1) 문단의 상황과 작가들의 동향   24
   2) 종군작가단의 조직과 활동   33
 2. 전쟁기의 문학론   38
   1) 한국전쟁과 전쟁문학론   39
   2) 전시문화 정책론 내지 문화전선 구축론   46
   3) 창작방법론   51
   4) 실존주의 문학론의 수용과 휴머니즘론   56

제3부. 전쟁의 비극성과 전장의 군인상   63
 1. 한국전쟁의 비참상   66
   1) 이념의 충돌과 형제 살해   66
   2) 극한적 상황과 무차별적 폭력성   74

2. 전장의 군인상   80

   1) 인민군의 비인간성과 이념의 허구성   80
   2) 국군의 애국심과 승전의식   87

제4부. 인민군 치하의 삶과 생존의 방식   99

1. 이데올로기와 생존의 문제   103

   1) 기회주의적 이념 선택과 과잉적응   103
   2) 이념 대립의 무위성과 동족의식   112

2. 인민군 치하 삶의 두 가지 표정   119

   1) 절망감과 패배의식   119
   2) 전시와 일상성   129

제5부. 전후방의 총화 또는 거리   137

1. 현실 극복 의지와 응전력   139

   1) 군·민의 화합과 총력의식   139
   2) 희생정신과 참전의식   144

2. 후방 세태와 역사에의 각성   155

   1) 전선과 후방의 괴리   155
   2) 전쟁과 휴머니즘   164

제6부. 피란민 군상과 삶의 변모   171

1. 뿌리뽑힌 삶   175

1) 궁핍과 안주 공간의 부재　175
   2) 이산과 가정의 파괴　186
 2. 전도된 가치관　191
   1) 뒤틀린 인간상과 굴절된 삶　191
   2) 먹고살기 방도와 윤리적 파탄상　198

제7부. 전쟁 밖의 세계　225

 1. 시대의 음영　228
   1) 민족의식과 반민족의식　228
   2) 1950년대 삶의 내면 풍경　235
 2. 전통 정서와 세태　240
   1) 혈육의 정 및 뿌리지키기 의식　240
   2) 서정세계와 세태　251

제8부. 결론　259

<부록> 검토 작품 목록(연대순)　271
참고문헌　277
찾아보기　288

제1부. 서론

1. 문제의 제기와 기존 연구 검토

본 연구의 목적은 첫째 한국전쟁기 소설의 실상을 파악하고, 둘째 전시와 문학의 이음새에 있어서 당대 정신사로서의 문학의 의미 체계를 구명하여, 셋째 이를 바탕으로 하여 그 적절한 문학사적 자리 매김을 하는 데에 있다. 본 연구가 한국전쟁기의 소설에 관심과 초점을 맞추게 된 것은 한국전쟁기의 소설이 한국현대소설사적으로 특별한 의미를 구축하고 있고 우리 문학사의 귀중한 유산임에도 불구하고 그 동안 학계의 논의에서 소외되어 왔다는 점에 있다.

지금까지 한국현대소설의 작가·작품 혹은 사적 연구에 있어서 해방 이후 6·25 이전은 '해방기' 또는 '해방공간'이라는 이름으로, 6·25 이후는 '전후소설' 혹은 '1950년대 소설'이라는 주제로 많은 연구와 진전을 보이고 있고,[1] 1960, 1970년대를 거쳐 거의 1990년대까지의 소설이 검

---

1) <해방기 소설 연구>
    김윤식,「해방공간의 문학」,『해방 전후사의 인식』2, 한길사. 1985.
    김흥규,「민족문학과 순수문학」,『한국문학의 현단계』Ⅳ, 창작과 비평사, 1985.
    권영민,『해방 직후의 민족문학운동 연구』, 서울대출판부, 1986.
    김성렬,「광복 직후 좌우 대립기의 문학 연구」, 고려대 대학원 박사학위논문, 1989.

토되고 있는 마당2)에 그 중간 즉 1950년 6월말 이후 1953년 7월말까지의 전쟁기 소설에 대한 연구는 극히 단편적이거나 취급을 하지 않는 등 거의 공백지대로 방치해 두고 있는 실정이다.

이재선은『한국 현대소설사』에서 전쟁의 파괴 양상과 충격의 경험을 체감적으로 제시한 점에 있어서는 그 나름으로서의 의의를 가지고 있음에도 불구하고, 소화할 수 없는 현실 양상에 대한 미학적 소화불량 상태

김승환,「해방공간의 농민소설 연구」, 서울대 대학원 박사학위논문, 1989.
김윤식 외,『해방공간의 문학운동과 문학의 현실인식』, 한울, 1989.
이우용 편,『해방공간의 문학 연구』1 · 2, 태학사, 1990.
김승환,『해방공간의 현실주의소설 연구』, 일지사, 1991.
이재선,『한국 현대소설사』, 민음사, 1991.
신형기,『해방기소설 연구』, 태학사, 1992.
이우용,『미군정기 민족문학의 논리』, 태학사, 1992.
그외 박재섭(서강대 대학원, 1985), 이우용(건국대 대학원, 1988) 등의 석사학위논문 다수.
<전후소설 연구>
신경득,『한국 전후소설 연구』, 일지사, 1983.
유학영,「1950년대 한국 소설 연구」, 성균관대 대학원 박사학위논문, 1987.
이태동,「6 · 25의 상처와 전후문학의 대두」,『소설문학』, 1987.6.
한승옥,「한국 전후 장편소설 연구」,『국어국문학』97호, 1987.
서종택,「전후 사회의 인식과 사회적 삶」,『홍익어문』7집, 1988.
이기윤,「1950년대 한국 소설의 전쟁체험 연구」, 인하대 대학원 박사학위논문, 1989.
정호웅,「50년대 소설론」, 문학사와 비평연구회 편,『1950년대 문학 연구』, 예하, 1991.
차원현,「1950년대 한국 소설의 분단 인식」, 문학사와 비평연구회 편, 위의 책.
한수영,「1950년대 한국 소설 연구」, 한국문학연구회 편,『1950년대 남북한 문학』, 평민사, 1991.
한국 현대문학 연구회,『한국의 전후문학』, 태학사, 1991.
김영화,『분단상황과 문학』, 국학자료원, 1992.
엄해영,「한국 전후세대소설 연구」, 세종대 대학원 박사학위논문, 1992.
구인환 외,『한국 전후문학 연구』, 삼지원, 1995.
그외 유광우(성균관대 대학원, 1983), 한상훈(서강대 대학원, 1983) 등의 석사학위논문 다수.
2) 권영민,『한국 현대문학사』(1945~1990), 민음사, 1993.
김우종,『한국 현대소설사』, 성문각, 1989.
김윤식 · 정호웅,『한국 소설사』, 예하, 1993.
이재선,『한국 현대소설사』(1945~1990), 민음사, 1991.

와 강한 목적성의 원리에 의해서 언어 예술적 가치나 탐색의 성숙도에 있어서 제한될 수밖에 없었으며, 따라서 1950년대 소설의 본격적인 등장은 수복과 휴전에 이어 폐허로부터 전후의 사회적인 수습의 중반 단계에 들어선 뒤부터 가능하다[3]고 하면서 전후 세대의 작가와 작품만을 취급하고 있다. 김우종 역시 『한국 현대소설사』(성문각, 1989)에서 한국전쟁이 몰고 온 정신사적 변화로 현실에 대한 비판의식의 약화와 더불어 패배의식·자조의식의 확산을 들고 난 뒤 전시 하 작가들의 동향을 간략하게 훑어보고 있기는 하지만 당시 소설은 단 한 작품도 거론하지 않고 있다.

권영민은 『한국 현대문학사』에서 전쟁과 피란과 수복으로 이어지는 참극 속에서 새로운 민족문학을 꿈꿨던 희망도 사라졌고, 문학 자체에 대한 열정마저도 상실함으로써 한국의 현대문학에 있어서 한국전쟁은 잃어버린 문학의 시대를 낳았다[4]고 단정한다. 그리고 전시문학의 대표적인 형태를 시 장르로 보고 있으면서, 전쟁기 소설로는 김동리의 「귀환장정」, 유주현의 「기상도」, 황순원의 「곡예사」, 안수길의 「제삼인간형」 등 그 동안 대표적으로 논의되어 왔던 몇몇 작품의 제목을 소개하는 정도에 그치고 있다.

한편 김윤식은 6·25의 문학사적 의미를 ① 민족어의 재편성, ② 휴머니즘 회복, ③ 정신사적 과제 등과 관련시켜 파악하고 종군작가단의 활동과 더불어 전쟁기의 소설로 염상섭의 「취우」, 박영준의 「용초도 근해」[5]만 분석했으며[6] 그의 일련의 저서[7] 속에서도 되풀이되는 견해

---

[3] 이재선, 위의 책, 83쪽 참조.
[4] 권영민, 위의 책, 100쪽 참조.
[5] 이 작품은 『전선문학』 제7호(1953.12)에 발표된 것으로 엄밀히 말해 전쟁기 소설로 볼 수는 없다.
[6] 김윤식, 『한국 현대문학사론』, 한샘, 1988, 74~86쪽 참조.
[7] 김윤식, 『한국 현대문학사』, 일지사, 1988; 김윤식·김현, 『한국문학사』, 민음사, 1991; 김윤식·정호웅, 『한국 소설사』, 예하, 1994 등.

를 보이고 있다.

이와 같이 한국전쟁기 소설이 논의에서 소외되었던 주된 이유는 한국전쟁기는 우리 소설사에서의 '불임기'[8]로, 그나마 창작된 작품마저도 강한 목적성의 원리에 따른 '미학적인 소화 불량의 상태'[9]라는 데 있다. 그러나 짧지 않은 기간에 나온 적지 않은 작품들을 두고 이처럼 일괄 재단해 버리는 것은 매우 안이하고도 무책임한 태도라는 비판을 받을 수 있다.

이러한 우리의 경우에 비하면 북한문학사의 시각은 매우 대조적이다. 북한문학사에서는 이 시기의 문학을 '조국해방전쟁시기의 문학'[10]으로 규정하고 그 특수성을 긍정적으로 평가하고 있을 뿐만 아니라, 적게는 20여 쪽에서 많게는 100여 쪽에 이르기까지 할애하여 작가·작품론·유형 분석 등으로 사적 정리를 하고 있음을 볼 수 있다. 이는 물론 문학 작품을 보는 시각의 차이라는 점에서 크게 문제가 되지 않는다 하더라도, 우리의 경우 전쟁기소설의 실상조차 파악되지 않고 있다는 점은 향후 통일문학사 기술을 대비한다는 면에서도 재고의 여지가 클 뿐 아니라 시급히 해결해야 할 과제라 하겠다.

물론 한국전쟁기 당시에도 작가정신의 결핍, 묘사력 결여, 현실 해부의 정신박약 등 문학 정신의 빈곤[11]을 들기도 했고, 좋은 문학이 나오기까지 인내로 기다리자[12]고 하여 문학적 수준을 문제시했던 터이지만, 당대의 문학을 일반 미학적 장치로만 바라볼 수는 없다. 당연히 시대적 상황과 작가들의 창작적 입지가 고려되어야 할 것이며, 더불어 전쟁 당

---

8) 조남현, 『한국 현대소설의 해부』, 문예출판사, 1993.
9) 이재선, 앞의 책, 8쪽.
10) 안함광, 『조선문학사』, 연변교육출판사, 1956.
    『조선문학사』, 교육도서출판사, 1960.
    사회과학원 문학연구소, 『조선문학 통사』, 인동, 1988.
    사회과학원 문학연구소, 『조선문학사』(1945~1958), 과학백과사전출판사, 1978.
    박종원·류만, 『조선문학 개관』, 사회과학출판사, 1986 참조.
11) 곽종원, 「6·25동란의 작단 개관」, 『신천지』, 1953.5, 182쪽 참조.
12) 조연현, 「한국전쟁과 한국문학」, 『전선문학』, 1953.5, 2쪽 참조.

시 당국이나 문학론자들의 요구나 일반 독자들에 대한 효용론적 가치 또한 주요 고려 항목이 되어야 할 것이다.

이와 같은 시각에서 비교적 근자의 한국전쟁기 소설에 대한 보다 본격적인 논의로는 조남현의 「전시소설의 재해석」(『문학정신』, 1988.12~1989.2)과 박신헌의 「한국전쟁 전후기 소설의 현실의식 연구」(경북대 대학원 박사학위논문, 1992), 신영덕의 「한국전쟁기 종군작가 연구」(고려대 대학원 박사학위논문, 1993), 이은자의 「1950년대 한국 소설에 나타난 지식인상 연구」(숙명여대 대학원 박사학위논문, 1994) 등의 논문이 있다.

조남현의 「전시소설의 재해석」은 전시소설 재조명의 필요성을 강조하고 그 뜻·갈래·높이 등으로 나누어 전시소설에 대한 피상적 인식을 벗어나 접근하고자 함으로써 우선 전시소설을 논의의 장으로 끌어내었다는 데서 커다란 의의를 찾을 수 있다. 뿐만 아니라 전쟁기 소설 중 해석·평가의 대상이 될 만한 문제작을 제시하고 있다. 이와 같은 작업에는 흔히 현실과의 조응 관계에서만 보려 했던 전쟁기 소설에 대한 접근 방식을 수정하여 일반 소설 미학적 측면도 주요 고려 항목이 되어야 한다고 하면서 원론적 접근 방식을 제시해 주었다. 그러나 전체적으로 평론의 범주를 넘지 않으며 작가·작품 또한 제한적으로 훑어보고 있다.

박신헌의 논문에는 전쟁 전기에 이어 전쟁기와 전후의 소설을 계기적으로 살피고 있다. 전쟁기 소설을 대상으로 하는 본격적인 연구물로서, 연구의 논제가 가리키는 바와 같이 당시의 문학론과 함께 작중인물에서 찾아볼 수 있는 현실의식을 주로 검토하고 있다. 특히 한국현대사의 격동기를 거치는 동안 문학이 자리하고 있었던 사회·역사의 변모를 따라가면서 당대의 주요 작품을 논의의 대상으로 삼아 간명한 해석을 함으로써 전쟁기와 그 전·후기 소설의 흐름을 파악하는 데에 요긴한 성과라 생각된다. 그러나 연구 범위가 다소 컸던 만큼 정작 연구 검토되어야 할 많은 것들이 축약되어 있거나 빠뜨려짐으로써 총체적 연구에는 도달하지 못하고 있다.

한편 신영덕의 「한국전쟁기 종군작가 연구」는 한국전쟁기만을 대상으로 연구한 유일한 논문이다. 여기에는 일반인들이 접하기 어려운 군軍기관지나 군軍 잡지 속에 있는 많은 작품들이 체계적으로 정리되어 있어 그 자료적 가치가 매우 크다. 하지만 전쟁기 소설 연구로 볼 때 종군작가에 한정되어 있으면서, 주제로 제시했던 작가론적 연구도, 종군작가 전체를 다루고자 했던 탓에 개별 작가 연구 면에서 미흡한 부분이 많고, 작품 연구도 대개 줄거리 소개에 치중한 느낌을 준다.

그리고 이은자의 논문은 1950년대 소설 연구의 일환으로 전쟁기 소설에 나타난 지식인의 전쟁 체험과 삶의 피해 양상을 전후소설과 더불어 고찰하고 있다. 전쟁기 소설로 상당수의 작품이 논의의 대상이 되어 있으나 지식인 소설에 국한되어 있으며 시각 또한 전쟁과 그 피해 양상을 중심으로 보고 있어 전쟁기 소설을 조감하기에는 역시 미흡한 면이 많다.

이외에도 1950년대 소설 연구의 일환으로서 전쟁기 소설이 논의된 것으로 유학영의 「1950년대 한국 소설 연구」(성균관대 대학원 박사학위논문, 1987), 이기윤의 「1950년대 한국 소설의 전쟁체험 연구」(인하대 대학원 박사학위논문, 1989) 등도 주목할 만한 연구들이다.

이상의 연구들은 이 시기 소설 연구의 주요한 성과로 지적될 수 있으며 본 연구에 귀중한 참고와 길잡이가 되어 주었음은 물론이다.

2. 연구 범위 및 방법

한국전쟁기의 소설은 그 동안 '전시소설'이라는 말로 널리 불리어져 왔다. '전시소설'이라는 용어는 한국전쟁이 발발한 뒤 약 6개월간의 문학적 공백 기간을 거쳐 속간되었던 『문예』·『신천지』 및 육군종군작가단에 의해 창간된 『전선문학』 등에 '전시문학'·'전시문화'·'전선문학'··'전쟁문학'·'전쟁소설'·'전시수감' 등의 용어와 함께 널리 사용되어 왔다.

그러나 '전시소설'은 백철이 1951년 전시저널리즘이 발간되면서 전쟁의 측면이나 후방에서 보고자 한 문학, 피란 생활을 묘사한 것 등 전시 일색의 문학을 넓은 의미에서 '전시문학'이라 부를 수 있다[13]고 개념 규정을 한 바와 같이, '전시'와 '소설' 중 전시에 무게가 갈 수밖에 없는 만큼, 본고에서는 전시소설 혹은 전쟁소설뿐만 아니라 전쟁기에 나온 소설 일반을 다루고자 한다는 점에서 '전쟁기 소설'이라 부르고자 한다.[14]

전쟁기 소설은 한국현대문학사에서 전쟁의 문제가 본격적으로 자리하게 되었다는 점에서 전대의 소설과 크게 구별되는 한편, 휴전 이후 1950년대에 펼쳐진 전후소설과 1960년대 이후의 6·25문학 혹은 분단문학의 외연을 잡아 주고 그 지향점을 일러줌과 동시에, 작품들에 등장하는 각각의 주인공들은 1950년대 이후의 넓은 의미의 전쟁소설과 분단문학의 주인공들의 아키타입에 값하는 것[15]이라 할 수 있다. 그럼에도 불구하고 이 시기의 소설이 전술한 바처럼 특정된 몇몇 작가와 작품

---

13) 백철, 「전란과 함께 자라온 50년대 문학」, 『한국문학의 이론』, 정음사, 1964, 231~232쪽.
14) 구인환, 「전후 한국문학의 지형도」, 구인환 외, 앞의 책, 14쪽처럼 전쟁기의 문학을 전후문학 속에 포함시켜 논의하는 경우도 있지만, 전시와 전후를 구분하는 것이 보다 적확할 뿐더러 신경득의 앞의 논문과 박신헌의 앞의 논문에서도 각기 이러한 의미의 용어를 사용하고 있음을 볼 수 있다.
15) 조남현, 『한국 현대소설의 해부』, 문예출판사, 1993, 14쪽.

만으로 제한되어 있거나 제대로 조명되지 않았다는 점 및 새롭게 보아야 할 면과 의의가 크다는 점에서 한국전쟁기를 끊어, 즉 1950년 6월말 이후 1953년 7월말까지 발표된 작품을 논의의 대상으로 삼고자 한다.

문학이 그 시대의 산물이라는 말을 새삼 떠올리지 않더라도 한국전쟁기의 소설은 전쟁을 떠나서 논의할 수는 없다. 그만큼 당시의 작가들은 전쟁의 충격과 전시의식뿐만 아니라 일종의 사명감 속에 휩싸여 있었던 것이다. 따라서 전쟁기 소설의 여러 가지 면을 탐색함에 있어 사회·현실과 문학작품과의 조응관계 속에서 살펴보는 것이 가장 중요한 과제가 될 것이다. 즉 소설 양식과 사회적 환경구조 사이의 관계 해명[16]이라고 보는 소설 사회학적 관점에서의 접근 방식, 즉 첫째로는 소설을 사회·역사적 현상의 반영물로 생각하는 데서 출발하여 텍스트 속에 감추어진 개인적 삶의 구조·집단의식·세계관의 구조 같은 것을 도출해 내고, 둘째로는 소설이 독자에게 남겨 줄 수 있는 파장 등을 분석함으로써 작가·작품·독자 사이의 관계를 적극적으로 정립해 보려는 연구 태도[17]이다. 통상적으로 전쟁기의 소설을 지칭함에 있어 전시의식을 적극적으로 담고 있다는 의미에서 '전시소설' 나아가서는 '전쟁소설'로 부르는 것이 일종의 통념처럼 여겨지고 있음은 그만큼 전쟁 현실이 작품 속에 직접 투영되어 있었다는 것을 반증하는 것이다. 따라서 시대·사회와 작품과의 연결고리를 해명하는 작업이 연구의 실마리를 풀어나가는 것이자 작업 그 자체가 될 수 있음은 자명한 일이라 하겠다.

반면 문학 작품은 그 자체로 정당성과 목표를 가지고 있는 실체[18]다. 동시에 작가와 독자와의 관계 속에서 보다 의미가 분명해질 것이다. 이

---

16) Lucien Goldmann, trans. by Alan Sheridan, 『*Towards Sociology of the Novel*』, Tavistock Publications, 1975, p.9.
17) 조남현, 『소설원론』, 고려원, 1995, 341~342쪽.
18) R. Wellek & A. Warren, 『*Theory of Literature*』, Middlesex; Penguin Books Ltd., 1966, pp.265~266.

는 형식주의와 역사주의, 혹은 미적 차원에 대한 시각과 사회적·정치적·경제적 의미망 추구 사이의 불협화음으로 표현되는 대립된 연구 태도 중에서 어느 것이 본질적이냐는 이분법적 사고를 지양하여 어느 쪽이나 문학을 설명·해명·판단해 줄 수 있는 연구의 한 방법이 될 것[19]이며, 나아가 상호보완적 조건들로 판단되기도 하기 때문이다. 따라서 작품 그 자체로 보면서도 작가론적 태도와 방법이 적절히 원용되어야 할 것이며 효용론적 가치 또한 살펴보아야 할 것이다.

이와 같은 태도와 시각을 가지고 전정기 당시에 발간되었던 각종 문예잡지·신문·소설집·종군지 내지 군기관지 등에 발표되었던 작품 중 그 문학성에 문제가 있다고 판단되는 콩트 내지 종군기에 가까운 작품들을 제외하고 되도록 많은 작품을 연구 대상으로 포함시켜 일차적으로 텍스트를 정독한 후 그 속에 감추어진 개인적 삶의 구조·집단의식이나 세계관 등을 추적해 보고자 한다. 물론 여기에는 작가론적 여러 가지 자료들을 기초로 하여 한국전쟁의 실상은 물론 이를 형상화한 작가의식의 정도도 가늠해 보고자 한다. 더불어 작품을 판단함에 있어서 그 작품이 독자와의 상호간에 기능론적·수용론적 의미를 당시 작가들에 대한 시대적 요청이 무엇이었던가[20] 하는 문제와 함께 검토될 것이다.

본 논문의 본론은 전체가 6부로 구성되는데, 제2부에서는 당시 문단의 상황과 작가들의 동향을 먼저 살펴보고, 이어 널리 전개되었던 문학론을 검토하고자 한다. 이는 당시의 문학론들은 직접 소설론 쪽으로 나타나지도 않았고, 주창되었던 문학론이 막바로 작품 속에 반영되는 것도 아니었지만, 한국전쟁기의 문학을 예비적으로 조감하는 데 주요한 길잡이가 될 것이며, 소설 작가들도 문학론 개진에 적극 참여했던 만큼 작품의 여러 성격에 어떤 방식으로든 연결되어 있을 것이기 때문이다.

---

[19] 조남현, 앞의 책, 349쪽 참조.
[20] 당시의 문학론 혹은 정부, 군관계자들의 글이 당시 잡지에 널리 게재되어 있는데 이러한 점을 구체적으로 일러주는 예가 된다.

특히 작품 분석 이전에 문학론을 먼저 점검하고자 하는 것은 당시 문학론을 개진했던 작가나 비평가 등의 문학론자들이 현실을 어떻게 받아들였고, 그들의 당위론적 명제가 무엇이었던가 하는 점과 함께 실제 작품과의 영향 관계나 거리를 가늠해 보기 위함이다.

제3부에서 제7부까지는 전쟁기 소설을 크게 다섯 가지로 유형 분류하고 구체적으로 개별 작품 분석을 통하여 전쟁체험이 문학적 상상력에 어떻게 작용했던가를 검토하고자 한다.

한국전쟁기 소설은 그 동안 여러 갈래로 구분되어 왔다. 임긍재는 문학성 여하에 따라 순수·대중·통속으로 구분한 바[21] 있으나 개괄적 인상을 피력한 것에 지나지 않았다. 방기환은 휴전 직후 다음과 같이 주제별로 묶어 구분하였다.

① 준엄한 현실이 빚어내는 제악(諸惡)에 대한 폭로.
② 적의 죄악을 폭로.
③ 현실이 빚어낸 비극을 묘사.
④ 현실의 가장 극적인 면인 전투 속에서 현대의 모럴을 찾아보려는 노력.
⑤ 가열찬 현실에서 눈을 돌려 아름다운 것을 찾는 시선.
⑥ 누구나 비참하다는 이 현실을 따뜻한 선의로 받아들임으로써 안심 입명하려는 경향.[22]

위의 ①, ③은 피란 생활, ②, ④는 전쟁을 직접 다루고 있는 것이며, ⑤, ⑥은 소위 순수소설 내지 휴머니즘과 관련된 작품을 가리키고 있다. 그리고 곽종원의 경우 취재 면과 정신에 따라 전장이나 전장이 연장된 처소에서 벌어진 사건을 르포르타주 형식으로 취급한 작품, 역사적 현실에 대한 폭로와 항거 형식의 작품, 예술지상주의 작품[23]의 세 가지로

---

21) 임긍재, 「전시하 문학자의 책무」, 『전선문학』, 1952.4, 10쪽.
22) 방기환, 「진통기의 소산」, 『전선문학』, 1953.9, 68~70쪽 참조.
23) 곽종원, 「상반기 작단 총평」, 『문예』, 1953.9, 152~157쪽 참조.

구분하였고, 근자에 조남현은 인물에 따라서는 군인·상이군인·전락하는 여인으로, 결말의 방향에 따라서는 화해와 비극24)으로 나누기도 했다. 위의 논의에서 볼 수 있듯이 그 관점과 기준에 따라 여러 경우가 있을 수 있다. 그러나 크게 보면 한국전쟁기의 소설은 전쟁의 취급 여부에 따라 두 가지로 구분된다.

하나는 배경이나 소재적인 면에서 전쟁을 직·간접적으로 취급하고 있는 소설이고, 다른 하나는 그렇지 않은 경우의 소설이다. 전자는 작가들의 문학적 상상력이 당대 현실을 토대로 하여 작용한 것이라면, 후자는 비교적 그로부터 자유로웠던 작품군이다. 전쟁기 소설을 전체적으로 조감해 볼 때 전자의 경우가 월등하게 많음은 물론이다. 이러한 시각을 바탕으로 전쟁기 소설을 배경적 요소와 더불어 소재적 차원에서 전쟁을 어느 정도로 취급하며, 전시의식의 무게가 어느 정도인가에 따라 유별화하는 방법이 매우 효과적이라고 생각된다. 이에 따라 본 장에서는 한국전쟁기의 소설을 다음과 같이 다섯 갈래로 나누어 살펴보고자 한다.25)

첫째, 전선의 전투상황이 직접적으로 취급되면서 전쟁의 폭력성과 비참상을 드러내거나 전장의 군인상을 부각시키고자 하는 경우.
둘째, 함락, 수복의 과정이 반복되는 동안 인민군 치하에서의 삶과 살아남기 방식을 보여 주는 경우.
셋째, 일선의 전쟁 상황과 후방이 연계적으로 그려지면서 군과 민의 우호와 총력전 의식 또는 부조화와 비판 의식을 드러내는 경우.
넷째, 피란지를 배경으로 피란민의 군상 및 먹고살기와 전도되는 가치관의 문제를 다룬 경우.
다섯째, 배경적 요소로는 취급되지만 주제의식이 다른 데에 있는 경우 내지 전시의식을 전혀 담지 않은 경우.

---

24) 조남현, 앞의 책, 28~33쪽 참조.
25) 곽종원, 「6·25동란 이후의 작단 개관」, 『신천지』, 1953.5, 184쪽; 조남현, 『한국 현대소설의 해부』, 문예출판사, 1993, 27쪽; 이은자, 앞의 논문에서 이와 유사한 갈래와 그 유용성을 지적하고 있음이 보인다.

이 중 다섯째 유형은 넷째 유형까지를 묶은 것과 동등한 위치에서 구분·설명되어야 할 것이나 전시와 전혀 무관했던 것도 아니고 양적 균형상 크게 기울어져 있어 한 갈래로 묶어서 논의하고자 한다.

이를 각 부로 나누어 작품의 배경적 요소·제재와 더불어 어떤 인물이 설정되어 있으며, 그들의 의식과 태도나 행동은 어떠한가를 살펴봄으로써 전시의식을 어느 정도 담고 있으며, 현실인식은 어떠했던가를 파악하고자 한다. 그리고 소설은 갈등 관계의 서술양식[26]이며 그 갈등은 소설을 역동적으로 진행시키는 힘이다. 갈등의 동기는 무엇이며 어떤 식으로 갈래가 지거나 충돌하는가, 무엇을 계기로 하여 어떤 방향으로 해소되는가를 추적함으로 해서 당대 현실의 문제가 발견될 것이며 그 대응 방법 또한 시사될 것이다. 한편 전쟁기 소설로 전시의식을 담고 있는 작품들만 산출되었던 것이 아니라 전쟁 밖의 작품들도 상당수 있다. 전쟁기 소설로, 다만 배경적 요소로만 취급되거나 전시의식을 전혀 담지 않은 소설들도 제7부를 통하여 전쟁 현실과의 긴장 관계 속에서 검토될 것이다. 또한 제한적이나마 전쟁기 소설에 늘 따라 다녔던 효용론적 가치와 문학성의 문제 등도 해명하는 데 주의를 기울일 것이며, 더불어 전쟁 전의 문학과 전후문학과의 차별성 혹은 지속성을 점검함으로써 전쟁기 소설의 모습을 보다 분명히 드러내고자 한다.

제8부 결론 부분에서는 본론에서의 작업과 논의를 바탕으로 하여 한국전쟁기 소설의 실상을 총체적으로 드러내면서 전쟁 전·후기 소설과의 변화와 지속성을 파악하고 아울러 그 문학적 특징과 문학사적 의의를 점검하고자 한다.

본 연구를 수행함에 있어 검토되는 작품은 약 130여 편으로 전쟁기에 발표된 작품이 망라된 것은 물론 아니다. 워낙 혼란기에 발표된 것인지라 제목만 전해지는 것, 자료가 망실되었거나 구득 불능의 것을 제외하

---

[26] 조남현, 『한국 소설과 갈등』, 문학과 비평사, 1990, 12쪽.

고도 논의에서 제외된 것들이 상당수 있다. 이것이 본 논문이 지닌 한계의 하나이지만 전체를 어느 정도 부감하는 데에는 큰 무리가 없었다고 판단되며, 검토한 작품의 목록은 부록으로 책의 끝에 정리해 두었다.

제2부. 한국전쟁기의 문단과 문학론

　3년여 동안 좁은 땅, 한반도에서 남북이 나뉘어 치열하게 전개되었던 한국전쟁은 인적으로나 물적·정신적으로 막대한 피해를 초래하였을 뿐만 아니라, 역사적 사실로 완결되지도 못한 채 휴전된 이후 교착된 분단 상황으로 연계, 지속적인 갈등과 대립의 늪 속으로 빠져들게 되었다.

　한국전쟁과 관련하여 먼저 말할 수 있는 것은 인적·물적·정신적으로 심대한 피해를 가져 온 사상 유래가 없는 격전 중의 하나였다는 점이다. 연구된 바에 의하면 한국전쟁은 전쟁의 규모나 격렬도에 있어서 1816년부터 1965년까지 있었던 전 세계의 50차례 전쟁 중 제2차 세계대전, 제1차 세계대전 다음으로 제3위에 기록되고 있다.[1] 전쟁의 격렬도를 측정하는 사망자 수에 있어서도 역시 제3위로 기록되고 있는데, 국내외 군인과 민간인을 합쳐 사망·부상·실종 등 총 인적 손실이 550만여 명에 이르는 것으로 집계되어 있다.[2] 한국전쟁은 전장이 한반도로 제

---

[1] J. David Singer and Melvin Small, 『The Wages of War』: 1816~1965, New York : John Willey & Sons, 1972, pp.131~134.
　전쟁기념사업회, 『한국전쟁사』제1권, 행림출판, 1990, 479쪽에서 재인용.

한된 제한전쟁3)이면서도 이와 같이 극심한 피해를 초래했던 이유로는 3년이라는 짧지 않은 전쟁 기간, 내전 성격으로 남북한 간의 섬멸전적인 전쟁 목표의 추구, 국제전 성격으로 많은 국가의 참전, 한반도 전체로의 전역 확대, 보병에 의한 지상 전투 위주 혹은 인해전술 등의 전쟁 수행 방법의 문제, 피란민의 피란 및 소개 능력의 미흡4) 등이 지적되고 있다.

이와 같이 소위 전국이 초토화되는 과정을 겪어야 했던 전쟁 중에 우리 문학은 어디에 어떤 방식으로 있었던가를 알아보기 위하여 각종의 실증적 자료를 바탕으로 하여 문단·문인들의 움직임 및 종군작가단의 조직과 활동, 그리고 당시 논의되었던 문학론을 먼저 살펴보기로 한다.

전쟁기 소설이란 말 그대로 전쟁의 와중에 쓰여진 소설을 말한다. 문학이란 대체로 개별적 의식과 정서가 존중되는 작업이다. 그러나 전쟁이 발발하자 문단도 전시 체제로 돌입하지 않을 수 없었고, 작가 개인의 삶도 국가와 민족의 운명과 직결되지 않을 수 없었다. 따라서 개별자 의식보다 집단의식이 크게 자리했던 시기라 할 수 있다.

1. 전쟁기의 문단

1) 문단의 상황과 작가들의 동향

전쟁이 일어난 지 3일만에 수도 서울이 함락되고 후퇴에 후퇴를 거듭하다가 국군과 유엔군의 대반격, 서울 수복, 평양 점령, 곧 이어 중공군의 참전, 신년 총공세, 인민군의 서울 재점령, 1·4후퇴 등으로 이어지는 전쟁 초기 6개월간의 숨 막히는 전황 속에서 당시 문인들도 여느 시

---

2) 전쟁기념사업회, 앞의 책, 482쪽; 김학준, 『한국전쟁』, 박영사, 1989, 346쪽 참조.
3) 김학준, 위의 책, 200쪽.
4) 전쟁기념사업회, 위의 책, 482쪽.

민과 마찬가지로 엄청난 시련과 고통을 겪어야 했다.

> 누구에게나 아직 한 번도 특별한 관심을 갖게 해 주지 못한 나의 명함, 한 번도 특별한 은전이나 대우를 받아 본 적이 없는 나의 신분증명서 그리고 나를 설명해 주는 일체의 것을 나는 찢어 버렸다. …(중략)… 적치 90일간의 나의 피난생활은 그 시간부터 시작되었다.
> …(중략)…
> 최초의 1개월을 넘기기는 정말 죽어 버리는 것이 오히려 나을 것 같기도 생각되었다. 어떤 때는 3년이 지난 어린것의 베개 속에 들은 좁쌀을, 오줌과 땀이 배여 이미 썩어 가는 그 베개 속에 들은 좁쌀을 죽을 끓여 가족들은 연명하기도 하였던 것이다.5)

이처럼 문인이기에, 더욱 더 납북의 위험과 생명의 위협을 크게 받았을 것이다. 미처 피란을 하지 못한 문인들은 지하에 잠복하여 도생하거나, 부득이 인민군에 협조하거나, 그도 아니면 월북·납북당해야 했고 피란 간 문인들 역시 구명도생하지 않으면 안 되었다. 그러한 와중에서도 전쟁 중의 조국과 민족을 위해 자발적이든 타의에 의해서든 종군을 하는 등으로 문인으로서의 소임을 감당해야 했다.

전쟁이 일어나자 기존의 문예작품 주요 발표지였던 『문예』·『신천지』·『민성』·『백민』·『학풍』·『문학』 등의 잡지와 조선일보·중앙일보·서울신문·경향신문·평화신문 등은 휴·폐간될 수밖에 없었고, 작가 또한 전쟁의 소용돌이 속에 창작할 여지가 없었던 탓으로 전시 속간판이 나오기까지는 거의 한 작품도 발표되지 않았다. 따라서 전쟁 초기 6개월간은 문학적 공백기 내지는 암흑기라고 할 수 있을 것이다.

이 기간 동안 문인들의 행방에 대해서는 1950년 12월 『문예』 속간호(전시판) 속에 「문단은 다시 움직인다」라는 제하의 동정란을 통해 다음과 같이 주요 문인들 대개의 신상을 알아볼 수 있다.

---

5) 조연현, 「기아와 공포의 90일간」, 『신천지』, 1951.1, 57~59쪽.

◎ 괴뢰군에 피살된 문인 : 이해문.
◎ 괴뢰군에 납치된 문인 : 김진섭 · 홍구범 · 이광수 · 정지용 · 김기림 · 박영희 · 김억 · 이종산.
◎ 전사상자 : 김영랑.
◎ 괴뢰군과 함께 자진 북행한 자 : 박태원 · 이병철 · 이용악 · 설정식 · 정인택 · 채정근 · 임서하 · 김병욱 · 송완순.
◎ 괴뢰군과 함께 수도를 침범했던 자 : 이태준 · 이원조 · 안회남 · 김동석 · 김사량 · 김동규 · 임화 · 김남천 · 오장환.
◎ 북행했다가 귀환한 자 : 박계주 · 박영준 · 김용호.
◎ 부역 피의로 수감 중에 있는 자 : 홍효민 · 전홍준 · 노천명 · 이인수.
◎ 괴뢰군 치하에 완전히 지하 잠복했던 문인 : 박종화 · 모윤숙 · 오종식 · 유치진 · 이하윤 · 장만영 · 김동리 · 조연현 · 최인욱 · 유동준 · 김광주 · 최태웅 · 박두진 · 강신재 · 방기환 · 설창수 · 임옥인 · 한무숙.
◎ 괴뢰군 침공시 남하했던 문인 : 김광섭 · 이헌구 · 오상순 · 서정주 · 조지훈 · 박목월 · 구상 · 이한직 · 조영암 · 김윤성 · 김송 · 임긍재 · 이원섭 · 박용구 · 김말봉.6)

그리고 김광섭이 대통령 비서실에, 이헌구가 공보처에, 박종화 · 김동리 · 김송 등이 서울신문에, 김광주 · 이봉구가 경향신문에, 모윤숙 · 조연현 · 박용구가 문예사에서 각각 일을 보고 있으며, 염상섭과 이무영이 해군에 입대했음을 알려주고 있다. 또 김동인 · 최찬식 등은 1 · 4후퇴 때 사망했으며, 재북문인 김이석 · 강소천 · 한정동 · 함윤수 · 박남수 · 장수철 · 원용서 · 박경종 · 이인석 · 김영삼 · 양명문 · 김요섭 등은 전쟁 발발 이후 1 · 4후퇴 사이에 남하했다.7)

한편 9월말 서울 수복 후에는 문단 내에 부역자 문제로 논란을 겪었다. 소위 문인들을 도강파와 잔류파로 구분하고, 잔류파의 사상적 순결성 내지 부역 문제로 갈등을 겪었으며, 처벌 여부를 둘러싸고 논전을 벌

---

6)『문예』, 1950.12, 표지 안쪽.
7) 양명문, 「월남 문인」, 한국문인협회 편, 『해방문학 20년』, 정음사, 1966, 86쪽.

었다. 월남 문인이면서 도강파였던 조영암은 잔류파 일부 문인들을 향해 '너희들은 백의를 걸친 레닌·스탈린의 후예! 너희들, 깍두기를 먹는 슬라브의 자손'이라며 이념과 결부하여 매도하고, '오랑캐에게 정조를 팔고 코 큰 사람에게 요사를 떠는 갈보냐, 들병장사'[8]냐고 독설을 퍼부었지만, 실상은 대부분의 작가들이 한강을 건너지 못하고 오히려 인민군 치하 3개월간 서울에 갇혀 연명하기에 급급했던 처지였으며, 그 가운데에 부역 문제가 발생했던 것이다. 따라서 당시 연루되었던 문인들 대부분이 사건 담당 사상 검사·군 관계자·문협 관계자에 의해서 무죄 또는 훈방으로 무사하게 처리되었던 것이지만 감정의 앙금은 한동안 문단 내부에 자리할 수밖에 없었다. 이와 같은 체험이 관련되어 인민군 치하의 삶, 살아남기 위한 이념의 선택과 부역 문제 등이 전쟁기 소설로 작품화되기도 했다. 결국 문단도 이념적으로 해방 이후 대립·갈등을 겪어 오다가 정부 수립 후 분명히 갈라서기 시작하여, 전쟁을 겪으면서 적 아니면 동지로 나뉘어져 문단은 완전히 남과 북으로 재편되게 된 것이며, 남한 내에서도 부역 문제가 제기되었던 것이다.

그러나 인간의 삶은 어느 곳, 어떠한 상황에서도 이어지기 마련이다. 특히 1·4후퇴 후 삼팔선을 중심으로 일진일퇴하면서 휴전회담에 대한 제의가 오갈 무렵부터 문학적 활동을 재개하기 시작했다.

1950년 6월 제10호를 낸 뒤 휴간되었던 『문예』지가 1950년 12월 전시판 속간호를 내보냈고, 종합지 『신천지』 또한 속간 전시판이 공백을 뚫고 1951년 1월 발간되었는데, 여기에 황순원·손소희·염상섭·최정희·박용구·최인욱·박영준·김동리 등의 작가들이 작품을 발표하였다. 이어 1951년에 『신조』·『신문학』, 1952년에 『자유세계』·『자유예술』, 1953년에는 『문화세계』·『협동』·『수도평론』·『사상계』 등의 잡지를 발간하여 작품을 내보냈으며, 서울신문·조선일보·경향신문·평

---

8) 조영암, 「잔류한 부역 문학인에게」, 『문예』, 1950.12, 74쪽.

화신문·연합신문 들도 1951, 1952년부터 장편을 연재하거나 단편을 싣기 시작했다. 그 이외에도 『전선문학』·『해군』·『해병과 상륙』·『창공』·『코메트』 등의 군 기관지나 관련지 및 개인 소설집 등을 통해 작품이 발표되었다.

한국전쟁기에 발표된 작품 수를 상대적으로 비교해 보기 위하여 1900년대부터 1970년대 말까지 10년 단위로 발표된 작품 수와 1950년대의 발표 상황을 통계로 보이면 다음과 같다.[9]

<표 1> 1900~1970 연대별 작품 발표 수

연 대	작 품 수
1900~1909	120
1910~1919	337
1920~1929	895
1930~1939	2,244
1940~1949	1,004
1950~1959	1,678
1960~1969	2,234
1970~1979	4,385

<표 2> 1950년대 작품 발표 상황

연 도	작 품 수
1950. 1~6	108
1950. 7~12	4 계 112
1951	9
1952	56
1953. 1~7	67
1953. 8~12	81 계 148
1954	137
1955	207
1956	213
1957	230
1958	278
1959	288 총계 1,678

---

9) 권영민 편, 『한국 현대문학사 연표(1)』(서울대학교출판부, 1987)를 통계 자료로 삼음.

<표 1>의 통계를 통해 살펴보면 1950년대에 발표된 작품 수는 1920년대나 1940년대에 비하면 많고, 1930년대나 1960년·1970년대보다는 적다. 1900년대 이후 1920년대까지는 한국 근대문학의 초창기로 점진적으로 작가·작품 수가 증가하고 있음을 단적으로 보여 주고 있다. 그리고 1930년대는 일제 치하임에도 불구하고 1970년대에 버금갈 만큼 많은 작품이 발표되었다는 사실은 주목할 만한 것으로 일제 치하의 고난을 딛고 한국 근대문학이 개화하기 시작했다는 의미로 받아들일 수 있다. 그러나 1940년대는 일제 말기 극도의 탄압 및 우리말 말소 정책과 해방 이후의 사회적 혼란으로 작가들의 활동이 위축되어, 오히려 1930년대의 절반 수준에도 미치지 못하고 있음을 알 수 있다. 1950년대에 발표된 작품 수가 1930년대나 1960년대 이후의 그것보다 적은 것은 물론 한국전쟁의 영향을 들 수밖에 없으며, 1960년대에 와서야 겨우 1930년대의 수준으로 회복될 수 있을 만큼 전쟁·전후의 사정이 어려웠다는 것도 쉽게 짐작할 수 있다.

  한편 <표 2>를 통해서 1950년대의 작품 발표 상황을 살펴보면 한국전쟁기에 해당되는 1950년 7월 이후 1953년 7월말까지 만 3년간 발표된 작품은 136편으로 집계되어[10] 있어, 1950년대 전체 작품 수 1,678편의 8%에 불과하다. 한국전쟁기에 작품 발표가 얼마나 위축되었던가를 극명하게 보여준다. 물론 본고에서 통계 자료로 이용한 권영민 편의 『한국 현대문학사 연표(1)』에는 한국전쟁기에 발표된 작품 중 『전선문학』을 제외한 군기관지나 관련지 및 단행본으로 묶어진 여러 소설집 속의 작품들이 통계에 빠져 있어 전체적으로 매우 부정확한 통계이므로 그 확실한 측정치를 말할 수는 없다. 그러나 일반 독자들이 접할 수 있는 매체는 거의 집계되어 있어 그 대강을 비교 검토해 보는 자료로는 유용하

---

10) 같은 기간의 『남북한 문학사 연표』(한길사, 1990)에는 76편, 김윤식 편, 『한국 현대 문학사 연표』(문학사상사, 1988)에는 88편으로 집계되어 있다.

리라 판단된다. 이에 따르면 전황이 긴박했던 1950년 하반기와 1·4후퇴, 재수복 등으로 이어지던 1951년에는 작품 발표가 극히 미미했다. 그러다가 휴전회담이 본격적으로 오가고 전선이 38선을 중심으로 소강 상태에 빠져들어, 어느 정도의 안정을 되찾을 수 있었던 1952년 이후에 와서야 수십 편 정도의 작품이 발표되었음을 알 수 있다.

이와 같이 한국전쟁기 문학의 부진 상태에 대해서 백철은 전란에서 파생되는 현상적인 파탄의 결과로 교육·문화기관의 손훼, 문화재의 분실, 문화출판물의 중단[11] 등에 기인한다고 했다. 그리고 김동리는, 첫째로 전시적 사회 현실과 문화 창조의 상극성에서 오는 것으로 전쟁적 사실을 전면으로 또는 정면으로 대결해야 하나 손을 대기가 어렵다는 점과, 둘째로 현실 생활에서 오는 타격으로 출판계의 위축을 들었다.[12] 곽종원도 문단 부진의 원인을 전란의 와중에 싸여 있는 벽찬 현실을 소화하지 못하고 요리하지 못한 점과, 발표 기관의 불충분한 점, 작가들의 안이성과 불성실성[13] 등을 들었다. 위의 논의에서 볼 수 있듯이 크게 두 가지의 요인이 지적되었다. 그 하나는 작가 외적 문제로 문학 작품 발표지의 부족 현상이 공통적으로 거론되고 있으며, 다른 하나는 작가의 내적인 문제로 전쟁 현실을 제대로 소화하지 못했다는 점이다. 전쟁이란 가열찬 현실 속에 작가도 마찬가지로 피란민 대열에 끼어야 했고, 피란지를 전전하면서 최소한의 삶을 도모해야 했음은 물론이다. 따라서 가장 정제된 정신적 소산으로서의 문학 작품이 나올 만한 시간적·정신적 여유를 찾지 못했던 당연한 귀결이라 하겠다.

전쟁기에 작가들의 작품 활동 상황을 개략적으로 점검해 보기 위하여 작가별 발표 작품수를 위의 『한국 현대문학사 연표(1)』에 따라 다순별 상위 20위까지를 도표로 보이면 다음과 같다.

---

11) 백철, 「새로운 인간관계의 문제」, 『자유세계』, 1952.4, 178쪽 참조.
12) 김동리, 「부진무실의 1년」, 『전선문학』, 1952.12, 68~69쪽 참조.
13) 곽종원, 「6·25동란 이후의 작단 개관」, 『신천지』, 1953.5, 182~184쪽 참조.

<표 3> 1953.6~1953.7 작가별 작품 발표수

순위	작가	작품수	순위	작가	작품수
1	박영준★	7		염상섭※	5
	최인욱★	7	12	김 송★	4
3	곽하신★	6		안수길★	4
	박용구★	6		정비석★	4
	손소희★	6		황순원★	4
	유주현★	6	16	김말봉	3
	이무영※	6		서근배	3
	최태응★	6		오영수	3
9	김광주	5		최정희★	3
	박연희★	5		한무숙	3

(★는 종군작가, ※는 해군 입대 작가 표시)

위의 도표에 나타난 통계 역시 연표 자체의 부정확성으로 인해 상당한 오류가 있을 것이나, 대체적인 작가별 작품 활동의 정도를 가늠해 보기 위해 원용했다. 표에 따르면 우선 전쟁 전에 활동했던 대부분의 주요 작가들이 작품 발표를 지속했음을 알 수 있다. 비교적 다작을 했던 박영준·최인욱·곽하신·박용구 등의 활동이 역시 두드러지며, 해군에 입대했던 이무영과 염상섭도 창작 활동을 쉬지 않았음을 볼 수 있고, 해방 이후 등단한 유주현과 여류작가 손소희의 활동이 특히 눈에 뜨인다. 그리고 황순원·김송·김광주·최태응·정비석·안수길·박연희·최정희·한무숙 등과, 이 도표에서 빠진 방기환·장덕조·김말봉도 뚜렷한 흔적을 남기고 있음을 알 수 있다.

한편 종군작가들의 활동이 크게 우세했다는 사실이 한눈에 드러나는데 이를 환언하면 전쟁 전 대부분의 주요 작가들이 종군했다는 것이며, 또한 전쟁기 우리 문학의 성격과 그 위치를 한정해 주기에 부족함이 없다는 것을 의미한다.

이 밖에도 작품을 훑어보면 전쟁 이전, 해방기에 이미 다른 이유로 절필하고 있었던 김정한을 비롯하여, 박종화·박화성·전숙희·임옥인·

김기진·전영택 등 전쟁기에 작품을 거의 발표하지 않았던 소수의 작가를 제외한다고 해도, 40여 기성 작가 대부분이 비록 활발하지는 못했지만 전시의 혼란 속에서도 창작 활동을 지속하였으며, 그 작품 수 또한 상당수에 이른다. 그리고 흔히 전후 세대로 불리는 손창섭이 「공휴일」(『문예』, 1952.5)과 「사선기」(『문예』, 1953.5)로, 장용학이 「미련 소묘」(『문예』, 1952.1)로, 그 서근배·손철·김준성·박용·최상종 등이 전시 중에 등단하기도 했다.

한편 한국전쟁을 가운데 두고 세대를 문제 삼는 경우14) 이들 작가는 전쟁시에 모두 20대 이상으로 체험 세대에 속한다. 굳이 이들을 세대와 관련해서 분류해 보자면 다음과 같이 세 부류로 나누어서 생각해 볼 수 있다. 첫째는 일제 강점기에 등단하여 1950년대에도 활발한 작품 활동을 해 온 염상섭·이무영·김광주·곽하신·김송·최인욱·황순원·박영준·최태응·정비석·안수길·김동리·장덕조·최정희·김말봉 등 소위 구세대 작가들과, 둘째로는 해방 후에 등단하여 활동해 온 오영수·유주현·박용구·한무숙·강신재·박연희·손소희·김성한 등의 작가군과, 셋째로는 전쟁기에 등단한 손창섭·장용학·서근배 등의 작가 등이 있다.

이들 작가군을 확연하게 구분짓는다는 것은 무리이며, 전쟁기까지의 작품만을 두고 판단한다면 굳이 구분할 필요도 없을 것 같다. 우선 구분의 기간이 몇 년 되지 않을 뿐 아니라 이들 작가들은 모두 일제 강점기에 일본어 교육을 받았거나 받고 성장했으며, 문단에 등단한 시기도 늦게 등단한 작가가 있는 반면 이른 나이에 등단한 작가도 있어 세대와 문단의 경력이 일치하지도 않고,15) 다만 당시로서는 둘째·셋째군의 소위

---

14) 김윤식은 체험세대·유년기 체험세대·미체험세대로 분류했다.
　　김윤식,『한국 현대문학사론』, 한샘, 1988, 77쪽.
15) 이상태, 「1950년대 소설의 문체 연구」, 한국 현대문학 연구회, 『한국의 전후문학』, 태학사, 1991, 42쪽 참조.

전후세대 작가들이 전쟁을 거치면서 문학적 성숙과 변화를 통해서 전후의 새로운 모습을 보여 주게 될 잠재적 가능성을 가지고 있었다 하겠다.

한편 전쟁기에 조연현·곽종원·백철·김기진·임긍재·이헌구·박기준·유동준·김동리·염상섭·이무영·김송·김영수·최인욱·이숭녕·김종문·김기완·이선근 등의 평론가·작가·지식인·군 관계자들이 문화 내지 문학론을 발표하여 전쟁기 문학의 방향을 제시하거나 문인들의 책무를 반성, 촉구하기도 하면서 전쟁기의 문단을 이끌어 왔다.

2) 종군작가단의 조직과 활동

한국전쟁기의 문학을 '종군문단기'16)라고 지적한 바 있듯이 전쟁기의 소설은 작가들의 종군 체험과 직접적인 관련을 맺고 있다. 종군기나 르포르타주·수필 등이 많이 발표된 것도 그렇고 일선의 전투 상황이 그려지거나 인민군 치하의 삶, 수복지의 모습이 소설화된 경우가 많다는 사실이 그것을 말해 준다. 뿐만 아니라 군과 민의 일체감을 드러낸다든지 후방 피란민의 비극적인 삶과 그 극복 의지를 형상화한 작품들은 모두 종군작가로서 전쟁을 치르고 있는 국가 현실에서 어떤 방식으로든 이바지해야겠다는 작가적 소명 의식의 소산임에 틀림없다.

> 어쨌든 이 시기는 우리의 사회적 분위기가 전시 체제로 갖추지 않을 수 없었던 때이므로 문단도 전시 체제로 편성된 감이 없지 않았다. ①『문예』지가 전시판을 낸 것도 ② 종군작가단이 생긴 것도 ③ 군의 현역에 복무하는 문단인이 생긴 것도 ④『전선문학』이라는 문예지가 종군작가단에 의해서 발행된 것도 ⑤ <문총>이 군이나 공보부와 긴밀한 연결 하에 활동한 것도 그러한 현상의 하나라고 볼 수 있다.17)

---

16) 김동리,「문단 10년의 개관」, 연합신문, 1958.8.15.

이처럼 많은 작가들이 군의 협조 요청이나 자발적인 의사로 종군했고, 또 그 체험이 작품화된 경우가 많았다. 전쟁이 일어나자 그 다음 날인 26일, 문예사 사무실에서 전국문화단체총연합회(이하 문총) 간부들이 문총상임위원회를 열고 비상 사태에 대한 대책을 논의하고[18] 그날 밤부터 국민들을 진정·위무시키기 위한 방송, 격시 낭독 등의 활동을 시작하였다. 27일 문총간부들이 다시 문예사에 모여 비상국민선전대를 조직하고, 정훈국과 연락 하에 전황이나 기타의 자료를 정훈국에서 제공하면 그것을 문장화해서 신문·방송·기타 보도 기관에 넘기고, 국민의 전의를 앙양시키고 민심을 안정시키는 선전계몽 활동을 자주적으로 하기로 했다.[19] 그러나 개전 초 전황은 일방적으로 불리하여 서울이 함락될 위기에 처하자 문인들은 일반 피란민과 더불어 27일 밤부터 28일 아침에 걸쳐 한강을 건너 남하, 피란길에 오르지 않으면 안 되었다. 그 가운데 정부와 국회가 수원으로 옮긴다는 방송은 오보이고, 임시 철수하였던 의정부도 탈환되어 전선은 위기를 면했으니 안심하고 선전대 임무를 수행하라는 정훈국 장교의 말을 믿고 밤 늦게까지 가두방송선전을 하고 다니던 모윤숙이나, 문예사를 지키던 조연현 등과 같이 다수의 문인들이 미처 한강을 건너지 못하고 인민군 치하의 서울에서 9월말 수복될 때까지 암흑 같은 시간을 보내기도 했다.[20]

수원에서 재집결한 임긍재·조영암·김송·박연희·구상 등의 문인들은 '종군문인'이라는 완장을 달고 정훈국의 일을 도와 활동을 하다가, 다시 대전으로 남하하여 문총구국대라는 종군문인단을 조직하고 정훈국 소속하에 활동했다.[21] 이때 활동한 문총구국대원은 대장에 김광섭,

---

17) 조연현, 「개설」, 한국문인협회 편, 앞의 책, 18쪽.
18) 김윤성, 「6·25와 문단」, 한국문인협회 편, 위의 책, 78쪽.
19) 조연현, 「문예시대」, 『한국 문단 이면사』, 깊은샘, 1983, 301쪽 참조.
20) 조연현, 「기아와 공포의 90일간」, 『신천지』, 1951.1, 55쪽 참조.
21) 구상, 「종군작가단 2년」, 『전선문학』, 1953.5, 57쪽 참조.

대원에 조지훈·서정주·김송·이한직·박목월·구상·이정호·임긍재·박화목·조흔파·서정태 등이었다. 그 후 서울 수복 때까지 대구·부산을 중심으로 약 3개월 동안 종군활동을 하다가, 서울 수복과 더불어 돌아 와 지하에 숨어 지내던 문인들과 합류, 문인들의 생사를 비롯한 동정을 점검하는 한편 민족문화인총궐기대회를 시민회관에서 개최하여 문화인들의 전시 결의를 다짐하기도 했다.

문총구국대는 9·28수복과 더불어 일단 그 사명을 완수한 것으로 판단하고 자진 해산하였으나, 일부 문인들은 정훈국과 연락하여 종군활동을 지속하였다. 유치환·오영수·박용덕·홍영의 등은 동부전선으로, 최태응·조지훈·오영진·박화목 등은 평양 방면으로 종군하였으며, 중공군의 침입으로 후퇴하게 되자 오영진·조지훈 등은 그 동안 평양에서 결성한 북한 문총의 문인들과 함께 월남하기도 했다. 중공군의 참전으로 전세가 대역전, 다시 서울이 함락되자 1차 피란 때와는 달리 1·4후퇴 시에는 거의 모든 문인들이 남쪽으로 피란하여 1951년부터는 육·해·공 각 군의 종군작가단을 결성하고 그로부터 문인들의 종군활동은 군의 지원 하에 보다 체계적으로 전개되었다.

종군작가단 가운데 가장 먼저 결성된 것은 공군종군문인단[22]이었으며, 이어 육군종군작가단[23]·해군종군작가단[24]의 순으로 결성되었다.

---

[22] 1951년 3월 9일 대구에서 정훈장교 김기완 소령의 주선으로 창공구락부라는 공군종군문인 단체를 발족시킨 데서 비롯되었는데, 발족 당시의 구성원은 단장에 마해송, 부단장에 조지훈, 사무국장에 최인욱, 단원으로는 최정희·곽하신·박두진·박목월·김윤성·유주현·이한직·이상로·방기환 등이었으며, 결성 1년 뒤에 황순원·김동리·전숙희·박훈산 등이 추가 단원으로 합류했다.
최인욱,「공군종군문인단」, 한국문인협회 편, 앞의 책, 98쪽 참조.
[23] 육군종군작가단은 창공구락부원이었던 구상이 김팔봉·최독견·박영준·장덕조 등과 더불어 1951년 5월 26일 역시 대구에서 결성했다. 단원은 최상덕 단장을 비롯해 김팔봉·구상·박영준·정비석·최태응·황준성·양명문·박기준·김송·김영수·박귀송·장덕조·손소희·김진수·박인환·김이석·이덕진·방기환·조영암·정운삼·성기원·김용환·이호우·윤석중·장만영·김현송·유치환·하대응·임긍재·노준석 등이었다.

종군작가단의 조직은 각기 그 결성 취지에서 문학을 통해 창공 사상의 보급과 군민 융화를 도모한다[25](공군종군문인단)든가, 생사의 관두關頭에서 유일무이의 무기인 철필을 들고 포연탄우 속에 우뚝 서고자 한다[26](육군종군작가단)든가, 국토 수호의 새로운 결의[27](해군종군작가단)라는 등으로 밝히고 있듯이 작가로서의 전쟁 참여 의지의 결과라 하겠다. 종군작가라는 말 속에는 여러 가지의 의미가 포함되어 있다. 우선 개인적으로는 전쟁의 극심한 혼란과 고난 속에 피란 생활을 해야 했던 피란민의 한 사람이었다는 점이다. 그러면서 문인이라는 신분으로서, 즉 그 자격과 소임을 띠고 종군했던 것이다. 공군종군문인단의 조지훈·최인욱·박두진·유주현·이상로·마해송 등은 각 공군 기지에 종군[28] 한 바 있고, 육군종군작가단의 많은 역원들도 동부·중부·서부전선 등 각 전선에 종군한 체험을 가지고 있다. 해군종군작가단의 경우 한국전쟁 중 해전이 그렇게 활발하지 못했을 뿐 아니라 군당국의 지원이 원활하지 못하여 타군에 비하여 활동이 저조했으며 종군 작품도 크게 볼 만한 것을 남기지 못했으나[29] 박연희·박계주는 포함을 타거나 지상 부대 종군 등으로 활약이 컸다.

작가로서 이와 같은 종군 체험을 종군기나 르포 형식으로 기록해서 발

최독견,「육군종군작가단」, 한국문인협회 편, 앞의 책, 92~94쪽 참조.
24) 공군, 육군종군작가단이 대구에서 구성되자 부산으로 피란 와 있던 문인들을 중심으로 1951년 6월에 해군종군작가단을 결성했다. 이미 현역장교로 입대해 있던 윤백남·염상섭·이무영은 작가단에서 제외되었지만 활동에 참여한 셈이고, 단원으로는 이선구 단장을 비롯 박계주·안수길·박연희·공중인·이봉래·김규동·손소희·윤금숙 등이었다. 후에 손소희·윤금숙은 여자들은 배를 탈 수가 없다고 하여 이종환·허윤석·박용구·박화목 등으로 교체되었다.
『민족의 증언』 7, 중앙일보사, 1985, 110쪽; 이선구,「해군종군작가단」, 한국문인협회 편, 위의 책, 97쪽.
25) 최인욱, 앞의 글, 한국문인협회 편, 위의 책, 97쪽.
26) 최독견,「창간사」,『전선문학』, 1952.4, 9쪽.
27) 이선구, 앞의 글, 한국문인협회 편, 위의 책, 95~97쪽.
28) 국방부 정훈국 편,『정훈 대계 I』, 1956, B240쪽 참조.
29) 이선구, 위의 글, 97쪽 참조.

표하고, 종군보고회·문인극 공연·문학의 밤·시국 강연·기타 보도 선전 활동·군가 제작 보급 등 대 국민죽 활동도 지속했던 것이다. 특히 군 기관지나 군 관계지, 곧 육군의 『전선문학』·『종군 문고』·『승리일보』·『육군 화보』, 공군의 『창공』·『공군 순보』·『코메트』, 해군의 『군함』·『해군』·『해병과 상륙』 등의 발간을 주관 혹은 관여하면서 거기에 실체험과 관련된 많은 소설을 발표한 바 있다. 그 가운데 『전선문학』에는 전쟁기에 발표된 작품만도 18편이나 수록되어 있고, 『창공』·『코메트』·『해군』 및 소설집 『해병과 상륙』에도 눈여겨 볼 만한 작품들이 게재되어 있어 전쟁기 소설의 모습을 찾아보는 데 귀중한 자료로 평가되고 있다.

각 군에 종군한 작가 중 소설가만 뽑아 보면 모두 25명이다. 공군종군문인단의 곽하신·김동리·방기환·유주현·최인욱·최정희·황순원 및 육군종군작가단의 김송·김영수·김이석·박영준·손소희·장덕조·정비석·최독견·최태응, 그리고 해군종군작가단으로는 입대했던 염상섭·윤백남·이무영을 비롯하여 박계주·박연희·박용구·안수길·이선구·허윤석 등이 그들이다. 이들은 종군 체험과 더불어 전쟁이 치러지고 있는 상황에서 피란민으로서의 체험도 동시에 가질 수밖에 없었던 것이다. 따라서 그들의 작품에서는 종군 체험과 관련된 목적의식이 크게 노출된 경우를 볼 수도 있고, 피란살이의 고난이 그려진 경우도 볼 수 있다. 그 중 애국심 고양·참전 의식 고취·승전 의지 등으로 국민 계도적 성격을 띠고 있는 작품의 경우, 구상이 종군작가를 마치 어용작가로 여기고, 그들의 작품을 비예술작품시하면서 매도하고, 출판사에서는 경원기피하며 관능적 연애물만 출판하려 든다고 분개했듯이[30] 종군작가와 그들 작품의 입지는 그렇게 편치 않았다. 구상의 말로 보면 종군작가들은 문학적으로 순수문학의 벽을 만나 고전했고, 대중문학의 시세

---

30) 구상, 「종군작가단 2년」, 『전선문학』, 1953.5, 58쪽 참조.

時勢에 가려졌던 것임을 알 수 있다. 그러나 작가 자체로 보자면 그들의 애국적 의식과 태도를 읽을 수 있고, 작품으로 보자면 한국전쟁을 사실적으로 기록하여 남김으로써 이후 한국전쟁과 관련된 모든 문학의 원형적 자격을 부여하기에 부족함이 없을 것이며, 또 대중·통속 문학에 비하면 시대를 고민했다는 가치와 의의가 크다 할 것이다.

이상으로 종군작가단의 결성 과정과 그 개략적인 활동을 훑어보았다. 종군작가단의 결성과 활동 의의는 일차적으로 작가이기 이전에 전쟁 중의 국민의 한사람으로서 위민보국하겠다는 의지와 사명감에 있다 할 것이다. 그러나 한편으로는 피란 문인들의 생활 방편으로, 혹은 보도연맹 사건이나 부역문인 사건의 위협으로부터의 안전지대로서 가입·활동한 문인도 없지 않았고, 또 작가단의 문학적 활동을 점검해 볼 때 당국이 요구하고 있는 작품의 성격이나 작가 자신의 종군의식 등에 의해 근본적으로 경직될 수밖에 없는 한계를 가지고 있었다. 그렇다 하더라도 현실적 초연주의보다는 효용성 회복이 당시 작가로서의 역사적 임무[31]임을 수긍하지 않을 수 없으며, 한국전쟁의 사실적인 기록인 동시에, 기성 작가의 대다수가 종군했던 만큼 전쟁기 문학으로 종군작가들의 작품을 제외하고 전쟁기 문학을 말한다는 것은 불가능한 일이라 하겠다.

2. 전쟁기의 문학론

김동리가 한국전쟁기의 문학을 두고 종군문단기로 규정한 바 있었던 것처럼 전쟁기에 여러 논자들에 의해 전개되었던 문학론들도 전쟁이라는 시대적 상황과 불가분의 관계 속에 놓이지 않을 수 없었다. 따라서 전

---

31) 이선구, 앞의 글, 59쪽.

쟁 기간 중에 전개되었던 문학론은 일반적이고 보편적인 문학론이라기보다는 전쟁이라는 특별한 상황 속에서 태어난 특별한 문학론이라고 말할 수 있다.

이 시기에 논자들은 주로 『문예』·『신천지』·『자유세계』·『협동』·『문화세계』·『수도평론』 등의 잡지, 『전선문학』·『창공』·『코메트』·『해군』 등 군 기관지 및 군과 관련된 기관지, 『연합신문』·『국제신보』·『조선일보』·『동아일보』 등의 일간지 및 『전시문학 독본』 등과 같은 단행본을 통하여 평론문이나 논설문 또는 격문이나 보고문 따위의 여러 유형의 담론을 발표하여 자신들의 주장을 개진하였다, 여기에 조연현·백철·곽종원·이헌구·임긍재·유동준 등의 평론가와 염상섭·김기진·이무영·김동리·김송·김영수·조향·최인욱 등의 작가들 및 이숭녕·이선근·김종문·김기완 등 군 당국자나 지식인 등 다양한 계층의 논자들에 의해 각기 나름대로의 전시하 문인들 내지 문화인들의 자세, 문학 작품의 창작 방향, 작품에 대한 비평과 반성 등이 다루어졌다.

물론 전쟁기의 문학론들은 전쟁 수행과 승리라는 커다란 한 가지 이념적 테두리를 벗어날 수 없는, 한 시대의 특별한 문학론이었음은 재언의 여지가 없지만 그 논지에 따라, 첫째 전시하의 전쟁문학론, 둘째 전시문화정책론 내지는 문화전선구축론, 셋째 창작방법론, 넷째 실존주의 문학론의 수용과 휴머니즘론 등으로 구분, 정리할 수 있다.

1) 한국전쟁과 전쟁문학론

전쟁문학(Kriegsdichtung)이란 일반적으로 제1차 세계대전 이후 독일에서 먼저 제기된 용어로, 전쟁을 통해서 휴머니티의 문제를 탐구하는 문학[32]으로 이해되고 있음이 보통이다. 한국문학에서는 조선조의 군담소

---

32) 『*Metzler Literatur Lexikon*』, 1984, 'Kriegsdichtung', Stuttgart : J. B. Metzlersche Verlags-

설에 대한 논의를 생각해 볼 수 있지만, 전쟁문학이란 용어는 1930년대 말부터 1940년대 초에 걸쳐 일본제국주의에 아부한 소위 황도문학의 전위대 역할을 담당했던 일부 문인들에 의해 한국인들을 태평양전쟁에 동원하기 위한 운동이 전개될 때 처음 사용되었는데,[33] 한국현대문학사에서 본격적인 논의는 한국전쟁을 겪으면서 많이 제기되었다.

그것은 또 휴머니티의 문제를 탐구하는 보편적이고 일반적인 전쟁문학론이라기보다는 반드시 승리하지 않으면 안 될 전쟁을 치르고 있는 국가의 국민의 한 사람으로서 발언하고 있는 전쟁문학론으로서, 엄밀히 말해 '한국전쟁문학론' 내지 '6·25전쟁문학론'이라고 해야 옳을 것이다.

이와 같은 논의를 찾아볼 수 있는 글로는 김기완의 「전쟁과 문학」(『문예』, 1950.12), 곽종원의 「문학정신의 확립」(『자유세계』, 1952.1)·「6·25동란 이후의 작단 개관」(『신천지』, 1953.4), 임긍재의 「전시하의 한국문학자의 책무」(『전선문학』, 1952.4), 박기준의 「한국 작가의 반성」(『전선문학』, 1952.4), 김동리의 「전쟁과 문학의 근본 문제」(『협동』, 1952.6), 조연현의 「한국전쟁과 한국문학」(『전선문학』, 1953.5) 등과 기타 평론가·문인들의 좌담이 있다.

전시하 최초로 전쟁문학 내지 전시문학의 방향에 대하여 견해를 피력한 사람은 의외로 문인이 아니라 당시 정훈국 편집실장이었던 현역 공군 소령 김기완이었다. 간혹 수필을 써서 발표하기도 했던 문학애호가이자 아마추어 문인이기도 했던 그는 서울 수복 후 「전쟁과 문학」이란 글을 통하여 전쟁은 문학의 획기적인 변혁을 요구하고 있다고 전제하고, 전시하의 한국문학은 '국민에게 공헌하는 힘이 될 수 있는 문학', '정신의 전투부대로서 선봉적인 돌진을 할 수 있는 문학'[34]이어야 된다고

---

buchandlung.
오세영, 「한국 전쟁문학론 연구」, 『인문론총』 28집, 서울대, 1992.12, 4쪽에서 재인용.
33) 이기윤, 「한국 소설의 전쟁체험 연구」, 인하대 대학원 박사학위논문, 1989, 20쪽.
34) 김기완, 「전쟁과 문학」, 『문예』, 1950.12, 18쪽.

역설하였다. 그러면서 "전쟁이 시작된 이후의 문학은 완전히 구태舊態를 떠나서 호흡을 달리한 발전을 볼 수 있다"[35]고도 평가했다. 그 근거로는 리얼리즘에 입각한 작가의 정확한 현실 파악과 그것에 대한 노력 및 진지한 태도, 동포애라든가 민족을 사소라도 망각하지 않는 견실성, 과거의 신변적 협애를 일소한 소재의 다양성, 작품의 구성이 갖는 허구성을 끝까지 사실성事實性과 대치하려는 의식의 혁신[36] 등을 꼽았다.

당시에 대개의 작가들 자신이나 평론가들이 전쟁이라는 문학적 소재를 취급하는 태도나 방법 또는 형상화 과정을 통한 문학성에 대하여 회의적 견해를 보이거나 부정적인 판단을 하고 있었음에 비하여, 김기완은 정확한 현실 파악을 통한 철저한 리얼리즘 문학이자 대의大義와 민족을 위한 민족문학이라 하여 퍽 대조적인 견해를 피력하고 있다.

그가 구체적으로 어떤 작품을 보고 이와 같은 평가를 했는지는 매우 의심스러운 데가 있다. 전쟁 발발 이후 이 글이 발표되기 전까지는 모든 신문이나 잡지 등이 휴간된 상태로 평가할 만한 작품이 전연 발표되지 않았을 뿐만 아니라 그가 이 글에서 언급하고 있는 짧은 종군기나 수필 또는 콩트 등 르포르타주 내지 그것에 가까운 작품을 두고 철저한 현실 파악을 통한 완전한 리얼리즘 문학, 민족애와 조국을 조금이라도 잊지 않는 민족문학이라는 단선적 시각은 문학 자체에 대한 올바른 평가나 방향 제시로 보기는 어렵다. 다만 정훈장교로 문총구국대와 종군작가단의 구성에 실무를 담당했던 그가 당국자의 입장으로서 전시문학의 역할을 강조하였고, 피란 시절 문인들의 생활에 많은 도움을 주기도 했던[37] 문학애호가의 한 사람으로서, 빈약했던 문학이나마 비극적 현실에 대처하려 했던 당시의 모든 문학을 적극적이고 긍정적 자세로 파악하려 했다는 데서 그 의의를 찾을 수가 있겠다.

---

35) 위의 글, 18쪽.
36) 위의 글, 18쪽 참조.
37) 최정희, 「피란 대구문단」, 한국문인협회 편, 앞의 책, 104쪽 참조.

전쟁 수행을 위한 도구 혹은 승전의식을 고취하기 위한 수단으로서의 문학에 대한 보다 선명하고 강한 어조를 보이고 있는 글로는 김종문의 『전쟁과 선전』(『전시문학 독본』, 1951.3)이 있다. 당시 국방부 정훈국장이며 전쟁 중에 첫시집 『벽』(1952)을 발간하기도 했던 그는 이 글을 통해 현대전에 있어서 선전의 중요성을 강조하고, 이를 수행할 문인들의 역할이 얼마나 중요한가를 설명했다. 지금은 무력·정치력·경제력 및 선전력 등 4대 요소로서 전쟁을 수행하지 않을 수 없는 현대전의 시대다. 그리고 선전전은 무력전에 대한 보조 수단이 아니라 문화적 기술로서 전쟁을 수행하는 하나의 독립된 전투 수단이다. 더욱 현대전에 있어서는 전민족의 정신적 단결 여하가 전쟁의 승패를 좌우하는 가장 유력한 요소다. 그러므로 문화인들은 현대전에 있어서 중요한 역할을 하는 선전 임무를 충실히 수행해야 한다는 것이다.

한국전쟁기에 있어서 이러한 전쟁의 도구 혹은 수단으로서의 전쟁문학론은 용어나 어조의 차이는 있지만 많은 평론가나 작가들에 의해서도 거듭 논의되었다. 조향은 민족문학이 일단 전쟁의 도가니 속에 놓이게 되면 그것은 필연적으로 '투쟁문학'·'저항문학'으로서의 내용과 포즈를 갖추게 된다[38]고 하였으며, 최인욱은 전쟁을 문화의 싸움으로 인식해야 한다고 하면서 새로운 문화의 방향을 소비 중심의 문화가 아닌 건설 중심의 고투苦鬪의 문화[39]를 제시하였다.

한편 전쟁문학이라는 분명한 용어가 사용되고 그 개념 규정에 대한 관심을 보이기 시작한 것은 1952년부터다. 그 때는 휴전회담이 본격적으로 진행되고 전쟁이 소강상태로 빠져들어 작가들도 어느 정도 시간적·정신적 여유를 찾은 듯 작품 발표나 비평 활동이 비교적 활발했던 시기다.

---

38) 조향, 「민족문학의 지향」, 『전시문학 독본』, 계몽사, 1951.3, 176쪽.
39) 최인욱, 「전쟁문화론」, 『신천지』, 1951.1, 81쪽.

전시문단에서 전쟁문학이라는 용어는 종군작가로서 활약을 했던 임긍재가 처음으로 사용했던 것으로 보인다. 그는 「전시하의 한국 문학자의 책무」라는 글을 통해 문단의 부진 상태와 그 이유를 들고 문학이 나아갈 길을 제시하고 있다. 이 글에서 그는 전쟁 발발 이후 1년 7개월여 간에 발표된 작품을 총체적으로 볼 때 가혹한 현실이 작품 속에 엄숙히 그리고 생리화되지 않았을 뿐 아니라, 시대를 초극치 못한 채 사건 중심이거나 가공에 치우쳐 작가의 내면에서 정화 내지 소화되지 못하고 매고賣稿에 바빠 손끝으로 배설한 감을 준다40)고 혹평하였다. 이와 같이 당시 문학이 부진 상태를 벗어나지 못하는 데에는 우리 문단이 척박한 연륜과 위축된 질곡 속에서 발아하여 한 번도 꽃피워 보지 못하고 왜제倭帝의 모진 서리와, 설상가상 격으로 해방 후의 혹심한 혼란 속에 성장했던 탓41)으로 돌리면서 오히려 시대적 수난 속에 결실을 맺어야 할 것이라고 주장하였다. 그러면서 '피안에서 몰려든 사조와 지식에서 우연히 쌓여진 개념을 걷어치우고 문학자들이 몸소 심각하게 사병들과 함께 포염砲焰 속에 뛰어들어'42) '펜 끝을 총탄으로 바꾸어 들 때만이 전쟁문학 혹은 전투문학이 형성될 것'43)이라고 하였다.

여기서 우리는 두 가지의 논지를 점검해 볼 수 있다. 그 하나는 전쟁문학이란 작가가 직접 전선에 뛰어들어 얻게 되는 체험적 기록이란 개념 규정과, 다른 하나는 전쟁문학의 방향은 펜 끝을 총탄으로 바꾸어 든다는 의식 즉 무기로서의 문학의 효용성을 강조하고 있다는 사실이다.

대체로 전시에 논의되었던 전쟁문학에 대한 개념 규정은 앞서 임긍재가 말한 전선이 취재된 작품 내지 전쟁이 소재가 되는 작품이란 초보적인 시각을 크게 벗어나지 못했다. 곽종원은 전선을 직접 체험하고 논리

---

40) 임긍재, 「전시하의 문학자의 책무」, 『전선문학』, 1952.4, 10쪽 참조.
41) 위의 글, 10쪽.
42) 위의 글, 32쪽.
43) 위의 글, 32쪽.

적 사실보다 경험적 사실이 그려진, 전선이 취재된 작품은 약에 쓸래야 찾아볼 수 없다44)고 하여 역시 전선이 취재된 작품이란 견해를 보이고 있고, 박기준도 전쟁문학의 한 형태를 "전쟁과 인간의 수난을 그리고 자유와 독재에 연관되는 여러 가지 심각한 문제를 작품화한 것"45)으로 이해하면서 "순수 문학이란 궤변 위에 숨어서 리얼의 결핍을 캄프라주 하려던 몇몇 작가들도 이내 동란과 함께 부여된 문학과제를 처리하기 위해서 <순수의 껍질>에서 용감하게 뛰어나와야 할 것"46)이라고 강조하였다. 곽종원은 전선이 취재된 작품이란 단순한 견해를 보인 데 비하여, 박기준은 전쟁을 통하여 인간과 자유를 문제 삼음으로 해서 전쟁문학의 본질적인 과제로 어느 정도 확대 접근하고 있음을 볼 수 있다.

무기로서의 전쟁문학을 강조했던 임긍재는 곽종원이 전선을 그려야 전쟁문학이 된다는 경직된 견해에 대하여 전선을 그렸다고 다 전쟁문학이 될 수는 없고, 차라리 보고문이나 신문기사에 속할 것이라 하며 이견을 보였다. 그러면서 전쟁을 통해서 새로운 인간성이 확연히 드러나는 작품이라야 전쟁문학이 될 것이며 후방을 그려도 새로운 인간 군상이 제시되면 전쟁문학이 될 것47)이라고 하여 인간성 창조에 강음부를 두고 있다. 조연현도 전쟁문학이란 전쟁이 소재가 되는 문학이라는 견해에 대해서 이의를 달지는 않았다. 그러나 전쟁은 인생이나 현실의 문제와 관련하여 문학의 위대한 소재임에는 틀림없지만, 전쟁은 경험의 진행이요 과정이기 때문에 좋은 작품이 나오기까지는 시간이 걸릴 것이며, 전쟁이 끝난 뒤에는 자연스럽게 훌륭한 작품이 나올 것48)이라고 하여 전시하 작가들이 처한 어려운 창작 여건을 이해하려 했다.

---

44) 곽종원, 「문학정신의 확립」, 『자유세계』, 1952.1, 164쪽 참조.
45) 박기준, 「한국 작가의 반성」, 『전선문학』, 1952.4, 14쪽.
46) 위의 글, 14쪽.
47) 평론가한담회, 『문예』 5·6, 1952, 66~68쪽 참조.
48) 위의 글, 68쪽; 조연현, 「한국전쟁과 한국문학」, 『전선문학』(1953.5)에서 이와 같은 견해가 보다 구체적으로 기술되어 있다.

전쟁문학에서 그 문학성 문제와 관련된 글로는 김동리의 「전쟁과 문학의 근본 문제」가 있다. 그는 여기서 전쟁과 문학과의 관계를 생각하는 데는 두 가지의 방법이 있다고 하였다. 그 첫째는 전쟁을 문학에 결부시켜 생각하는 경우이고, 둘째로는 문학을 전쟁에 결부시켜 생각하는 경우다. 전자의 경우 전쟁은 문학의 한 제재에 지나지 않는다. 즉 문학이란 인간 생활의 반영이기 때문에 천태만상의 인간 생활은 모두 문학적 소재가 되고 전쟁 역시 인간 생활의 한 부분이라는 것이다. 그리고 후자의 경우, 문학은 전쟁을 수행하기 위한 한 개의 무기 또는 도구로서 의의를 가진다. 즉 전쟁에는 반드시 이념이 있다. 특히 현대전에 있어서의 전쟁 이념이란 매우 중대한 무기인 동시에 결정적인 위력을 발휘하므로 문학은 정신적 무기로 간주된다는 것이다. 결국 김동리의 논조 속에는 두 가지의 시각 가운데 어느 쪽에 비중을 두느냐가 과제로 남는다. 김동리는 전쟁 그 자체는 지극히 문학적인 제재 같으면서도 초상의 것은 아니며, 그것은 문학의 한 배경으로서의 취급될 성질의 것에 불과하다는 결론을 내리고 있다. 사실로서의 비참과 심각은 창작으로서의 비참성과 심각성 및 문학성을 오히려 감쇠시키는 것이기 때문이라고 했다.

김동리는 또 전쟁문학과 관련하여 문학의 순수성 내지 독자성 문제에 대하여 다음과 같이 언급하고 있다.

> 정치주의, 공리주의를 배격한다고 해서 정치성이나 공리성 그 자체를 배제하는 것은 아닌 동시에 그것을 포함한다고 해서 그것이 인간성보다 우위에 놓이거나 주축이 되는 것은 아니다. 그 아래서 제2의적이요 부차적인 요소로서 복무하는 것이다.[49]

이렇듯 공리주의와 공리성을 구분하면서 문학정신의 본령정계本領正系의 문학, 혹은 생生의 구경적究竟的 형식으로서의 문학관을 견지하고

---

[49] 김동리, 「전쟁과 문학의 근본 문제」, 『협동』, 1952.6, 51쪽.

자 애썼으나, "국가가 전쟁 중일 때 문인이라고 해서 조국을 떠나 문학만을 지킬 수 없으며, 문인이란 특권으로 국민의 권외에 설 수 없다"고 했다. 그리하여 "문인은 총검을 대신하여 붓으로 자유와 조국을 위해서 싸워야 하므로 전쟁 수행을 위한 무기로서의 문학은 용인된다"[50]고 하여 그때까지 애써 지켜 온 순수문학관을 일시 유보하고 있음을 찾아볼 수 있다.

이상으로 살펴본 한국전쟁기의 전쟁문학론은 다음과 같이 요약할 수 있다. 첫째, 전쟁 수행을 위한 도구 내지 수단으로서의 문학론이 대종을 이루고 있었다. 둘째, 이와 같은 전쟁문학론은 일반적인 전쟁문학론이 아니라 6·25전쟁문학론이라 봄이 옳다. 셋째, 전쟁문학의 개념에 대해서는 전선이 취재된 작품, 즉 전쟁을 소재로 한 문학이라는 단순한 견해가 지배적이었으며, 단편적이나마 전쟁 속에 자유와 새로운 인간성 창조라는 논의로 넓혀 나갔다.

2) 전시문화 정책론 내지 문화전선 구축론

한국전쟁기의 전쟁문학론에서 또 하나 주목해야 할 것으로 소위 전시문화 정책론 내지 문화전선 구축론이 있다. 이를 문화라는 이름 하의 포괄적 논의이나 한국전쟁문학이 가져야 될 이념적 성격과 그에 따른 작가들의 시각을 해명하는 데 있어서 중대한 토대를 마련해 주는 것일 뿐 아니라, 오늘날에 이르기까지 한국문학의 영역 가운데 부분적이나마 제한시키는 범주가 되어 왔다는 점에서 달리 해서 검토해야 할 필요가 있는 항목이다.

이러한 논의를 점검해 볼 수 있는 글로는 이선근의 「이념의 승리」(『문예』, 1950.12), 이숭녕의 「전시 문화정책론」(『전시과학』, 1951.8), 이헌구

---

50) 위의 글, 51쪽.

의 「문화전선은 형성되었는가」(『전선문학』, 1952.11), 김팔봉의 「전쟁문학의 방향」(『전선문학』, 1953.2) 등이 있다.

이선근은 「이념의 승리」라는 글을 통해 전쟁은 단순한 무력의 충돌이 아니라 이념의 충돌로 이해하고 해석해야 할 것이라고 했다. 일본과 이태리와 독일이 그들의 침략적 야망을 달성하기 위하여 태평양전쟁을 유발하였을 때도 전체주의 형성이라는 이념이 흐르고 있었으며, 이번 6·25사변이라는 일대 범죄를 조성한 김일성 집단과 같은 민족반역자들에게 있어서도 적색 제국주의라는 이념이 발동되고 있다고 전제하고, 이념의 창조자로서의 문화인들을 향해 다음과 같은 주문을 했다.

> 무력전에 승리해 가고 있는 이번 사변을 우리나라의 문화인들은 단순한 무력의 승리가 아니라 우리 민족의 이념의 승리며 전 인류의 단결된 민주주의 철학의 승리라는 것을 구명(究明)하고 증명해 주어야 한다.51)

나아가 이념의 승리를 위해 이 땅의 모든 문화인들이 그 역량을 강력화하고, 재능을 더욱 연마하여 이번 사변을 오히려 문화적인 창조정신의 한 도장으로 삼고 총궐기해 주기를52) 당부함으로써 무력전의 승리만이 아니라 문화전선을 구축하여 이념적 승리임을 증언해야 한다고 했다. 물론 해방 이후 이념적 갈등을 겪다가 1948년 8월 15일 남한만의 단독정부 수립과 더불어 분단이 확실해지고, 이념적으로 분명히 남북이 갈라섬에 따라 각기의 이념으로부터 자유로울 수 있는 개인은 있을 수 없었으나, 전쟁 발발 이후 이와 같은 논의는 이념적 고착화 현상을 더욱 가속화시키기에 부족함이 없었다 하겠다.

그런가 하면, 전쟁 발발 후 남진하는 군대를 따라 내려 온 북쪽의 예술인들은 점령 지역에서 강력한 문화적 공작을 하였다. 특히 문학가동맹

---

51) 이선근, 「이념의 승리」, 『문예』, 1950.12, 13쪽.
52) 위의 글, 15쪽 참조.

측은 인민군 치하 3개월 동안 서울에 내려와서 문화기관을 접수하고, 문인들을 납치 포섭하기에 혈안이 되었으며, 정치적 선전과 이념적 교육 등 갖은 문화적 공작을 감행했다.53) 그리고 문학작품 창작 면에서도 소설·수필·종군기 등 전쟁문학집이 10여 권이나 간행될 수 있을 만큼 왕성한 활동을 보였다.54) 이에 비해 남쪽의 예술인들은 종군작가단이 결성되기는 했으나 정부 혹은 군 당국의 지원이 미흡하였을 뿐 아니라, 그 활동 또한 개인적 의사에 맡겨짐에 따라 적극적·조직적 활동이 되지는 못했다. 그래서 문화면의 전력적으로 볼 때 분산, 사장되는 감이 없지 않았다.

이와 관련하여 이숭녕은 「전시 문화정책론」이란 제하의 글을 통하여 근대전은 국가의 총력전으로 전쟁의 승패가 군인의 무력전에만 의거될 것이 아니고 문화면의 활동, 문화면의 공세가 무력전에 못지않게 중요한 직능임을 정부 당국자나 국민 전체가 절실히 인식하고 대처해야 할 것임을 촉구하였다. 그는 먼저 정부적 차원에서 뿔뿔이 흩어져 있는 문화인들을 면밀히 파악하여 요원을 확보하고 적재적소에 재배치하는 일이 시급한 과제라고 하면서 네 가지 문화정책 방안을 제시하였다. 즉 첫째 국가의 권위 있는 문화공작 기관을 신설하며, 둘째 민의民意를 포함하여 중지를 모아 문화정책을 결정하고, 셋째 이의 수행을 위한 문화공작의 예산을 계상計上해야 할 것이며, 넷째 문화요원들의 생활 보장과 기동적인 재배치 및 운영을 꾀할 것55) 등을 제시했다. 그리고 전시 하의 문화정책은 평화 시의 그것과 달라 대내적으로 국민에게 확고한 전쟁이념의 지시와 이 노선에 수반될 문화면의 제반 공작을 통일성과 어느 체제 하에 추진해야 할 것이며, 대외적으로 특히 적지에 대하여는 가능한 수단을 통하여 우리의 정당한 전쟁 이념을 직접 또는 간접적으로 인식

---

53) 김광주, 「북쪽으로 달아난 문화인에게」, 『문예』, 1950.12, 77쪽 참조.
54) 이숭녕, 「전시 문화정책론」, 『전시과학』, 1951.8, 74쪽.
55) 위의 글, 72~76쪽 참조.

시키는 선전적 활동을 잘 수행해야 할 것이라고 강조하였다.

정부적 차원의 문화적 전력화를 천명하고 있는 이 글 역시 문화적 공작의 요체는 전쟁 이념의 선전이며, 그 이념은 민주주의 철학의 승리임과 동시에, 공산주의 철학의 마수를 고발하는 데 있다 할 것이다.

한편 문인들에 의해서도 이와 비슷한 견해들이 이어 발표되었다.

먼저 이헌구는 「문화전선은 형성되었는가」라는 글을 통해 문화인 전체로 형성되는 하나의 문화전선을 구축해야 한다고 주장했다. 먼저 그는 문화인의 성격으로 이념을 가장 잘 인식하고 있는 현대 세계적 정신의 대변자, 시대적 정신을 창조 수호 계몽하고 때에 따라 강렬히 항거해야 할 의무와 권리가 부여된 자, 시간적·공간적 위치에서 이탈될 수 없는 가열한 현실을 가장 잘 파악하고 이해 통찰함으로써 현실에 즉의卽依하여 사고 행동하는 자56)로 규정했다. 실로 시대 정신의 대변자로서 문화인은 당의 노선에 의한 노예적 속종屬從이 아니라 인간 정신의 더 높은 발양과 창달을 위한 각고의 노력으로, 일선에 퍼져 있는 국토 방위의 전선에 못지않은 전체 문화인으로 형성되는 하나의 문화전선을 구축해야 할 것임을 역설했다. 그리고 그 문화전선의 핵심은 반공·멸공에 있다고 단정한다.

> 우리가 반공 멸공이라는 공통된 주저항선을 가지고 오늘까지 집중적으로, 적극적으로, 때로는 소극적으로, 산발적으로 싸워 오고 노력해 온 것은 사실이지만 다시 또, 오늘의 문화적 현실을 냉철히 비판하고 관찰해 본다면 이는 너무나 무기력하고 산만을 극한 감이 깊어만 가고 있는 것이다.
> …(중략)…
> 정치적인 파동이라는 이 파동이 민주 우방 나라마다 일어나서 한 국가가 두 갈래 세 갈래로 나누어짐으로써 철의 단결로 강화를 꾀하는 공산위성세력에 충분히 대치될 수 있는 것인가.

---

56) 이헌구, 「문화전선은 형성되었는가」, 『전선문학』, 1952.12, 5쪽 참조.

…(중략)…
　　인류 공영의 진정한 민주이념의 팽배와 옹호를 위하여 전세계 문화인
은 총집결되어 하나의 국제적 문화전선을 구축하여 가려는 이 과정에 서
서 한국의 위치는 너무나 중차대한 것이다.[57]

이와 같은 이헌구의 시각의 요지는, 첫째 한국전쟁은 민주 대 공산주의 이념의 대결이며, 둘째 동시에 2차 대전 이후 국제 냉전의 산물인 양진영의 국제전이므로, 셋째 국제적 문화전선을 형성하여, 넷째 반공·멸공 전선을 공고히 구축하여야 한다는 것으로 요약될 수 있다.

이러한 문학에서의 반공 이데올로기는 김팔봉에 의해서 보다 구체적인 창작 방법론으로까지 진전되고 있음을 볼 수 있다.

　　우리의 전쟁문학은 첫째로, 적의 공산주의 사상이 여하이 그것이 교묘하
게 구성되던 간에 그 사상의 내면에 있는 비합리성, 허구성을 폭로하고 그
모순을 지적하고 그 반진리임을 적발하여 독자 대중을 그들의 기만에서 격
리해야 하며 동시에 그 사상의 기계적, 공식적 체계를 격파해야 한다.[58]

당시 소위 반공 이데올로기를 주축으로 하는 전시문화 정책론 내지는 문화전선 구축론은 우리 문학에 두 가지의 중요한 결과를 초래하게 했다. 하나는 한국전쟁문학에서 반전문학의 창작 가능성을 말살했다는 점이요, 다른 하나는 우리 문학을 반공 이데올로기의 틀 안에 가두어 놓음으로써 세계문학의 중심부에 진입할 수 있는 길을 폐쇄시켰다는 점[59]이다. 한국전쟁을 이데올로기의 국제적 대결 구도로 파악하고, 마르크스주의 국제문화전선의 첨병인 북한은 반드시 타도해야 할 대상으로 봄과 더불어 지나치게 경직된 반공·멸공·승공 의식에 의해 우리 문학은 문

---

57) 위의 글, 6~7쪽.
58) 김팔봉, 「전쟁문학의 방향」, 『전선문학』, 1953.2, 60쪽.
59) 오세영, 앞의 글, 12~13쪽.

학이 갖는 갖가지의 가능성과 창조성을 구속하게 된 것이다.
 한국 현대문학에서 전시를 포함하여 거의 오늘날에 이르기까지 표현의 절대적 한계 속에 체제 순응적 문학단이 빛을 볼 수 있게 한 그 연원이 된 전시문화 정책론 내지 문화전선 구축론이라 할 수 있겠다.

3) 창작방법론

 전술한 전쟁문학론이나 전시문화 정책론 내지 문화전선 구축론 등을 통한 전쟁기에 우리 문학의 대체적인 방향 제시와 더불어 보다 구체적인 창작방법론도 많이 제기되었다.
 이 시기에 창작방법론이라고 할 수 있는 것으로 체험적 리얼리즘론과 경험의 형상화론이 있다. 여기서 체험적 리얼리즘이라 함은 전쟁기의 현실, 주로 전장을 직접 체험함으로써 얻어지는 현장의 기록이라는 의미를 담고 있다. 앞서 김기완이「전쟁과 문학」에서 종군기나 수필 또는 콩트와 같은 작품을 두고 완전히 리얼리즘에 입각한 정확한 현실 파악과 그것에 대한 노력 및 진지한 태도라고 하는 평가라든가, 곽종원이「문학정신의 확립」에서 전선을 직접 체험함으로써 관찰에 의한 이야기조를 버리고 경험과 경험으로 출발하는 새로운 것을 만들어 내는 창작이 생산되기를 요구했던 것이나, 박기준이「한국 작가의 반성」을 통해 시간적 역사성과 공간적 사회의식이 굳게 결부될 때 작품 속에 리얼이 흐르게 될 것이며 낭만파 문학이든 자연주의 문학이든 이러한 리얼이 있을 때 좋은 작품이 된다는 견해나, 임긍재가「전시하의 한국 문학자의 책무」에서 총탄을 펜끝으로 바꾸어 들고 보다 착실한 체험과 경험을 통한 '피의 수록(문학)'이 되어야 한다는 주장 등은 모두 체험적 리얼리즘 문학론이라 할 수 있을 것이다.
 이러한 체험적 리얼리즘에 입각한 창작 방법론이 많이 제기되었던 것은 전쟁 현실에 처해 있으면서도 대부분의 작가들이 전선을 사실적으로 그리거나, 전장 속의 군인들을 형상화하기보다는 주로 피란생활 등 전쟁의 후경을 그리거나, 전쟁을 단지 소재적으로만 취급했던 데서 오는 불만에서 비롯된 것이다. 체험했던 사실을 그대로 기록하려는 문학은 독자에게 강한 신빙성이나 호기심, 생활 정보, 그리고 전시의 상황에서 보다 강한 감동과 호소력을 지니는 문학이 될 수도 있다.60) 그러나 사실에 가까운 문학 쪽으로 갈수록 종군기나 르포르타주가 되어 버릴 것이며, 이러한 작품은 현실의 예술적 반영을 통해서 이루어지는 문학적 사실성을 구현해 낼 수 없는61) 커다란 한계를 근본적으로 가질 수밖에 없다.

이처럼 소위 체험적 리얼리즘론이 가질 수밖에 없는 문학성 문제를 문제 삼고 제기된 것이 경험의 형상화론이다. 조연현은 먼저 체험과 경험이란 용어를 '체험이란 그 성질상 진행 중인 미완료의 어떤 상태라면, 경험이란 이미 완료된 어떤 상태', 즉 '체험이 진행의 상태라면 경험은 반성의 상태'를 의미한다고 구분 정리하면서 '경험이라는 것은 체험의 기억인 동시에 체험의 요약된 의미'62)라고 하였다. 그러면서 문학이란 '체험의 기록이기보다는 경험의 형상화'63)라고 단정하고, 체험이 경험화 하여 하나의 작품을 낳게 되는 것이 정상적인 문학의 생리적 과정이라고 설명하고 있다. 따라서 체험이 경험화되기까지는 작가 개개인의 내적 소화 과정을 거쳐야 할 것이고, 그것은 또한 상당한 시간을 필요로 하는 것이기 때문에 전쟁이 진행 중인 당시 우리 문단에 훌륭한 전쟁문학이 생산되지 않는 것은 당연한 이치라고 하였다.

---

60) 박신헌, 「한국전쟁 전후기 소설의 현실의식 연구」, 경북대 대학원 박사학위논문, 1992.6, 76쪽.
61) 차봉희, 「루카치의 사실주의 문학관」, 『루카치의 변증유물론적 문학이론』, 한마당, 1987, 112쪽.
62) 조연현, 「한국전쟁과 한국문학」, 『전선문학』, 1953.5, 19~20쪽.
63) 위의 글, 20쪽.

한국전쟁을 가장 격렬히 그리고 가장 즈체적으로 체험하고 있는 것은 물론 우리 쪽이다. 그러나 그렇다고 왜 우리나라에서는 깊은 감명을 줄 만한 전쟁문학이 하나도 나오지 않느냐 하는 우리 문단에 대한 일반적인 요망과 비난은 반드시 옳은 판단이 아니다. 이러한 초급(焦急)한 요구와 성급한 비난은 물론 정당한 것이지만 반드시 정확한 것은 못 된다. 그것은 우리의 전쟁 체험이 곧 작품으로서 나타나 주기를 요구하는 것은 성급한 희망은 될 수 있으나 문학의 생리적인 과정을 무시한 것이 되어지기 때문이다.[64]

그러면서 "한국전쟁에 대한 우리 민족의 현재와 체험이 우리의 민족적인 경험으로서 형성될 때까지 인내로써 기다려 주지 않으면 안 될 것"[65]이라고 하며, 당시 대개의 논자들이 당대의 문학을 비판적인 안목이나 부정적인 시각으로 보았던 데에 비하여 문단이나 문학을 옹호하는 자세를 취했던 것이다.

물론 조연현의 이와 같은 취지의 문학론은 1952년 5·6월 문예사 주최의 평론가한담회를 통해서 이미 언급된 바 있었고, 다른 일부 작가들에 의해서도 공감대를 형성해 왔다. 박목월도 전쟁이라는 문학적으로 커다란 소재로서의 현실이 우리 앞에 놓이고 또 체험한다고 해도 그것이 이내 문학이거나 문학적 성과로 나타나는 것은 아니라고 했다. 체험이 크고 무거울수록 긴 시일을 두고 작가의 내적 생장기간을 거쳐 비로소 열매 맺을 수 있는 것[66]이라고 하였다. 김종길 또한 전쟁이란 문학에 좋은 기회를 주기는 하지만 전쟁 중에 우수한 작품이 생산되기는 어려울 것[67]이라 판단하였다.

이상의 조연현을 중심으로 한 경험의 형상화론은 조연현이 체험과 경

---

64) 위의 글, 19쪽.
65) 위의 글, 20쪽.
66) 「신춘문학좌담회」, 『전선문학』, 1953.2, 93쪽 참조.
67) 위의 책, 99쪽 참조.

힘이라는 말을 적절하게 사용했는가 하는 데에는 문제가 있지만 어려운 시절을 타고 넘어야 했던 당대의 우리 문단과 문학을 이해·옹호하려 했다는 점과, 상식적 판단에 불과했지만 실제 우리나라의 전쟁문학 또는 전후문학의 결실은 휴전된 시점에서부터 맺기 시작했다는 입증에서 그 논의의 의의를 찾을 수가 있다.

한편 문학 작품을 독자와의 관계, 즉 수용론적 입장에 무게를 두고 창작 방법을 논의한 문학론으로 유동준의 「불안의 해소와 문학」(『문예』, 1953.2), 김팔봉의 「전쟁문학의 방향」(『전선문학』, 1953.2), 이무영의 「전쟁과 문학」(『전시문학』, 1953.5) 등이 있다.

유동준은 최근 우리 문학이 현실 앞에 굴복하여 기력과 탄력을 상실하고 있다고 판단하면서 작가들은 현실을 보다 직시하여 어려운 시기에 불안을 해소하여 줌으로써 정신적 안정과 생활의 침착성을 회복할 수 있는 문학이 산출[68])되기를 희망했다.

김팔봉은 싸우는 마당에 우리 문학은 아직 그 방향조차 확립되어 있지 않다고 비판하고 혼란·곤비·권태·고통의 환경 가운데에서 생기기 쉬운 절망·염세·향락·자아 망실 등 경향이 짙다고 하면서 전쟁기 한국문학의 창작 방향을 다음과 같이 제시하였다.

첫째, 공산주의 사상의 비합리성·허위성을 폭로하고 그 모순성을 지적하고 반진리임을 적발하여 독자 대중을 그들의 기만에서 격리해야 하며, 동시에 그 사상의 기계적·공식적 체계를 격파해야 한다.

둘째, 우리의 전쟁문학은 퇴폐적인 경향을 완전히 해탈하여야 한다.

셋째, 희망적인 문학, 광명의 문학이 되어야 한다. 즉 생활고의 온갖 시련을 극복하고 강인하기 짝이 없을 만큼 늠름하게 생존하여 가는 용자勇姿를 그려야 한다.

넷째, 20세기 최대의 문제는 인간성의 부활과 개조에 있다. 물질문명

---

68) 유동준, 「불안의 해소와 문학」, 『전선문학』, 1953.2, 35쪽 참조.

의 발달은 인간 본연의 영성靈性을 마비시켜 버리고 물질의 노예 같이 인간 자신을 저락低落시켜 버림으로써 파국에 직면한 현 단계에서 문학의 당면 과제는 본연한 인간 생명 실체의 구명究明과 인류사회가 지향해야 할 새로운 윤리의 수립이다.

다섯째, 싸우고 있는 우리의 문학은 싸우는 마당과 그 마당 뒤에서 거두어지는 이야기다. 전쟁의 목적은 승리함에 있다. 우리 문학은 승리 없이는 존재할 수도 없다. 그러므로 우리 문학의 불가결의 요소는 철석 같은 전우애·동포애·조국애의 발양과 열화 같은 적개심의 앙양이다.69)

김팔봉은 위와 같이 국민을 계도할 수 있는 반공주의적 문학, 퇴폐적이고 관능적인 속악성을 지양하고 독자 대중에게 희망과 광명을 줄 수 있는 문학, 인간생명 본체의 탐구와 새로운 모럴을 추구하는 문학, 조국애와 민족애·전우애가 골자가 되는 전쟁문학 등 보다 구체적인 창작 방향을 제시하였다.

이무영 역시 전쟁의 시련을 극복할 수 있는 즐거운 문학, 희망을 갖게 하는 문학이 많이 나와야 한다고 주장한다. 그는 한국전쟁은 태평양전쟁처럼 일본이 자기 민족의 이익만을 위해서 싸우는 전쟁이 아니라, 전 인류의 평화와 행복과 복지를 위해서 희생적으로 싸우는 성전聖戰이라고 하면서, 우리의 전쟁문학도 이와 같은 전쟁의 의의를 바로 인식하는 데서 출발해야 할 것이라고 강변했다. 그러면서 오늘날 이 땅에서 생산되고 있는 문학의 대부분은 '안이의 문학이요 안가安價의 문학'70)에 머무르고 있다고 비판하고 문학의 바람직한 창작 방향을 다음과 같이 제시했다.

> 오늘날 우리 민족에 놓여진 위치는 그야말로 일선 전투원이나 일선 장

---

69) 김팔봉, 「전쟁문학의 방향」, 앞의 책, 60~63쪽 참조.
70) 이무영, 「전쟁과 문학」, 『전선문학』, 1953.5, 5~6쪽 참조.

병만의 전쟁이 아니다. 전민족의 전쟁이다. 전민족이 혈투를 하고 있는데

> 문학만이 안이한 작희를 하고 있을 수 있을까? 우리 문학인의 전투는 사격도 아니요, 상륙 작전도 아니요, 탄약 보급도 아니다. 우리에게 주어진 전쟁상 임무는 좋은 문학, 힘찬 문학, 즐거운 문학, 희망을 갖게 하는 문학, 위대한 창조에 이바지해 줄 수 있는 문학의 공급인 것이다.71)

전쟁에 직면하여 많은 나이에 새롭게 군복으로 갈아입고 군문에 들어섰던 작가 이무영이 민족주의적 시각에서, 이른바 통속대중적인 도색문학을 경계하고, 일선 장병을 포함한 전 국민에게 기쁨과 용기와 희망을 줄 수 있는 문학이 나와야 할 것이며, 이러한 문학은 작가들이 민족의 고민을 생리적으로 함께 고민하는 데서 이루어지는 것이라고 설파했다.

4) 실존주의 문학론의 수용과 휴머니즘론

실존주의 문학이란 좁은 의미로 2차 세계대전 이후 프랑스를 중심으로 발생했던 철학적 성향의 문학들, 특히 사르트르와 카뮈의 문학을 지칭하는 용어이지만, 좀 더 넓고 보편적인 의미에서 인간에게 부여된 어떠한 절대적인 선험적 가치도 거부한 채, 유동적이고 유한한 삶 그 자체의 현존을 문제 삼았던 문학들 모두를 지칭한다.72) 즉 이성이라는 피막 속에 현상의 실체를 가둬 둔 채 관념적 보편성만을 진리의 최고치로서 추구하려 한 합리주의를 과감히 뿌리치고, 태어난 자기의 시대와 인간 존재 자체를 사유의 최대 내용으로 삼으려 한73) 제2차 세계대전 후 최대의 문학운동이다.

제1차 세계대전이라는 격동기 속에서 발아하여 제2차 세계대전 이후

---

71) 위의 글, 7쪽.
72) 한용환, 『소설학 사전』, 고려원, 1992, 281쪽.
73) 조가경, 『실존철학』, 박영사, 1987, 25~26쪽.

활발하게 전개되었던 실존주의 문학사상이 한국 문단에 처음 소개된 것은 1930년대 중반이지만[74] 본격적으로 논의된 것은 해방공간에 들어서고부터이다.

사르트르의 「불란서인이 본 미국 작가」(『신문학』, 1946.10), 리오 라니아의 「전후 구라파 문단의 동향」(『신천지』, 1947.11~1948.3), 하와드 콜러어맨의 「예술을 통하여 본 파리의 자태」(『신천지』, 1948.2), 사르트르의 「문학의 시대성」(『신천지』, 1948.10), 클라우스만의 「전후 독일 문단」(『신천지』, 1948.11·12 합집), 로테르 캠프의 「사르트르의 희곡 '더러운 손'에 관하여」(『민성』, 1949.1), 하인리히 듀모링의 「심판받는 인간」(『신천지』, 1949.11), 로버트 쟘펠의 「사르트르의 실존주의」(『신사조』, 1950.5) 등과 같은 번역과, 홍한표의 「세계 예술계의 동향」(『신천지』, 1948.7), 양병식의 「사르트르의 사상과 그의 작품」(『신천지』, 1948.10), 김동석의 「실존주의 비판」(『신천지』, 1948.10), 박인환의 「사르트르의 실존주의」(『신천지』, 1948.10), 이봉래의 「일본 문화계의 현상」(『신세대』, 1849.3), 정인섭의 「49년도 일본 문화계를 논함」(『신천지』, 1950.1), 옥기수의 「최근 파리의 인상」(『백민』, 1950.3), 양병식의 「전후의 불란서 문학과 사상」(『학문』, 1950.5) 등의 비평 및 사르트르의 「벽」·「구토」·「더러운 손」, 카뮈의 「이방인」·「페스트」, 보부아르의 「타인의 피」 등의 번역 작품을 통해 실존주의 문학과 문학론 및 그 사상을 소개하고 새로운 문학세계로서의 가능성을 찾았다.

하지만 서구의 전후란 1, 2차 세계대란의 전쟁을 통해서 체험한 삶과 가치에 대한 물음이었지만, 우리의 해방기는 서구의 이러한 상황과는 상당한 거리가 있었고, 민족주의 문학이나 이데올로기 문학의 틈새에서 실존주의 문학론이 크게 진척되거나 작품화되지는 못했다. 그러나 1950년

---

[74] 구인환·조남현·최동호 대담, 「한국문학과 실존사상」, 『현대문학』(1990.5) 참조. 여기에서 조남현은 1934년 11월 『신동아』에 실린 신남철의 「나치스의 철학자 하이덱겔」과 이헌구의 「안드레 지드의 인간상적 방랑」을 최초의 실존사상 소개라고 했다.

한국전쟁의 발발로 엄청난 비극적 상황을 몸소 겪으면서 불안 · 위기 · 고민 · 절망 속에 실존주의 문학론은 새롭게 조명되었다. 즉 한국의 전쟁 현실과 서구의 전후적 상황을 상응관계로 인식하여 실존주의가 더 부각되었다고 하겠다.

그런데 특기할 만한 것은 당시 우리 문단의 실존주의에 대한 주된 인식이 전쟁 상황과 관련된 휴머니즘 내지 행동적 휴머니즘이었다는 점이다. 물론 사르트르가「실존주의는 휴머니즘이다」라는 글[75]을 통해 실존주의의 궁극적 의미를 휴머니티로 해명했을 뿐 아니라, 서구의 전후적 상황을 문학적으로 볼 때 그것은 절망과 위기와 불안을 극복하기 위한 휴머니즘으로서의 문학이며, 그것을 잘 응축해 놓은 것이 실존주의[76]다.

해방기에 이미 서구의 실존주의 사상과 지식에 상당히 기울어졌던 우리 문단이 전쟁기에는 당시 젊은이들의 마음을 사로잡고도 남을[77] 정도였으며, 전쟁 현실과 관련되어 더욱 더 휴머니즘 내지 1930년대 중반 파시즘에 반항하는 지식인의 운동으로서, 또 앙드레 지드나 앙드레 말로 · 카뮈 등에서처럼 위기와 불안의식을 극복하고, 구제의 길을 찾아 행동하려는 행동적 휴머니즘[78]을 모색했던 것이다.

전쟁기에 실존주의 문학론의 수용과 관련된 글로 삐에르 에마뉴에르의「현대문학의 고찰」(『문예』, 1952.1), 포크너의「문학이란 무엇인가」(『문예』, 1952.2), 야스퍼스의「현대 질서의 위기」(『신천지』, 1952.3), 헨리 페레의「현대 불란서의 실존주의 작가들의 문학과 철학」(『신천지』, 1952.3), 뛰엣세의「까뮈의 사상과 문학」(『신천지』, 1952.3), 알베르스의「배반당한 절망」(『사상』, 1952.11), 카뮈의「부조리와 인간」(『신천지』,

---

75) 사르트르, 임갑 역,「실존주의는 휴머니즘이다」,『사상계』, 1954.8; 사르트르, 방곤 역,『실존주의는 휴머니즘이다』, 산양사, 1958 참조.
76) 전기철,『한국 전후 문예비평 연구』, 도서출판 서울, 1993, 20쪽.
77) 오상원,「실존을 들먹이며」,『한국 현대문학 전집』33, 삼성출판사, 1983, 150쪽.
78) 전기철, 앞의 책, 108쪽 참조.

1953.7·8) 등과 계명훈의 「까뮤와 사르트르와 말로」(『신사조』, 1951.11), 허백년의 「전후 미국문학의 전망」(『신천지』, 1951.12)·「희생과 정화」(『신천지』, 1952.3), 양병식의 「최근 불문학의 제문제」(『신천지』, 1951.12)·「까뮤의 사상과 작품」(『신천지』, 1952.3)·「사르트르의 철학과 문학」(『신천지』, 1953.4), 김춘수의 「릴케적 실존」(『문예』, 1952.1), 손무성의 「현대 불문학의 방향」(『문예』, 1953.2) 등 많은 글들이 있다. 이와 같은 글을 통하여 실존주의 문학의 올바른 소개와 한국적 적용에의 길을 모색하고 있는데, 대개가 실존주의를 휴머니즘 사상으로 이해하여 기대거나 부조리·절망적 상황에 대한 저항의 문제와 관련시켜 문학에서의 인간 문제를 제기했다.

전쟁기의 이러한 서구의 실존주의 문학론의 수용과 관련되어 전쟁기 문학의 방향으로 앞서 언급한 바처럼 휴머니즘 내지 행동적 휴머니즘이 주장되었다. 곽종원의 「문학정신의 확립」(『자유세계』, 1952.1), 백철의 「새로운 인간관계의 문제」(『문예』, 1952.4), 박기준의 「한국 작가의 반성」(『전선문학』, 1952.4), 조연현의 「현대의 위기와 문학정신의 방향」(『자유세계』, 1952.8), 백철의 「모색하는 현대문학」(『수도평론』, 1953.6), 임긍재의 「회의와 모색의 계제(階梯)」(『문화세계』, 1953.7) 등의 문학론이 그것이다.

곽종원은 전쟁기 문단의 부진 상태는 근원적으로 문학정신의 문제에 있다고 하면서 제2차 세계대전 중 일개 졸병으로 출전하여 요란한 비행기 속에서, 허물어져 가는 빌딩 지하실에서 원고를 썼던 앙드레 말로를 행동적 휴머니즘의 산 표본이라고 보고, "우리 문단도 구각을 탈피하고 새로운 문학을 수립함에 있어서 행동적 휴머니즘은 반드시 대두되어야 할 것"[79]이라고 주장했다.

백철도 전쟁기 우리 문화·문학계의 부진 상태를 교육·문화기관의

---

79) 곽종원, 「문학정신의 확립」, 『자유세계』, 1952.1, 167쪽.

손훼, 문화재의 분실, 문화출판물의 중단 등 전쟁의 직접적인 영향에 있지만, 멀리 보면 구미에서 겪고 있는 것과 마찬가지로 기계문명으로 인한 메커니즘의 질곡과, 부조화 속에 인간 자체의 붕괴와 맥이 통한다고 하면서 우리 문학계의 부진을 극복하는 기본적인 방향으로 구미 문학계에서 문제가 되고 있는 '새로운 휴먼 릴레이션'[80]을 제시했다. 그는 또 1년여 뒤의 「모색하는 현대문학」에서도 토마스 만·앙드레 말로·쾨슬러·스펜더·앙드레 지드 등처럼 1차 커뮤니즘에 가담했다가 거기서 휴머니즘을 발견하지 못함으로써 이탈, 그렇다고 데모크라티시즘에서도 진리를 발견하지 못했으나 실망이나 허무에 떨어지지 않고 앞날의 진실을 모색하려는 경향이 세계 지성들의 최근의 경향으로, 우리 문단도 이를 교훈으로 삼기 바란다고 하였다. 역시 휴머니즘론에서 벗어나지 않고 있는데 이는 그에게 있어 새로운 이야기는 아니다. 1930년대 중반 프로문학 퇴조 이후의 공백 지대에 비평의 일익을 담당했던 그는 인간탐구론을 도입·전개했고,[81] 파시즘에 반항하는 지식인들의 행동주의적 휴머니즘에 긍정적이었던 논조에서 한 발자국도 벗어나지 않고 있지만, 전쟁 상황으로 그 무게가 좀 더 실리고 있다 하겠다.

　조연현의 논조도 백철과 비슷하다. 현재 우리 앞에 놓인 현실적 위기와 절망의 근원은 극도로 메커니즘화 해져 가는 현대적 사고방식 내지 그 기구에 인간이 주체성을 완전히 상실하고 말았다는 데 있다고 본다. 그러면서 「25시」와 같은 현대의 절망 속에서 우리가 가져야 할 어떤 문학정신이 있다면 그것은 인간을 믿어 보려는 최후의 보루에서, 르네상스 이래 맥맥이 이어져 오는 휴머니즘 정신을 확대 심화해 가는 길밖에 없다[82]고 단정했다.

　박기준도 '행동적 휴머니즘'·'전쟁적 휴머니즘'[83]을 강조하였고, 임

---

80) 백철, 「새로운 인간 관계의 문제」, 『문예』, 1952.4, 179쪽.
81) 김윤식, 『한국 근대 문예 비평사 연구』, 일지사, 1990, 214~223쪽 참조.
82) 조연현, 「현대의 위기와 문학정신의 방향」, 『자유세계』, 1952.8, 109쪽.

긍재도 게오르규의 「25시」를 예로 들면서 휴머니즘으로 불안과 절망 속에서 인간을 구원할 수 있는 '신인간주의 문학'[84]을 주장하였다.

이와 같이 전쟁기의 서구의 실존주의 문학론이 여러 통로로 수용되고 우리의 전시와 관련되어 휴머니즘이 많이 주창되었으나 정작 전쟁기 소설로 휴머니즘이 굳건한 바탕이 된 전쟁소설도 별두하고, 실존사상의 단초를 보일 만한 소설도 별무하다는 점을 지적하지 않을 수 없으며, 결국 장용학·손창섭·이범선·김성한 등 전후 신세대 작가들까지 기다려야 할 만큼 전쟁기의 문학 창작 시·공간이 척박하기 이를 데 없었다는 점 또한 이해해야 될 것이다.

이상으로 한국전쟁기에 논의되었던 문학론을,
1) 한국전쟁과 전쟁문학론
2) 전시문화 정책론 내지 문화전선 구축론
3) 창작방법론
4) 실존주의 문학론의 수용과 휴머니즘론

등 네 가지의 큰 줄기로 구분 정리하여 보았다.

전쟁기의 전쟁문학론은 일반적 전쟁문학론이 아니라 승전의식을 고취하는 애국적·계도적 한국전쟁문학론이었으며, 전시문화 정책론 내지 문화전선 구축론은 체제와 관련 이데올로기의 고착화·경직화로 우리 문학의 터전이 크게 제한되는 요인으로 작용했으며, 이러한 전시문학론의 틀에 따라 여러 가지 창작방법론이 등장하였고, 서구의 실존주의 문학론이 해방 후 수용되기 시작하여 전쟁기에 휴머니즘으로 인식하게 되면서 본격적인 수용 태세를 갖추기 시작했다는 것 등으로 요약할 수 있겠다. 그리고 4)를 제외한 문학론들은 전쟁 전후前後와는 엄밀히 단절된, 말 그대로 전시문학론인 셈이다.

---

83) 박기준, 「한국 작가의 반성」, 앞의 책, 15쪽.
84) 임긍재, 「회의와 모색의 계제」, 『문화 세계』, 1953.7, 35쪽.

한편 같은 시기의 북한에서 전개되었던 문학론, 소위 조국해방전쟁시기 문학론은 '모든 힘을 전쟁 승리에로 동원하여야 한다'[85])는 대원칙 아래 '인민을 혁명적으로 교양하여 최후의 승리에로 고무하는 투쟁의 강력한 무기로서 혁명적 임무를 원만히 수행해야 할 것'[86])이라는 김일성의 교시로 통일, 집약되어 있다. 그리고 그 구체적 창작방향은,

① 인민의 숭고한 애국심을 보여 주어야 한다.
② 인민 군대의 영웅성과 완강성을 묘사하여야 한다.
③ 인민 군대와 전체 인민에게 승리에 대한 신심을 굳게 하여 주어야 한다.
④ 적에 대한 증오심을 고취하고 미제침략자들의 범죄행위를 폭로 단죄하여야 한다.[87])

로 요약된다.

당시 대개의 논자들이 남쪽의 전쟁문학은 민족문학이라고 했고 북쪽은 당黨문학이라 구별했지만,[88]) 남한이 서구의 새로운 문학사상을 폭넓게 수용하고, 전쟁기 문학이지만 문학으로서의 예술성 문제가 짚어졌던 점과, 전쟁기 문학론으로 남북이 강제와 자의, 표현의 강온 등의 차이는 있지만, 전쟁을 수행하는 도구로서 계도적·교육적 기조를 바탕으로 하는 문학론이었다는 점에서는 유사한 길을 걸었다고 해야 할 것이다.

---

85) 『조선문학사』(1945~1958), 과학백과사전출판사, 1978, 142쪽.
86) 위의 책, 145쪽.
87) 위의 책, 145~148쪽; 박종원·류만, 『조선문학 개관』, 사회과학출판사, 1986, 139~175쪽 참조.
88) 김기완, 앞의 글, 18쪽.

제3부. 전쟁의 비극성과 전장의 군인상

　역사적 의미에서 6·25는 무엇이며 문학적 의미에서 6·25는 무엇인가?
　일본군의 항복과 무장 해제를 위해 미·소 양군이 군사상의 필요와 점령의 구획선으로 그어진 임시 분계선을 두고, 세계 초강대국 간의 팽창주의 정책 대결의 장[1]이 되어 버린 한반도에 남·북이 나뉘어 각기 다른 체재의 정부가 수립되면서 이미 전쟁은 예고되었다 할 것이다. 핏줄 개념의 민족도 이데올로기에 의해 두 개의 정부와 국가로 분단 고정화되고, 이러한 인식이 채 자리 잡기도 전에 쌍방은 분단 현실을 인정하지 않고, 통일이라는 이상에 집착하면서 상대방의 붕괴 소멸이라는 조건 아래서만 통일을 이루려고 했던 것[2]이 바로 한국전쟁이다.
　3년이라는 짧지 않은 전쟁 기간 동안 막대한 인적·물적·정신적 피해를 초래하였다. 그 가운데 흑백 논리의 이데올로기가 지배하게 되었으며, 상호 불신과 적대감 속에 민족적 일체감이 크게 상실되고, 이질화

---

1) James Irving Matray, 『*The Reluctant Crusade : American Policy in Korea 1941~1950*』, Honolulu : University of Hawaii Press, 1985, p.52 참조.
2) 김학준, 『한국전쟁』, 박영사, 1989, 48~49쪽 참조.

현상은 가속화되어 갔다. 개별자적으로는 삶의 기본 단위인 가족 공동체를 크게 와해시켰으며, 물질적 궁핍과 정신적 황폐감 속에 깊이 빠져들게 하였다.

시대·역사의 증언자 또는 비판자로서 작가들의 그러한 전쟁 체험과 그 문학적 상상력은 어떻게 작용했는가.

한국전쟁을 가장 직접적으로 수용하고 있는 경우는 일선의 전투 현장을 담고 있는 작품들이라 할 수 있다. 한국전쟁 이후 전쟁문학(소설)에 대한 논의는 여러 갈래로 전개되어 왔다. 등장인물의 일부 혹은 전부가 전투원의 자격으로 전쟁에 직접 참여하여 행해지는 1회 이상의 전투 장면을 포함한 그들의 군대 생활에서 제재를 취한 작품[3]이란 좁은 개념 규정에서부터, 전쟁을 소재[4]·제재[5]·주제[6]로 한 문학 등의 개괄적 개념 규정에 이르기까지 다양하다. 오세영은 그 동안의 여러 전쟁문학에 관한 논의를 수렴, 수정하여 전쟁문학을 개념의 범주에 따라 좁은 의미의 전쟁문학과 넓은 의미의 전쟁문학으로 나누며, 실제성 여부에 따라서는 실제 전쟁문학과 비실제 전쟁문학으로 구분하고, 또 실제 전쟁문학은 전시문학·과거문학·전후문학 등으로 구분 도식화하여 보여 주고 있다.[7]

이러한 논의를 서론에서 구분한 갈래에 비춰 본다면 우선 조병락의 견해에 해당되는 전쟁소설은 첫째와 둘째 갈래의 일부가 속할 것이며, 오세영의 실제 전쟁문학 여하에 따라서는 다섯째 갈래를 제외한 대부분이 전시소설에 해당할 것이다. 한편 전쟁을 통해서 휴머니티를 탐구하는 문학[8]이란 전쟁에 대한 반성적 의미의 견해에 따르면 전쟁에 직면하

---

[3] 조병락,「전쟁문학의 개념 규정에 관한 연구」,『육사 논문집』제3집, 1965, 62~84쪽 참조.
[4] 장덕순,『국문학 통론』, 신구문화사, 1961, 309~310쪽.
[5] 백철,「전쟁문학의 특질과 그 양상」,『세대』, 1964.6, 252~259쪽 참조.
[6] 정봉래,「전쟁문학론」,『자유문학』34, 1960.1, 175쪽.
[7] 오세영,「한국 전쟁문학론 연구」,『인문론총』28집, 서울대, 1992.12, 7쪽 참조.
[8] 위의 논문, 4쪽.

여 승전의식·반공사상 고취·애국심 고양·전쟁의 참상·피란살이의 고난 등 전쟁에 대한 해석이기보다 소저적 차원에 머물고 만 소설이 대부분이므로 여기에 해당되는 우리 소설은 희소하다 할 수밖에 없다.

그러나 전쟁의 상황과 체험을 그리며 전쟁이 초래한 가혹하고 참담한 삶의 정황―그 비인간적이면서도 야만스런 살상의 현장을 주된 배경으로 삼는 문학9)이라고 보고, 주된 변별성을 전쟁의 시·공간으로 파악한다면 위의 갈래 중 상당수의 작품을 전쟁소설이라 볼 수 있을 것이다.

전술한 바 조병락이 개념 규정한 가장 좁은 의미의 전쟁소설에 해당될 수 있는 일선의 전투 현장을 다룬 작품으로는 김송의 「달과 전쟁」(『전시문학 독본』, 1951)·「폭풍」(『해병과 상륙』, 1953.6), 박영준의 「용사」(『전쟁과 소설』, 1951)·「암야」(『전선문학』, 1952.4)·「빨치산」(『신천지』, 1952.5)·「어둠을 헤치고」(『농민소설 선집』, 1952.12)·「김 장군」(『전선문학』, 1953.2), 황순원의 「포화 속에서」(『서울신문』, 1952.1.15~18), 유주현의 「영」(『창공』, 1952.3), 정비석의 「간호장교」(『전선문학』, 1952.12), 박연희의 「새벽」(『전선문학』, 1953.2), 유주현의 「기상도」(『전선문학』, 1953.4), 방기환의 「골육」(『코메트』, 1953.5) 등을 들 수 있다.

이상의 작품들은 우선 전부가 종군 작가들에 의해 쓰여진 것으로 그들의 종군 체험과 무관하지 않으리라는 점을 지적할 수 있다. 다음으로는 전쟁을 치르고 있는 현실에서도 정작 전선이 취재된 작품은 위와 같이 몇몇을 헤아릴 정도에 지나지 않는다는 점이다.

소설은 현실 속에서 제재를 취하고 그 제재를 통해서 인간 삶의 한 부면을 표현하는 것이라고 한다면, 전쟁보다 더 극적인 제재도 없고 절박한 삶도 없다. 생과 사가 교차되는 급박한 상황, 집단적 폭력과 개개인의 의식, 무차별적 살상의 현장과 평화 또는 휴머니즘의 의미 등으로 전쟁

---

9) 한용환, 『소설학 사전』, 고려원, 1992, 178~179쪽.

은 극적인 소재를 제공해 줄 뿐 아니라, 역사의식의 음미에 좋은 관건이 되며 문학 자체의 획기적 변화를 가져오는 계기가 되기10)도 한다. 그럼에도 불구하고 전쟁을 직접적으로 취급한 전쟁소설이 많이 나오지 못한 이유로 곽종원은 첫째 우리문학이 전통적으로 세태 묘사에 뿌리박고 있다는 점, 둘째 신문학 이후 전쟁이 명제에 올랐던 적이 없었다는 점, 셋째 작가들의 전쟁 체험 부족과 제재를 제대로 다루지 못한 점11) 등을 들고 있다.

　실제로 전쟁은 문학의 위대한 소재가 되기는 하지만 그 체험이 바로 문학적 성과로 나타나는 것이 아니라 어느 정도 객관적 거리에서 통찰할 수 있는 여유를 가진 뒤라야 가능하다12)는 말은 전쟁기 소설과 전후 소설을 이어서 고찰해 본다면 타당한 논리로 이해된다. 그 가운데 위의 소설들은 전쟁을 치르고 있으면서도 전장을 밀착 취재하여 극적 상황과 삶을 보여 주는 작품들이 없다13)는 당시 문단의 불만에 대하여 적으나마 그 답이 될 수 있는 작품들이라 하겠다.

1. 한국전쟁의 비참상

1) 이념의 충돌과 형제 살해

　한반도의 분단구조가 내쟁형화하고 불안정형화로 자기 전개하여 그 원천이 제공된 한국전쟁14)은 전쟁으로서의 일반성을 띠고 있음은 물론,

---

10) 전혜자, 「전시문학과 작가의식」, 한국 현대문학 연구회, 『한국의 전후문학』, 태학사, 1991, 89쪽 참조.
11) 곽종원, 「6·25동란 이후의 작단 개관」, 『신천지』, 1953.5, 186쪽 참조.
12) 「신춘 문학 좌담회」, 『전선문학』, 1953.2, 93쪽의 박목월의 대담; 조연현, 「한국전쟁과 한국문학」, 『전선문학』, 1953.5, 19쪽 참조.
13) 「평론가 한담회」, 『문예』(1952.5) 중 곽종원의 대담 등.

동서로 대치된 냉전 구조의 산물로서의 이념전쟁이면서, 한국인이 한국인과 싸우는 동족 살상 내지 형제 살해(fractricide)의 전쟁이다, 남북한 각기 다수의 국가가 참전함으로써 국제전적 성격을 띤 복잡화된15) 전쟁이다.

이와 같이 한국전쟁은 형제 혹은 동족 간에 이념으로 나뉘어져 극한적인 충돌을 한 형제 살해 내지 동족 살상의 전쟁임을 밝히고, 그 비극성과 더불어 공산주의 이념은 절대적으로 타도해야 할 대상이라는 반공의식을 드러내고 있는 작품으로 박영준의 「암야」, 방기환의 「골육」, 김송의 「폭풍」 등을 들 수 있다.

「암야」는 국군 장교인 형이, 포로로 잡혀 왔다가 도망치던 친동생을 자기 손으로 사살한다는 전형적인 형제 살해의 모티프를 담고 있는 작품이다.

육군사관학교 출신의 임 대위는 북으로 도망치던 괴뢰군을 쫓아 총공격을 하고 난 뒤, 회의가 있어 후방의 대대 본부에 들렀다가 회의 시작을 기다리는 사이에 숙소로 끌려가는 괴뢰군 포로들 속에서 동생 경재를 발견하게 된다. 잔인한 운명처럼 친형제가 총부리를 맞대야 하는 적으로서 만난 것이다. 임 대위는 법과대학생인 동생 경재가, 6·25 때 서울에 남아 있다가 괴뢰군에게 의용군으로 끌려가 버려 죽었으리라 여기고 있었으나, 포로로나마 살아 있음을 확인하고 기뻐 어쩔 줄 모른다. 본의 아니게 끌려갔을지도 모를 일이며, 당장은 살려야겠다는 생각이 앞서 임 대위는 대대장에게 동생의 문제를 부탁한다. 그러나 대대장은 경재가 돌이킬 수 없는 빨갱이임을 알려 준다. 끝까지 투항하지 않고 아군의 병사까지 쏘아 죽였다는 것이다. 동생을 직접 만나 그 사실을 확인한 임 대위는 아무리 동생이라 해도 괴뢰군의 앞잡이가 되었다면 목숨을 살려 달라고 할 수 없다고 판단하고, 대대장에게 이첩한 채 본대로 귀대하던

---

14) 김학준, 『한국전쟁』, 박영사, 1989, 49쪽.
15) 이재선, 『현대 한국소설사』(1945~1990), 민음사, 1991, 82쪽.

중, 도망가는 두 명의 포로와 뒤쫓아 가는 사병들을 목격한다. 동생일지도 모른다는 불길한 예감 속에 차를 몰아 앞질러 매복하고 있는데 사격거리에 들어 온 포로는 우려대로 동생이다. 그러나 임 대위는 눈물을 머금고 권총을 발사한다.

동생 경재가 악질적인 괴뢰군으로 국군의 공적이 되어 나타나기까지는 작가가 매우 애매한 상태로 남겨 놓고 있다. 임 대위가 육군사관학교 입학시험을 치를 때 극력 반대하던 때부터 공산주의 사상으로 기울어진 듯이 비쳐지기도 하지만, 잘 알 수 없는 일이다. 그리고 전쟁 발발 후 서울에 남아 있다가 괴뢰군에 의해 의용군으로 끌려가 전선에 투입되어 포로로 잡힌 것으로 되어 있다. 경재는 형에게 빨갱이가 아님을 강변하고 살려 달라고 애원하지만, 왜 끝까지 투항하지 않고 아군을 쏘았느냐며 추궁하자, 죽이고 싶으면 죽이라는 자포자기적인 동생의 말에 결국 포기·이첩해 버리고 만다.

소설 속에 그려진 허구적인 인물과 사건을 두고 현실 밖으로 끌어내어 추단한다는 것은 무모한 작업일 수도 있고, 때로 위험하기까지도 할 수 있다. 그러나 이 소설의 경재와 같은 인물이 후퇴와 수복이 반복되는 과정에서 수없이 만들어졌던 사실을 생각해 볼 때[16] 그는 북한군의 희생자일 뿐더러 국군에 의해서도 용서받지 못한, 불행한 시대와 상황에 의해 버려진 아이일 뿐이다. 단독정부 수립 전 미처 월북하지 못하고 잠복해 있었거나, 빨치산이 되어 소위 조국해방전쟁을 손꼽아 기다렸던 인물이 아니었던 경재와 같은 인물을 필살의 공적公敵으로 설정한 것은, 작가 박영준 자신이 해방 후 문학가동맹의 맹원이 되어 그 기관지 『문학』에 사회주의자를 형상화하기도 하고, 정부수립 후 전향 선언을 하면서 보수 우익으로 돌아섰던가 하면, 전쟁 중 인민군 치하에서의 의

---

[16] 의용군이란 민간 지원제로 알려졌지만 실제 교활한 징집 형식으로 충당되었으며 북한은 서울 등 점령 지역에 의용군 강제령을 발동했다. 고은, 『1950년대』, 청하, 1989, 109~111쪽 참조.

용군 징집, 강제 노역, 탈출의 체험17)에 비추어 본다면 의외의 발상이라 하겠다.

인물 설정에 다소 무리가 있기도 하고 특별한 경우에 해당되기도 하지만, 이 소설의 근본적인 시각은 한 핏줄, 나아가 동족이 이념에 따라 각기 나뉘어져 죽고 죽이는 전쟁이며, 공산주의는 여하한 경우라도 타도해야 할 대상이라는 데에 있다.

> "임 대위―우리는 확실히 불행한 시대에 살고 있소. 부자의 의리와 형제의 의리마저 빼앗겼나 보오. 인간성을 무시하는 공산주의의 잔인한 선물이 아니겠소. 너무 서러워 말고 다 잊어버리시오. 다만 우리에게 이 비극의 시대를 극복시켜야 하는 의무가 있다는 것만 생각합시다. 그것만이 우리의 의무입니다. 청년의 의무인 동시에 세계적 의무입니다. 아무도 이제 깨달을 날이 있을 것이오."18)

동생을 포기하고 돌아서는 임 대위에게 대대장이 위로하는 말이다. 여기서 우리는 작가의식을 만날 수 있다. 형제 살해의 깜깜한 밤(暗夜)의 시대, 그 원천은 공산주의 때문이라는 것이다. 그러면서 군데군데 깔려 있는 형제애, 특히 포기하고 돌아서면서도 먹을 것을 차입해 주는 장면을 통해 그 비극성을 한층 더 확대시키고 있으면서도, 종래에는 그러한 혈육의 정마저 단호히 버려야 될 투철한 반공의식과 소아小我를 버릴 수 있는 강한 애국심을 고양하고자 하는 데 이 소설의 의도가 있다고 할 수 있다.

형제 살해 모티프를 통하여 「암야」가 반공의식과 애국심을 고양하는 방향으로 그려졌다면, 김송의 「폭풍」은 한 가정의 철저한 파괴를 보여줌으로써 전쟁의 비극적 성격을 드러내는 데 치중하고 있는 작품이다.

---

17) 박영준, 「노예의 노동 생활」, 『전시문학 독본』, 1951.3, 70~76쪽 참조.
18) 박영준, 「암야」, 『전선문학』, 1952.4, 27쪽.

「폭풍」은 1·4후퇴 하던 해 가을, 동해안 OO고지 근처, 삼팔 접경의 어느 마을을 배경으로 하고 있다. 형 이동수 일등병과 동생 인수는 철저히 이념에 따라 나누어진 형제다. 골수의 공산주의자 인수는 세포 책임자로 전쟁이 일어나자 "우리의 위대한 지도자 김일성 장군의 이름으로 남조선을 해방시키는 거대한 사업, 혁명적 전쟁에 전 부락 인민은 빠짐없이 동원되고 가담해야 하오"[19]라며 동네 청년들을 모두 전쟁터로 내몰고, 장년은 물론 노인과 부녀자들까지 동원하여 부역을 시킨다. 형 동수는 대대로 평화스럽게 농사를 지으며 살아 온 고향 동네 사람들을, 제 동족을 침략하고 살해하는 전쟁에 몰아넣는다며 대립하지만, 인수는 자기 형에게조차 반동이라며 잡아가게 하겠다고 대든다. 이러한 극한적인 대립은 형제를 극과 극으로 갈라놓는다. 동생의 위협에 견디다 못한 동수는 결국 마을을 떠나 산속에 숨는다.

그러다가 9·28수복으로 동수가 산속에서 나오자 인수는 자취를 감춘다. 1·4후퇴 시에는 인수가 다시 부락에 나타나고, 동수는 군대를 따라 남하했다가 군인이 되어 재수복 전투에 참가한 것이다.

이동수 일등병의 북진에 대한 염원은 조국 통일, 공산주의 타도 등 거창한 곳에 있지는 않다. 오히려 적을 치면서 늙은 어머니가 있고 오래 된 감나무가 있는 고향집에 대한 그리움, 그 귀소歸巢의식에 있다. 이는 고향을 이북에 두고 월남한 작가 김송의 이 작품을 비롯하여 안수길의 「고향 바다」(『해군 단편집』, 1953), 김이석의 「수색」(『전시한국문학선』, 1954), 전후 곽학송의 작품 등에서처럼 흔히 찾아볼 수 있는 고향 상실과 그리움의 모티프로 반공과 애국을 향해 곧바로 치닫는 작품들에 비하면 훨씬 자연스러운 모습이라 할 수 있다.

국군의 진격에 따라 거의 고향까지 쳐 올라간 동수는 잔당을 소탕하기 위하여 전우들보다 먼저 고향마을로 달려가 집을 찾는다. 어두운 밤

---

19) 김송, 「폭풍」, 『전시한국문학선』, 국방부 정훈국, 1954, 21쪽.

이다. 어머니를 불러 보았으나 대답이 없다.

> 빈집이 되고 말았는가! 부엌 한편은 허물어졌다. 흙덩이와 돌멩이가 흩어져 너저분한데 방문마다 찢기우고 떨어져 너덜너덜했다. 벽마다 성한 것 없이 총탄 자국은 벌통처럼 구멍이 송송 뚫려져 있었다. 이게 내 집인가? 이태 전 내가 살던 고향집인가![20]

전쟁이 휩쓸고 간 폐허다. 기간산업 시설이나 군사적 시설만 파괴된 것이 아니라 민간인들의 거처까지 초토화된 모습이다. 그러나 정작 이 소설에서 그리고자 하는 전쟁의 비극은 이와 같은 굴질적 파괴에 그치고 있는 것이 아니라 형제 살해와 양민 살상이라는 비참성에 있다.

폐허 가운데에서도 고향집에 들어선 이동수 일병은 붉은 감이 가지마다 주렁주렁 달려 있는 것을 보고는 어릴 때를 회상하면서 감나무에 오른다. 그 때 집 너머 텃밭 방공호에서 잔당이 따발총으로 공격해 오자 동수는 재빨리 응사하여 적을 쏘아 죽인다. 그 와중에 집 굴뚝 옆에서도 누군가가 쓰러진다. 잔적殘敵은 방공호 속에 숨어 있던 동생이고, 굴뚝 옆에 쓰러진 사람은 어머니다.

「암야」에서는 동생이라는 사실을 확인하고도 어쩔 수 없이 쏘아 죽였던 경우이지만, 「폭풍」의 경우 잔적으로 생각하고 쏜 것이 불행히도 동생이었다는 점에서 서로 다른 시각으로 출발된 형제 살해 모티프라 할 수 있다. 전자의 경우는 대의大義에 따른 결단이었다면, 후자는 모르고 쏘아도 맞아 죽는 것은 모두 내 형제요, 내 동족이라는 의미가 함축되어 있다.

「폭풍」에서 비극의 절정은 어머니의 죽음에 있다. 누구의 총에 맞았던지는 잘 모르지만 형제 모두에게나, 혹은 어느 한 쪽의 총에 맞았음은 분명하다. 이들 형제는 이념에 의해, 즉 소신에 따라 적대 관계로 나뉘어

---
20) 위의 작품, 23쪽.

져 전쟁을 치르는 집단 폭력 행사의 주체자다. 그런가 하면 어머니는 형의 이념 쪽에 있지도 않고, 동생의 이념 쪽에도 있지 않는, 그들 모두의 어머니일 뿐이다.

> 어머니는 두 형제의 말다툼을 들을 적마다 홀로이 슬퍼했다. 큰 아들 동수의 말이 옳다거나, 작은 아들 인수의 생각이 글렀다거나, 어느 편을 찬성할 수도 없어 탄식하며 냉가슴만을 앓았다. 그는 두 형제가 똑같은 자기의 아들이라는 관념에서 단순히 모자의 애정만 한결같이 흘렸다. 시비만 없어졌으면 하고 바라는 심정이었다.[21]

이때의 어머니는 이념 이전의 사람으로, 이념에 따른 동족상잔의 무모함을 표상하는 인물이다. 그러나 이처럼 무고한 양민들도 집단적 폭력의 희생자가 되고 만다. 그것이 바로 한국전쟁의 비극적 실상이다.

> 공산군의 패주-해병대의 진출-그렇다고 해서 주민들은 방공호 속에서 뛰어나와 환호할 수는 없었다. 그것은 지나간 이태 동안 겪은 일을-가령 일사 후퇴 당시를 돌이켜 보아도 짐작할 수 있었다. 공산군들은 일단 후퇴했다가도 패잔병을 규합해 가지고 반격을 기도하는 때가 있었고, 또한 해병대가 일단 진격했다가도 소리없이 후퇴하는 수가 있었기 때문에, 서뿔리 방공호 속에서 뛰어나와 태극기를 처들 수도 없는 노릇이었다.[22]

후퇴와 수복이 반복되는 과정에서 양민들이 고향을 지키면서 살아남는 길은 극히 좁았다. 반동이나 부역자로 몰려 희생당하기 일쑤이며, 그렇다고 가운데에 그냥 있도록 두지도 않았다.
총을 맞고 큰아들 등에 업혀 야전병원으로 가던 어머니는 "땅 우에 내려놔라…… 이 난세에 어데로 가잔 말이냐…… 우리들의 살길이 어데

---

21) 위의 작품, 22쪽.
22) 위의 작품, 19쪽.

있다구…… 그저 고향땅에서 죽는 게 편하다"23)고 하며 길가에서 죽어간다. 여기서 우리는 총을 든 당사자뿐 아니라 무고한 시민들조차 어디에서도 살길이 막막하다는 절망적 상황으로 인식하고 있는 작가의 의식을 만날 수 있다.

한편 「골육」은 작가 방기환이 공군종군문인단으로 활동했던 체험과 관련된 듯 공군을 소재로 한 몇 안 되는 작품 중의 하나다.

파일러트 백 중위는 적을 공격하던 중, 그 속에서 아우를 발견하지만, 비록 형제일지라도 공산군이 되어 적으로 나타난 이상 용서할 수 없다는 판단에서 눈물을 머금고 아우가 있는 곳을 폭격한다는 줄거리로 그 프레임이 「암야」쪽에 가까운 작품이다.

형제 살해를 모티프로 하고 있는 이상의 작품들에는 사소하지만 공통적으로 지적될 수 있는 점이 있다. 그것은 형제 살해의 모티프를 설정함에 있어 다 같이 '형=남=민주주의=프로타고니스트', '동생=북=공산주의=안타고니스트'라는 등식이다. 우연의 일치라고 보아 넘길 수도 있지만 한반도의 유일한 합법적 정부와 그것이 지향하는 이념이 무엇인가를 지적하고 있는 것이라는 해석도 가능하며, 카인과 아벨의 전도된 형제 살해의 모습을 보여 주고 있는 것이라고도 하겠다.

그리고 이들 소설에서 그리고 있는 형제 살해의 전쟁이란 무엇을 의미하는가. 그것은 국가와 국가 간에 영토를 확장하거나, 이민족을 지배하고자 하거나, 반대로 그와 같은 기도를 방어하고자 하는 전쟁과는 달리 얻을 것도 잃을 것도 없는, 오직 희생과 상처만이 남을 수밖에 없는 내전 성격으로서의 한국전쟁의 실상과 그 비극성을 고발하고 있는 것이다.

---

23) 위의 작품, 27쪽.

2) 극한적 상황과 무차별적 폭력성

전쟁이란 적대자로 하여금 우리의 뜻(will)을 완벽하게 이행하도록 강요하려는 폭력(force)행위다. 즉 적으로 하여금 우리의 의지에 강제적으로 복종하도록 하는 것이 전쟁의 궁극적 목적이다. 그리고 이 목적을 달성하기 위해서는 적을 무장 해제해야 되기 때문에, 무장 해제라는 것은 전쟁 행위의 당면 목적이 되는 것이다. 따라서 물리적 힘, 폭력 행위는 필수적 수단이며 거기에는 국가라든가 법 개념이 내재된 도덕적 힘이란 존재하지 않기[24] 때문에 개인의 의지나 일반적인 윤리·도덕이 무시된 살상 행위로 나타날 수밖에 없다.

전쟁의 속성이 그러하듯이 김송의 「달과 전쟁」, 유주현의 「영」, 황순원의 「포화 속에서」는 생사가 교차되는 전쟁의 극한상황과 그 폭력 행위로 인한 비참상이 그려져 있는 작품이다.

「달과 전쟁」은 서울 수복 직전의 전투 현장이 담겨져 있는 작품이다. 화자 '내'가 서울 수복을 앞두고 아군의 집요한 공격과 적군의 완강한 저항이 연 이틀간 지속되고 있는 전투 현장에 따라 나섰다가, 목격하고 체험한 극한적 상황을 통해 전쟁의 폭력성과 비참상을 드러내고 있다.

> 하늘은 잿빛같이 보얗다. 몬지가 날려서 그런 게 아니다. 또는 연기가 퍼져서 보얀 것도 아니다.
> 어쩐 일인지 내 눈에는 그렇게 보인다.
> 일찍이 보지 못한 하늘빛이다. 나무도 사람도 모든 것이 죽엄으로 화하는 살벌한 하늘빛이다. 바람도 불지 않고 구름도 일지 않는 날씨지만 하늘 가에는 요기만 서리어서 이 하늘 밑에는 전율과 사의 공포만이 쌓여 있는 것이다.[25]

---

24) Carl von Clausewitz, 김홍철 역, 「*Vom Kriege*」, 『세계 사상 전집』 46권, 삼성출판사, 1977, 51~52쪽 참조.
25) 김송, 「달과 전쟁」, 『전시문학 독본』, 계몽사, 1951, 124쪽.

소설 모두冒頭에 그려진 전장의 배경이다. 가을의 푸른 하늘도 잿빛으로만 다가온다. 그것은 전쟁의 공포이자 죽음을 의미한다.

> 철교 아래에는 여기저기에 총 포탄의 깍지와 먹고 난 통조림 빈 통과 마분지 통이 널려 있다. 그리고 총탄 구멍이 송송 뚫려져서 마치 버러 통을 연상케 하는 찜차가 방축위에 나둥그러져 있다.
> 찜차 아래에는 임자 없는 철모 탄대들이 흩어져 있고 피 묻은 군화가 널려 있는데 죽어 자빠진 군인들이 길바닥에 뉘어 있었다.26)

전투가 휘몰고 간 비극적 현장이다. 거기에는 파괴와 죽음만이 남아 있을 뿐이다. 그러나 이 소설은 전쟁의 폭력성과 비참상만을 그리는 것으로 그치고 있지는 않다. 피아의 치열한 공방전 속에서 곁에 떨어진 포탄으로 기절했다가 깨어나면서 사지死地에서 살아났다는 기쁨과 함께 추석을 하루 앞둔 날 밤, 서울 하늘에 떠오른 달을 쳐다보면서 전투의 승리로 내일이면 입성할 수 있다는 설레는 마음을 그림으로써 실지 회복과 승전 의지를 드러내는 데까지 이어지고 있다.

이 소설 속의 화자 '나'는 전쟁의 목격자 내지 증언자로 설정되어 있는데 이는 작가 김송 자신이 서울 함락 시 탈출하여 둔총구국대의 일원으로 각 전선에 파견되어 활동했던 종군 체험 중, 그 해 9월 중순 해병대를 따라서 인천 상륙 및 서울 탈환 전투에 종군했던 체험을 사실적으로 그린 작품으로 판단된다.27) 그만큼 이 소설은 작가의 여타 종군기의 수준을 넘지 않는 작품이다.

유주현의 「영」은 피란길에 나선 한 여인의 시각을 통해 전쟁의 참상을 부각시키고 있는 작품이다. 여기에서는 전쟁이 발발하던 해 겨울, 중공군의 참전으로 국군과 유엔군이 재철수해야 했던 과정의 수원 근처

---

26) 위의 작품, 125쪽.
27) 김송, 「군과 함께」, 『문예』, 1950.12, 66~67쪽 참조.

어느 고개에서 벌어진 전투 현장을 담고 있다.

　소설의 첫머리에는 전쟁에 쫓겨가야 하는 처참하고 다급한 모습이 실감나게 그려져 있다. 주인공 형숙亨淑은 종군 기자로 먼저 남하한 남편을 찾아 대구로 가는 길이다. 이불 보따리를 머리에 이고, 오른 손에는 피란 살림을 들었다. 왼손으로는 칭얼거리는 일곱 살 난 딸의 손을 잡고, 등에는 젖먹이를 매달고 있다. 사흘째 꼬박 걸었지만 길은 아직도 수원의 어느 산 고개, 갈 길은 칠백 리나 남았다. 아무데서나 자고 가자며 조르는 어린 딸을 달래 가며 고갯길을 넘는데 피아의 전투가 시작된다.

　　　이때 별안간 꽝! 슈-콰르르…… 또다시 꽝! 슈-콰르르…… 하는 음향이 귀청을 때렸다. '꽝'은 뒤에서 들려오고 '슈-'는 머리 위에서 들리고 '콰르르'는 먼 앞에서 뒷걸음질 쳐 오는 음향이었다. 정녕 공산군의 포격이리라. 그들은 어느 틈에 포진지를 한강 이남에 설치한 모양이다.
　　　…(중략)…
　　　문득 하늘에서는 유엔군의 제트기 편대들이 바람을 끊어 가며 맴을 돌기 시작했다. 음향을 뒤로 흘리며 몇 번인지 공간에 원을 거리다가 그여코 불을 뿜기 시작하는 것으로 보아, 틀림없이 중공군은 벌써 이 근처에 와 있는 것이 분명했다.28)

　이러한 살상의 전투 현장에서는 전혀 무방비 상태의 형숙을 포함한 많은 피란민들도 섞여 있다.

　　　거기에도 또, 고개 아래에서 한껏 동정을 베풀어 주던 노파, 사나이, 여인, 아이들의 한 가족이 고시란히 비행기의 불세례를 받아 즐비하게 쓰러져 있었다. 노파는 어깨 한 쪽이 없었다. 여인의 가슴에는 떨어진 사나이의 팔 한 짝이 가로 걸쳐 있었다. 그 옆에는 흙을 파고 냄비를 걸었는데 냄비 밑에는 아직도 사위다 만 발간 불기운이 남아 있었다. 그리고 그 불 앞에는

---

28) 유주현, 「영」, 『자매 계보』, 동아문화사, 1953, 149~150쪽.

중공군 세 명이 폭삭 엎어져 있다.
　…(중략)…
　그런데 여기에도 까마귀 떼가 함빡 달라붙어 있는 것이 아닌가. 시체 하나에 자그만치 서너 마리씩이나 덤벼서 살이 나온 곳이면 어디를 막론하고 함부로 쪼아 먹고 있는 것이 아닌가.29)

전쟁터의 참혹한 현장이다. 형숙은 보따리를 내팽개친 채 달음질치지만, 작품 끝에 "엄마, 산을 넘었는데 왜 또 산이 있우?'라고 한 딸아이의 말로 짐작되듯이 피란길이 얼마나 험난할지 또 무사할지 알 수 없는 일이다. 이러한 작품을 쓰게 한 우리의 환경이 슬프다30)고 한 작가의 말이 실감나는 대목들이다.

한편 황순원의 「포화 속에서」는 드물게도 인민군을 주인공으로 한 소설이면서도 그를 적대자로 파악하고 있는 것이 아니라, 그들도 소중한 생명을 지닌 한 인간이라는 시각에서 그린 작품이다. 이 소설은 후에 「목숨」이라 개제改題하여 전재된 바 있듯이31) 전장의 극한상황 속에서 생명을 부지하기 위한 온갖 몸부림에도 불구하고 결국 희생되어 갈 수밖에 없는 개인의 모습을 통하여 전쟁의 비참상을 부각시키고 있다.

사십 고개를 넘긴 지도 이미 이태가 되는 농사꾼 강 서방도 전쟁이 일어나자 인민군으로 끌려 나와 전선에 투입된다. 어느 일몰 시, 출동 명령을 받고 나갔다가 비행기의 기총소사 공격을 받고 수많은 시신을 타넘으며 어느 굴속으로 간신히 피신한다. 그는 그 곳에서 먼저 피신해 온 인민군 소년병을 만난다. 이제 겨우 열 네 살의 어린 소년이다. 형 둘 모두 군에 끌려가 버리고 앞을 못 보는 어머니와 다섯 살 난 누이만 고향에 두고 그마저 어린 나이로 군에 징집된 것이다. 그들은 이미 본대本隊에서

---

29) 위의 작품, 152~153쪽.
30) 유주현,「후기」, 앞의 책, 215쪽.
31) 『주간 문학예술』(1952.5); 단편집『곡예사』(명세당, 1952.6).

떨어진 낙오병이다. 얼마 남지 않은 콩가루와 생쌀을 씹으며 며칠 밤을 보낸 그들은 추위와 배고픔과 갈증을 견디다 못해 물과 살길을 찾아 나선다.

그런데 이날 밤 그들이 걸어가는 방향은 줄곧 한 방향인 것이었다. 남쪽으로. 그러나 어느 편에서도 지금까지 자기네가 걸어가는데 대해 아무 말도 없었다. 미리 자기네가 갈 곳을 의논이나 해 두었던 것처럼 그저 아까 낮에 해 움직임을 보 고 이쪽이 남이고 저쪽이 북이지? 하고 한마디 하였을 뿐인데. 그때 소년의 까만 눈이 유난히 빛나며 물끼를 띠웠었다.[32]

그들이 무언중 살길이라고 동의한 곳은 혈육이 남아 있는 고향 쪽도 아니고 인민군 본대가 있는 쪽도 아닌 정반대의 남행길이다. 이 소설이 지니고 있는 또 하나의 주제인 동시에 목적의식이 내비치고 있는 대목이다.

그들은 물을 발견하지만 소년은 결국 죽어 간다. 죽음을 목전에 두고 떠올린 것은 고향과 눈먼 어머니다.

"-아즈반, 아즈반이 고향에 돌아가시믄 꼭 우리집에 찾아가 봐주시소. 바루 강동읍에서 서쪽으루 한 이십리 떨어진 오류동이란 동넵니다. 게 가서 앞 잘 못 보는 이를 물으믄 곧 알 수 있을거야요. 그래 만나거든 내가 죽디 않구 잘 있다구 던해 주십시오……."[33]

강 서방은 숨이 넘어가는 소년을 업고 개 짖는 소리가 나는 곳을 향해 "사람 살려라!"고 부르짖으며 내닫는다. 이 소설에서 강 서방과 소년으로 지칭되듯이 그들은 계급도 없고, 싸울 총도 처음부터 지급받지 못한 채 전선으로 무작정 내몰린 비정규군이다. 말하자면 육탄전이나 소위

---

32) 황순원, 「목숨」, 『곡예사』, 명세당, 1952, 38~39쪽.
33) 위의 작품, 45쪽.

총알받이로 전투에 투입된 소모품이었다. 작품의 말미에 1951년 4월에 탈고한 것으로 기재되어 있는데, 그때는 이미 남침과 북진을 거듭하면서 남북한 쌍방이 엄청난 인명 희생을 치르고 난 뒤 장기적 소모전에 돌입했을 때다. 작가는 이 작품을 통해 이와 같이 적이든 아군이든 인명살상의 비극을 말하고 있는 것이다.

강 서방은 소년에게 얼마 남지 않은 생쌀을 나누어 주기도 하고 쓰러진 소년을 끝까지 부축해 가기도 한다. 그리고 가는 길에 쓰러져 죽어 가는 또 다른 인민군을 업고 가서 물을 먹이기도 하며, 그 인민군이 끝내 죽어 버리자 그의 피 묻은 생쌀 주머니를 가로채기도 한다. 강 서방의 이와 같은 극한상황 속에서의 행동을 두고 '전장과 휴머니즘'이란 거창한 말을 붙일 필요가 없다. 다만 그 자신이 살기 위한 몸부림이요, 죽어 가는 이에 대한 안타까운 심정만 있을 뿐이다.

전장을 배경으로 한 소설이면서 대개의 경우와는 달리 거기에는 이념도 없고 적과 아군도 없으며 애국심도 없다. 중요한 것은 생명이며 그것을 앗아가는 것에 대한 분노만 있을 뿐이다. "주인공의 마지막 부르짖음 그것이, 다만 그 한사람의 부르짖음이 아닐 것이라는 느낌이 나로 하여금 붓을 들게 했다"[34]고 한 것처럼 북쪽의 인민군, 또는 남쪽의 나이 어린 학도병이나 장년의 제이국민병만의 비극이 아니라, 전쟁이라는 불가항력적 상황 속에 힘없이 희생된 모든 이의 비극이다. 작가 황순원이 「목넘이 마을의 개」・「이리도」・「어둠 속에 찍힌 판화」・「메리 크리스마스」 등과 같이 꾸준히 추구해왔던 바 생명의 존엄성에 대한 감각을 중심으로 회전하고 있는[35] 작품이면서도 전쟁기 소설로서 인민군을 주인공으로 하여 그들의 목숨까지도 소중함을 강조하고 있다는 점에서 주목할 만한 작품이다. 다소 작가 특유의 감상적 서정성이 내비치기

---

34) 황순원, 앞의 책, 「책 끝에」, 183쪽.
35) 김봉군 외, 「황순원」, 『한국 현대작가론』, 민지사, 1989, 197쪽.

도 하지만, 이 작품이 지니는 일정한 가치 함량은 인민군 강 서방보다 더 큰, 작가의 휴머니티가 들어 있기 때문이다.

위의 작품들은 전쟁의 폭력성과 그 비참상을 고발하고 있는 작품이라 할 수 있다. 그러나 당시의 작가들은 전쟁을 객관적으로 보고 그 의미를 캐 보거나 바른 인식의 토대 위에서 인간의 삶 혹은 역사와의 관계를 따져 보지도 않았다. 감정으로 받아들이고 그 감정이 시키는 대로 작품에 표출한 것이다.

> 이번 사변은 불안이거나 슬픔이거나 그 어느 것도 아니다. 그냥 직접적으로 절박감이 늘 솟구치는 절규가 되어서 가슴에서 피어오르는 것은 절망이었다.36)

근거리 체험으로서의 참상과, 이어서 오는 절망감이다. 그런 감정이 걸러지지 않고 표출됨으로써 생경한 문학이 되고 만 것이다. 앞서 조연현 · 김종길 · 박목월 등이 전쟁이 치러지고 있는 현실에서는 좋은 문학을 기대하기 어려울 것이며, 정서적 순화 과정으로서 시간적 거리 확보가 마련되지 않았다면서 당대 작가들의 처지를 대변했던 논지들이 이해되지만, 위의 작품들은 전쟁을 감정적으로 부정하고 있는 것이지 반성적 자세로 따져 보면서 극복 의지를 드러내고 있는 것은 아니다.

2. 전장의 군인상

1) 인민군의 비인간성과 이념의 허구성

미군정 실시 이후 좌익에 대한 탄압과 색출이 점차 강화되면서 남한

---

36) 박목월, 「안강 전선」, 『신천지』, 1951.1, 94쪽.

에서의 공산주의자들은 적어도 단독정부 수립 이전까지는 자진 월북하거나 전향하여 발을 붙이는 등 그들의 태도를 결정하지 않으면 안 되었다. 그도 저도 아닌 일부 좌익 강경세력은 민중을 규합하여 반미·반정부 투쟁을 벌여 나갔다. 이와 관련된 일련의 사건들, 즉 1946년 10월의 대구 폭동, 1948년의 2·7총파업, 제주도 4·3사건, 10월의 여순 반란 사건 등은 해방 정국의 한 가닥을 이루었던 비극적인 역사다. 이러한 사건을 두고 민중들의 민주항쟁 내지 봉기냐, 극렬한 공산주의자들에 의해 자행된 반란 내지 폭동이냐 하는 시각차는 현대사의 쟁점이 되기도 하고, 문학 쪽으로는 이적성 여부로 시빗거리를 불러일으키는 소재가 되기도 했다.

2·7총파업을 경과하면서 남한 각지에 조직되어 활동하고 있던 야산대는 여순반란사건을 계기로 본격적인 무장을 하게 되나, 토벌대에 의해 쫓김으로써 대거 입산하여 유격대 즉 빨치산 조직으로 급속히 전환되어 갔다.[37] 이러한 빨치산의 상부 조직은 북한의 당과 긴밀히 연락하면서 소위 인민해방전쟁을 기다려 후방을 교란하고 긴중봉기를 획책했던 것으로 알려져 왔다.

일선의 전투 상황이 그려진 박영준의 「빨치산」과 「어둠을 헤치고」 등은 이와 같은 빨치산 이야기를 중심으로 인민군의 간행을 폭로하거나 그 이념의 허구성을 드러내고 있는 작품이다. 여기에는 물론 적개심 고취라는 작가의 의도가 깃들어 있다.

「빨치산」은 전쟁기의 소설로서 여러 논자들에 의해 주목을 받은 몇 안 되는 작품 중의 하나로, 빨치산 활동을 하다가 전향한 주인공의 고백을 통해 공산주의 이념의 허구성을 고발하면서 인간성·인간애와 생명의 소중함을 말하고 있는 작품이다.

이 소설의 주인공이자 화자인 김형식金瀅植은 서울대 법대를 중퇴한

---

[37] 박세길, 1988, 『다시 쓰는 한국 현대사』, 돌베개, 162~163쪽 참조.

지식인 청년으로 "레닌이나 스탈린처럼 유명해질 수가 있다"[38]는 개인적 영웅주의[39]와 "공산주의만이 대다수의 인류를 행복하게 할 수 있는 것"[40]이라 믿었던 유아적이고 피상적인 이념 인식으로 공산주의 사상에 경도傾倒되어 단신 월북한다. 그러나 그의 아버지가 일제 때 친일분자였다는 좋지 못한 성분 때문에 강동 정치학교의 정치부가 아니라 군사부에 입학하게 되면서 첫 번째 좌절을 겪게 되지만, 훌륭한 혁명투사가 되겠다는 일념으로 극복하며, 6·25가 발발하자 빨치산으로 출발하라는 명령을 받고 소대장으로 신불산神佛山에 들어가 전투에 참가한다. 김형식으로서가 아니라 혁명투사, 빨치산 추일秋一이 되어 부락 습격·교량 파괴·무기 탈취·인명 살상·군용도로 파괴·보급 투쟁 등 혁혁한 전공을 세워 1년도 안 되어 부대장으로 승진하고 군공 훈장도 몇 개나 받는다.

이 소설에서 공산주의 이념의 맹신 속에 파괴와 살상까지도 혁명적 투쟁이라고 굳게 믿고 따랐던 주인공 김형식이 전투 중 국군에 투항, 전향하게 된 배경은 크게 세 가지로 지적할 수 있다. 첫째는 공산주의 이념의 허구성을 깨닫고, 둘째로는 인간성·인간애의 회복, 셋째로는 생명의 존귀함에 눈뜨게 된 데에 있다.

공산사회에서도 고급 당원을 중심으로 한 유복 계급과, 그 밑에서 자본주의 사회의 노동자보다도 더 비참한 생활을 하고 있는 피압박 계급이 있다는 사실, 빨치산의 훈장이란 모두가 기만적 선전술에 불과한 공수표이며 말의 훈장이란 것, 안심하고 후방 교란에 전력하라고 해 놓고는 정작 그들을 버리고 퇴각하는 북한 정권의 기만, 모든 것이 무시되고 공산주의 올거니즘만을 절대시하기 위한 협박 또는 의식적인 미화, 사

---

[38] 박영준, 「빨치산」, 『신천지』, 1952.5, 130쪽.
[39] 차원현, 「1950년대 한국소설의 분단 인식」, 문학사와 비평연구회 편, 『1950년대 문학 연구』, 예하, 1991, 121쪽.
[40] 박영준, 앞의 작품, 131쪽.

색의 자유를 주지 않는 의식화 획책 등을 월북·빨치산 활동 과정을 통해서 목격하게 되고, 결국은 "소수의 인간과 다수의 인간을 합한 전 인류의 불행을 초래하는 사상"[41]임을 깨닫게 된다.

그러나 그의 전향은 이와 같은 회의가 바탕이 된 사상적 전환으로 설명될 수는 없다. 보다 중요한 계기는 그의 부대, 영남지구에 지원 차 배속되어 온 지리산 빨치산 부대원 중 김일성대학 재학생인 여자 빨치산 윤귀향을 만나게 되면서 인간성·인간애의 소중함에 눈뜨게 된 데에 있다. 그들은 언제까지 산 속에서 짐승처럼 살아야 하는가, 외로움을 느낄 때가 없는가, 노래를 불러 보고 싶고 사랑하는 사람의 본명을 불러 보고 싶다는 식의 은밀한 대화를 나누면서 서로의 애정을 느낀다. 그것은 이념적 체제 속에 세포로서의 일원이 아니라 개별자로서의 인간성 내지 인간애에로의 회복 과정이다. 그리하여 보급투쟁 때에도 빼앗기는 편에 서서 생각하게 되고, 가난하고 늙은 노파의 집에는 못 가게 하며, 어린이의 시체를 묻어 주게 하는 등 "약해진 것이 아니라 사랑이 인간적인 마음에 눈뜨게 한 것"[42]이란 스스로의 다짐처럼 잃었던 자아를 되찾아 간다.

그러던 중 사랑하던 귀향의 죽음에 의해 결정적인 전향의 전기가 마련된다. 국군 토벌대와의 전투 중 귀향이 총탄에 쓰러지자 추일은 그녀의 시체를 안고 능선 밑으로 내려와 숨어 있다가 국군에 발견되어 투항하고 만다. 그토록 공산주의를 신봉했고 빨치산으로서 탁월한 전공을 세웠던 그가 마지막 순간 빨치산의 각오를 버리고 투항한 것은 '생명에 대한 애착' 때문이었다.

"손 들고 내려오너라."

---

41) 위의 작품, 131쪽.
42) 위의 작품, 138쪽.

하는 소리를 들을 때 나는 나도 모르게 손을 들었습니다. 아모래도 죽기에는 생명에 대한 미련이 너무나 커던가 부지요. 본능에서 오는 생명에 대한 애착이었는지도 모릅니다.

…(중략)…

한 번 잃었던 때문인지 새로 발견한 인간성에 대한 애착심은 잃어 본 일이 없는 사람보다 몇 배나 강한 것 같습니다. 그것만은 숨길 수 없는 고백입니다.

나는 악의 세계에서 탈출했다는 것만으로 만족합니다. 죽엄을 받는다고 해서 불만을 품지는 않겠읍니다.

대단치 않은 내 한 목숨 받아주십시오.[43]

소설의 결말 부분이다. 이 소설에 설정된 전향 모티프는 그 계기가 사상적 전환에 있다기보다 애정이 매개되어 인간의 본성을 되찾으면서 품은 생명에 대한 애착심에 있다. 이런 점에서 작자 박영준이 "전쟁의 비극도 인간이 지닌 애정으로 모든 것을 극복할 수 있다는 신념하에 이데올로기의 환멸, 즉 사상성 때문에 인간적인 모든 요소를 상실했다가 애정의 교량으로 다시 인간성을 복구하는 과정을 그린 것"[44]이라며 창작 동기와 의도를 설명했지만, "마지막에 탈출하는 장면이 어떤 명확한 이념 밑에서 감행되지 않고 할 수 없는 결과로서 빠져나오는 감이 없지 않다"[45]는 지적을 면할 수는 없다.

이와 같이 결말 부분의 전향 과정에서 다소간의 틈새가 지적되기도 하지만 이 소설은 여러 가지 면에서 논의와 평가를 받을 만한 점을 지니고 있다. 당시 남북한 간의 전투 현장이나 이데올로기 문제를 다룸에 있어, 흔히 빠지기 쉬운 도식적 구조를 벗어나 빨치산의 생리와 활동, 이념의 허구성 등이 소상할 정도로 사실적이고도 구체적으로 그려져 있을

---

43) 위의 작품, 140쪽.
44) 박영준, 「저 산정에 햇볕이」, 『문학사상』(1973.7)에서 작가는 종군활동 중 만난 실제 인물을 모델로 했음을 밝히고 있다.
45) 곽종원, 「6·25동란 이후의 작단 개관」, 『신천지』, 1953.4, 188쪽.

뿐만 아니라, 인물도 무조건적 악과 적개념으로서의 빨치산이 아니라 한 인간으로서 회의하고 갈등을 겪는, 살아 있는 인둘이란 점 등이다. 따라서 「빨치산」은 당시의 정세와 창작 여건으로 보아 분명 부담스러운 소재를 취해 단순한 승전 의지나 적개심 차원에서 머물고 만 것이 아님을 알 수 있고46) 이후 「광장」이나 「남부군」· 「지리산」· 「태백산맥」 등을 잇는 그 모태로서의 의미 부여가 가능할 만한 작품이라 할 수 있을 것이다.

동 작가의 「어둠을 헤치고」는 공비들이 출몰하는 지리산 운봉이라는 산골 마을을 배경으로 공비들에 의해 집과 처자식을 잃은 주인공이 그들에게 복수한다는 줄거리를 통해 공산군의 폭력성과 비인간성을 드러내고 있는 작품이다.

이 소설에 등장하는 운봉 골짜기의 사람들 – 근배 · 구장 · 춘수 · 길동이 아버지 등은 농사일밖에 모르는 순박한 사람들이다. 그러나 그곳에 공비가 득실거리고 보급 활동이 잦아지면서 농촌의 취락구조 속에 오랫동안 지녀 왔던 인정도 사라지고, 이제는 누가 부역자 또는 반동이며, 밀고자 혹은 내통자인가로 불신과 반목 속에 공비와 토벌대의 틈바구니에서 생명을 부지하기 위한 줄타기를 한다.

공비들이 내려오면 어쩔 수 없이 양곡을 내주는가 하면, 분주소 사람들과 협력하여 반과 조를 조직하여 연락망을 만들기도 하지만, 그렇다고 사실대로 신고할 수는 없는 노릇이다. 흉년으로 궁핍한 마을에 잦은 보급 강요, 젊은 사람에게 짐을 지워 산 속으로 끌고 가는 행위, 의용경찰대원을 주민으로 하여금 대신 처형토록 하고는 그조차 사살해 버리며, 경찰에 신고했다 하여 온 마을을 불태우고 무자비한 살육을 저지른다. 이웃 간에 원수로 만들고 불신과 반목을 조장하여 서로를 감시하게 만든다. 뿐만 아니라 그들은 목적 달성을 위해 양민을 이용하고, 이용 가

---

46) 조남현, 『한국 현대소설의 해부』, 문예출판사, 1993, 46~47쪽.

치가 없을 때는 가차없이 처단해 버리는 간악한 만행을 저지른다. 결국 고요하고 평화롭던 깊은 산골 마을에 공비가 출몰하고 거기에 토벌대가 투입됨으로써 한 마을이 온통 풍비박산이 되고 만다는 이야기다.

처음부터 국군의 편에 서 있으면서 공비를 고발한 근배는 가족과 집을 몽땅 잃었다. 구장은 위협에 못 이겨 마을 사람을 처단하는 악역을 치르지 않으면 안 되었다가 그 자신도 살해당하고 만다. 춘수와 길동이 아버지가 공비들에게 협력한 것은 동기가 불분명하게 그려져 있지만, 소설 전체의 내용으로 보아 공산주의에 젖어 들었던 사람이 아니라, 번갈아 가며 찾아 드는 토벌대와 공산군 사이에서 나름대로 살아남기 위한 방법적 선택이었다는 사실은 쉽게 알 수 있는 일이다. 따라서 그들 모두는 희생자다. 오십 평생 동안 기차 구경 한 번 못해 본 근배와 같이 무지할 정도로 순박한 사람들이, 잘 이해할 수도 없는 이데올로기와 난데없는 난리로 꼼짝없이 희생당할 수밖에 없었던 것이었다.

이 소설에서 작가의 시각은 물론 근배 쪽에 있다. 이 작품이 전쟁 전 지리산 일대의 빨치산을 소재로 한 것인지, 전쟁 중 인천 상륙작전과 서울 수복으로 최전선에 투입되었던 인민군 병력이, 퇴로가 끊긴 채 협공당함으로써 산 속으로 잠복, 현지 세력과 규합하여 게릴라로 활약했던 사실이 소재가 된 것인지 분명하지 않지만, 어느 쪽이든 이념 문제에 관한 한 작가가 달리 선택할 수 있는 여지는 전혀 없었다. 빨치산과 토벌대, 그 사이에 끼어 있는 양민들의 선택과 행위에는 여러 가지의 복합적인 문제가 얽혀져 있으며, 그것을 바라보는 태도 역시 다양할 수 있다. 즉 역사나 이념을 바라보는 시각은 여러 갈래가 있을 수 있으며, 문학 쪽에서는 특히 그렇다 할 수 있다. 그러나 특수한 시대와 체제 속에서는 누구도 자유로울 수 없는 문제이기도 하다.

당시 지식인은 물론 문학인들까지 통일된 논리와 목소리로 시대상황에 대처해야 했던 만큼, 위의 두 작품 역시 경직성의 차이는 구별되지만 종국에는 이념이 합쳐진 피아의 대결구도 속에 그 이념의 허구성을 폭로하고, 적군의 폭력성과 비인간적 행위를 고발함으로써 반공·승전의식에 맞닿아 있는 작품 중의 하나라는 데에는 이견이 있을 수 없다.

한편 이념적 갈등을 결부시켜 한국전쟁의 비극성을 그리고 있는 소설은 몇 가지의 의도가 짚어진다. 루이스 A. 코저는 갈등을 사회의 안정과 균형을 깨는 부정적인 요소로 판단해 온 대다수의 견해에 반론을 가하면서 갈등의 순기능·생산적 기능을 밝혔다. 즉 갈등의 계층이나 집단 사이의 생동력과 창조성을 가져오기도 하고, 새로운 규범과 제도를 만들 뿐 아니라, 경제와 기술 영역에도 직접적으로 자극을 주며, 사회 변동의 동력이 된다47)고 했다. 그는 또 갈등의 순기능을 몇 가지의 명제로 제시한 바 있다. 즉 집단 결속의 기능, 집단 보전의 기능과 안전판 제도의 의미, 내적 응집력 증대, 힘의 균형 유지, 결사結社와 연합 구성의 계기48) 등이 그것이다. 이에 따르면 이념적 대립을 다루고 있는 한국 소설은, 개화기소설의 경우 규범과 제도 및 사회 변동을 촉진시키는 데 어느 정도 기여했을 것이며, 일제 치하에서는 민족을 결속시키는 방향으로 작용했을 것이다. 해방기나 한국전쟁기 소설은 집단의 보전, 내적 응집력, 적대자와의 대결 의지 등의 의도로 묶을 수 있을 것이다.

2) 국군의 애국심과 승전의식

박연희의 「새벽」, 정비석의 「간호장교」, 박영준의 「용사」와 「김 장군」, 유주현의 「기상도」 등은 군인의 모습을 부각시키고 있는 소설들이다. 개인적 희생을 바탕으로 한 강한 애국심, 투철한 반공정신, 뛰어난 용맹성을 지니고 있는 군인상을 부각시킴으로써 애국애족 및 승전의식을 고

---

47) 루이스 A. 코저, 「기능적 갈등 이론」, 박영신 편저, 『갈등의 사회학』, 까치, 1977, 32~33쪽.
48) Lewis Coser, 『The Function of Social Conflict』, A Free Press, 1969, p.153.

양시키는 방향으로 씌어진 작품이라 할 수 있다.

황순원은 그의 작품 「포화 속에서」의 경우와 같이 생명의 문제를 통해서 전쟁을 보았기 때문에 인민군조차 싸안을 수 있었다. 그것은 휴머니즘의 발로다. 반면 「암야」・「골육」・「폭풍」에서는 피를 나눈 형제일지라도 무찔러야만 될 적 이상의 의미는 없다. 그리고 빨치산들 역시 적이며 악이다. 작가들이 대개 인민군복 그 안쪽을 조금이라도 더 들여다보려는 노력은 하지 않았다. 이와 같은 시각은 국군을 묘사하는 방법에도 똑같이 적용된다. 즉 아군이며 무조건적 선이다. 또한 그들의 행위 역시 살상 행위임에는 분명하지만 그것은 정의며, 국가 수호며, 재산과 생명의 보전 행위다. 위의 「새벽」이나 「용사」 등의 군인들은 모두 그렇게 그려진다. 피아에 따른 이분법적 흑백논리에 따른 인물 형상화 구도다.

「새벽」은 작가 박연희가 해군종군작가단의 일원으로 박계주와 더불어 직접 군함을 타고 장기간 일선에 종군했던[49] 체험을 바탕으로 씌어진 작품으로 판단된다. 1인칭 관찰자의 시점을 취하고 있으며 화자가 종군작가로 설정되어 있어 더욱 그 같은 판단을 뒷받침해 준다. 이 소설에서는 이념이 뚜렷하며 책임감이 강하고도 용감한 해군 병사를 그리고 있다.

60밀리 포술사砲術士 강 하사는 어느 새벽 전투에서 어깨에 관통상을 입고도 끝까지 포를 놓지 않고 싸운 책임감이 강하고도 용감한 군인이다. 뿐만 아니라 확고한 이념의 소유자다. 그가 K중학 고급반 1학년에 다니다가 1・4후퇴 때 해군에 입대한 뒤, 그의 형은 출판노조 위원장으로 부모마저 데리고 잠적해 버렸다. 가족의 이러한 상황을 알지만 강 하사는 "아직 해군에 들어와선 한 번도 못 가 봤으니 알 수 없어요. 또 찾고도 싶지 않고요"[50]라고 한 말처럼 가족일지라도 이념 문제에 관한 한 타

---

49) 이선구, 「해군종군작가단」, 『해방문학 20년』, 정음사, 1966, 97쪽.

협하지 않겠다는 확고한 신념을 가지고 있다. 어린 나이의 소년 병사로서 그의 의식이나 행동에는 다소 과장적이고 작위적인 흔적의 한 부분이다. 이와 같은 점은 목적의식이 강했던 나머지 당시 대부분의 작품이 공통적으로 지니고 있는 한계라 할 수 있다.

그리고 이 작품에는 당시 전황과 휴전회담에 대한 국민들의 감정이 어느 정도 반영되어 있다.

> "선생님, 휴전회담이 어찌 될까요?"
> …(중략)…
> "그야 근본적으로 평활 제기하자는 것이 아니라 쏘련이 입으로 평활 부르짖고 나오니 미국 역시 거게 응하지 않을 수 없어 하는 것이라 보아도 과언이 아니지."
> "왜 미국이 그런 걸 알고도 응하나요?"
> "그게 어려운 문제야……."
> 내 말이 끝나기도 전에 강 하사는
> "다소 미국도 실력에 부치는 데가 있는 모양이지요?"
> 하고 눈을 가슴스레 떠서 웃음을 띠이며 묻는 것이었다.
> "그런 것도 아니지……. 역시 한 개인이나 국가나가 마찬가지야. 체면이라는 게 있으니까, 그 체면을 쏘련이 보재길 쓰고 적당히 이용하구 있는 거야."
> "제가 생각하기에도 원자탄까지 갖구 있으면서 왜 미국이 미지근하냐 말예요."
> "그런 점은 현저해 보이지만, 한 작전에 있어 수비와 공격이 있듯이 어느 시기까지 밀고 가보는 거지."
> "빨리 끝났음 좋겠어요."51)

화자와 주인공 강 하사와의 대화다. 마치 휴전회담에 대한 문답풀이

---

50) 박연희, 「새벽」, 『전선문학』, 1953.2, 42쪽.
51) 위의 작품, 42~43쪽.

식이다. 1951년 10월에 탈고한 작품으로 기록되어 있는데[52] 1951년 6월 휴전회담 제의가 오가다가 7월 10일 본회의가 처음 개최된 이후 협상은 난관에 봉착되면서 지리한 회담이 이어지고, 이후 조인될 때까지 전선은 교착상태에서 진지전, 수색 정찰전, 방해 및 교란, 고지 쟁탈전 등 장기적 소모전이 지속되었던[53] 당시 전황의 일 부면을 알려 주고 있다. 특히 휴전회담에 반대했던 이승만 정권의 입장, 전쟁 수행 전략이나 협상과정에 있어서 미군의 미온적 태도에 대한 불만, 장기 소모전에 따른 염전厭戰의식 등을 주인공 강 하사의 입을 통해 표출하고 있는 반면, 시사적으로 미묘한 문제였던 만큼 화자의 대답은 적절히 유보되어 있음을 볼 수 있다.

「새벽」이 가족의 희생을 바탕으로 한 애국심을 보여 주는 작품이라면, 정비석의 「간호장교」는 남녀 간의 사랑을 담보로 한 애국심을 보여 주는 작품이라 하겠다.

국민학교 교원이었던 이건호李建浩와 개인병원의 간호원이었던 김선주金善珠는 서로 사랑하는 사이로 똑같이 결혼할 생각을 가지고 있었다. 그러나 두 번째로 서울을 적에게 내놓게 되자 건호는 교직을 던지고 애인과도 절연을 선언한 채 육군간부후보생으로 자원입대한다.

"우리들은 오늘로서 다시는 생각지 말기로 합시다. 나는 이미 목숨을 나라에 바치기로 결심한 몸이니 일선에 나가면 언제 어디서 적탄에 쓰러질지 모르는 신세요. 그러니까 다시는 나를 생각지 말아 주시오. 냉혹한 선언 같지만 나도 다시는 선주 씨를 생각지 않고 오직 조국과 민족만을 위해 최후까지 용감히 싸우다가 죽을 결심이오!"[54]

건호는 개인적 사랑이나 안위보다는 국가와 민족을 위해 헌신하겠다

---

52) 위의 작품, 43쪽.
53) 전쟁기념사업회,『한국전쟁사』제1권, 행림출판, 1990, 417~418쪽 참조.
54) 정비석,「간호장교」,『전선문학』, 1952.12, 37쪽.

는 굳은 의지를 보인다. 이러한 애국심은 건호에게 그치는 것이 아니다.

"제 생각은 안 하셔도 좋으니, 용감히 싸워 이겨만 주세요."
…(중략)…
"글세 제 염려는 마시라니까 그러시네요. 다만 한 가지 말씀 드릴 것은 선생님이 저를 생각해 주시거나 말거나 저는 저대로 ○ 선생님께 부끄럽지 않게 살아가겠어요!"55)

대의를 따라 군문으로 나서는 애인의 장도에 기꺼이 희생을 각오할 뿐 아니라 부끄럽지 않은 삶을 살겠다며 선주도 자원 입대, 간호장교가 된다. 어느 쪽으로도 기울지 않는 강한 애국심을 보여 주고 있는 장면이다.

이들 남녀는 1년 4개월 후 전장에서 극적으로 만나 사랑을 다시 확인하게 된다. 백마고지 전투가 치열해짐에 따라 부상병 치료에 여념이 없던 김선주 소위는 뜻밖에도 중상자로 실려 온 이건호 소위를 만난다. 다섯 군데나 총탄을 맞고 눈에 파편까지 튀어 실명 상태다. 꿈에도 잊지 못하던 선주는 정성스럽게 치료하지만 환자를 위해 신분을 숨기고 최 간호원으로 행세한다. 어느 날 이야기 끝에 "애인이 있었지만 그녀의 행복을 위해 입대할 때 인연을 끊었으나 지금도 잊을 수 없다, 그러나 이 꼴이 되어 돌아간들 어찌 사랑한다고 하겠느냐"며 자괴에 빠진 건호의 말에 지금까지도 자기를 사랑하고 있음을 확인한다.

"눈 하나 못 보신다고, 이 소위님을 배반할 그런 철없는 분이던가요! 이 소위님 애인이?……."
…(중략)…
"이 소위님이 눈을 못 보시게 된 건 나라와 민족을 위해 싸우신 명예의 병신인데 애인 앞에 그렇게 비굴하실 게 무어요?"56)

---

55) 위의 작품, 37쪽.
56) 위의 작품, 40~41쪽.

선주는 비로소 자신을 밝힌다. 나라와 민족을 위해 헤어졌다가 그 굳건한 애국심이 도리어 힘이 되어 재결합하는 극적인 장면이다.

이들 남녀는 교사와 간호원의 신분으로 굳이 입대할 의무도 없었고, 마음먹기에 따라 결혼하여 세속적 행복을 추구하며 만족할 수도 있었다. 그러나 그들은 백척간두百尺竿頭에 선 국가의 운명 앞에 머뭇거림 없이 개인을 희생하고 국가를 선택했다. 그들은 운이 좋게도 사랑과 애국 모두를 성취할 수 있게 함으로써, 전쟁기 소설이 대개 무겁고 어두운 데 비해서 밝고 희망찬 모습을 보여 주고 있다. 그러나 이 작품 역시 주제의식이 지나친 나머지 단선적 인물, 작위적 플롯의 진행 등 그 한계가 쉽게 포착되는 면도 있다.

한편 박영준의 소설 「용사」에서는 용맹성이 뛰어난 사병의 모습을, 「김 장군」에서는 지덕智德을 겸비한 지휘관의 모습이 그려져 있다.

「용사」에서 작가는 지모가 뛰어나고 용감한 군인상을 창조하여 승전 의식을 고취하고, 전장 속에서도 피어나는 사랑을 통하여 휴머니즘 세계를 보여 주고자 한 것 같으나 그 두 가지의 의도가 다 실패한 것처럼 보인다. 용감성은 때로 무모한 행위로 비치고, 지모智謨는 얕은 계책에 의해 감쇠減衰되어 버리고 말며, 사랑은 휴머니즘을 구현하기보다는 개인적 애증을 그리는 데 머물고 있음을 볼 수 있다.

눈이 온 겨울, 소백산 줄기 OO고지, 권 이등중사는 전우들과 함께 농사꾼으로 가장하여 수색을 나간다. 자신의 떳떳하지 못한 모습과, 지레 겁을 먹고 불안해 하는 자신을 자책한다. 그래서 오히려 과장적으로 잎담배를 말아 뻑뻑 피우기도 하고 <아리랑>·<도라지 타령>을 휘파람으로 불며 가다가 그만 인민군에게 체포되고 만다. 권 중사는, 원래 북조선 사람으로 지난 겨울 마음에도 없이 국군에 들어갔다가 생각해 보니 인민군이 나을 것 같아 도망해 오는 길이라고 둘러댄다. 그리고는 국군의 비밀을 많이 알고 있는데 삼십 리쯤 가면 소대 병력만 있다고 속여,

괴뢰군 70명을 불리한 골짜기로 유인하여, 국군으로 하여금 몽땅 체포할 수 있게 한다.

물론 전쟁의 목적은 승리에 있다. 삶과 죽음이 교차되는 절박한 문제이기 때문에 그 결과가 중요한 것이지 그 과정이나 방법이 문제시될 리는 없다. 실제 전쟁이라면 더욱 더 그렇다. 여기서 권 이등중사가 적병 70명을 생포하게 한 것은 엄청난 전공이다. 그러나 그 공훈은 훌륭한 전술과 용감한 전투의 결과가 아니라 얕은 술책 내지 기만전술이었기에 지용智勇을 겸비한 군인상으로서는 반감될 수밖에 없다. 소설이기에 그러한 아쉬움이 지적될 수밖에 없다는 말이다. 그리고 그가 체포된 것도 만용의 결과다. 군복을 벗고 농사꾼으로 가장한 자신의 모습에 대해 떳떳하지 못하다는 자괴감과, 지난 밤 꿈 생각으로 불안해진 마음을 스스로 극복하기 위하여 담배를 피우고 휘파람을 분 것이지만, 수색 중 군인으로서의 최소한의 수칙마저 어긴 만용의 당연한 결과였던 것이다.

이 작품에 노정된 파탄은 포로를 사살하는 장면에서 한층 커진다. 이러한 전공을 세운 권 이등중사를 온 부대원, 특히 쌀쌀하기만 하던 여자 하사관 김난수까지 좋아한다. 평소 김난수를 좋아하던 권 이등중사는 그 기회에 사랑을 고백하다 거부당하고, 수치심에서 오히려 그녀를 구타하고 만다. 이와 같은 사정을 알고 있던 정훈과장 김 소위는 의기소침해 있는 권 이등중사의 기분을 풀어 주고 사기를 높여 주기 위하여 70명의 포로 중 전향을 거부하는 괴뢰군 두 명을 사살하는 임무를 선물처럼 부여한다. 권 이등중사는 통쾌한 일이라고 생각하고 포로를 냇가 언덕으로 끌고 가서 수갑을 풀어 주며 마음대로 도망가라고 하고는, 도망가는 등 뒤에서 총을 난사한다. 한 사병의 기분을 풀어 주기 위해서 포로를 사살하게 하는 정훈장교, 도망가게 해 놓고는 등 뒤에서 총을 난사하는 권 이등중사, 아무리 살육이 횡행하는 전쟁터라지만 결코 인륜에 허용될 수 있는 일은 아니다. 전쟁소설의 궁극적 목적은 평화의 구현이자 휴머니즘의 발현이 아니던가. 작가 의식에 안타까움이 가셔지지 않는 대목이다.

권 이등중사는 포로 한 명은 멋지게 쏘아 죽였지만 한 명은 놓치고 만다. 자책에 빠진 그는 자살을 기도하나 때마침 들어 온 김난수 하사에게 칼을 빼앗기고, 김 하사의 보고를 받은 정훈과장은 도망간 포로를 잡아 오든지 다른 괴뢰군을 잡아오든지 하라고 한다. 권 이등중사는 단신 산속으로 들어가 소변을 보고 있던 빨치산을 추적하여 굴속에 숨어 있던 적에게 산이 국군에 포위되었다고 엄포를 놓아 다섯 명의 빨치산을 생포해 온다. 한편 자기 때문에 자살을 기도했다고 생각한 김난수 하사는 김 소위에게 다른 부대로 전출시켜 달라고 하던 중 포로를 놓친 죄책감 때문이었다는 이야기를 듣고, 권 이등중사의 위대한 인간적인 면을 새롭게 발견하고 좋아하게 되며, 2계급이나 특진한 그의 이등상사 계급장을 수놓는다는 얘기로 끝을 맺고 있다.

결과적으로 이 소설에서 인민군 70명과 빨치산 5명을 생포한 지모와 용맹성 및 포로를 놓친 잘못에 대해 죽음까지도 결심하는 책임감이 강한 군인상을 그리고자 했으나 반휴머니즘적·비인간적인 면이 한층 더 부각되어 있다. 또한 남녀 간의 사랑도 결실을 맺고 있으나 전체 줄거리와 괴리되어 있을 뿐 아니라, 주인공의 성격을 긍정적이며 인간적인 면을 보여 주거나, 전장의 극한상황 속에서도 피어나는 사랑 내지 인간애를 부각시키거나 하는 데 보탬이 되기보다는 개인의 애증만 노정되어 있다 하겠다.

동 작가의 「김 장군」은 엄격하면서도 인자하고 지혜로운 지휘관으로서의 군인상을 여러 가지 에피소드를 연결하여 그리고 있는 작품이다.

일반적으로 에피소드는 작중인물의 위인爲人을 알려주거나 상호관계를 암시해 주며, 서사적 줄거리 진행에 있어서 현장감을 주거나 단락을 이어가는 역할 등으로 인정된다. 그리고 대부분의 에피소드는 기간 줄

거리(main story)와의 밀착 여하에 불구하고 그것과 합루하여 기간 줄거리 그 자체가 되어, 기간 줄거리에 풍만감을 준다.57) 그러나 이 소설에서는 성격을 부각시키기 위하여 유사한 에피소드만을 연결시켜 놓음으로 해서 기간줄거리 자체의 부재 현상과 극적 긴장감이 결여된 경우가 되고 말았다.

그 외에도 전장 배경의 소설은 아니나 공군종군문인단의 일원으로 활동했던 작가의 체험이 관련된 유주현의 「기상도」는 공군 조종사를 주인공으로 하여 책임감이 강하고 희생정신이 강한 군인상을 그려 보여 주고 있다.

이상의 일선의 전투 현장을 취급하고 있는 작품 검토를 통하여 지적할 수 있는 것은 첫째로 전쟁이 한국현대문학사에 본격적으로 그리고 광범하게 자리 잡았다는 점이다. 1·2차 세계대전에 대한 직접적인 체험도 없었고, 일제에 의해 태평양전쟁에 강제 동원된 바 있기는 했지만, 전쟁 문제가 문학 작품의 전면으로 떠오른 적은 그리 없었다. 현대 한국의 전쟁문학은 한국전쟁으로부터 시작된다. 그것도 당시에는 거의 전쟁 일색의 문학이라 할 만큼 광범하게 자리했던 것이다. 다음 몇 편에 쓰여진 전쟁 및 군 관련 어휘 내지 어휘의 조합을 통해서도 쉽게 알아볼 수 있다.

> 교착 상태, 포연탄우, 수류탄, 철조망, 고지, 예비대, 토 - 치카, 방공호, 폭탄, 공폭(空爆), 로켓포, 박격포, 탱크, 방위력, 패잔병, 전의, 소탕, 칼빙, 패주, 유엔 비행기, 따발총. (김송의 「폭풍」 중에서)

> 포진지, 공산군의 포격, 중공군이 침투, 아군에게 포위, 소총 소리, 기관총 소리, 유엔군의 제트기 편대, 중공군의 전초병. (유주현의 「영(嶺)」 중에서)

---

57) 김춘수, 「episode의 역할」, 경북대 경북어문연구회, 『어문론집』 제1집, 1962, 49쪽.

이러한 어휘들은 이전의 우리 문학 작품에서 찾아보기 어려운 말들이다. 문학사를 변화와 계승이라는 관점에서 볼 때 1950년대의 문학은 변화에 무게가 실려 있으며[58] 그 주요 요인은 전쟁이라는 문학적 환경의 변화다.

전쟁과 동시에 새로운 방향의 문학이 요구되었고, 작가 또한 전시의식으로부터 벗어날 수 없었을 뿐 아니라, 시대적 요청에 부응하면서 과거의 전통으로부터 일단 결별하고, 변화가 태동되는 자리의 문학이다. 즉 한국현대소설의 제반 내용과 구조는 전쟁 체험과 영향의 삼투적 성격과 기능을 배제해 놓고는 생각할 수 없을 만큼 6·25는 현대소설사의 반성론적 기반이 되는 것[59]이며, 이후 6·25문학, 6·25극복 문학, 분단문학, 분단극복 문학 등의 모습으로 지속 성장해 온 것이다.

둘째, 한국전쟁을 이념의 대립과 충돌로 인식하고 있다는 점이다. 남과 북, 즉 같은 핏줄이 이념에 따라 적과 동지로 나뉘어 대결하고 있다는 것이다. 그러나 정작 이념 그 자체에 대해서는 삶이나 역사에 대해서 무엇인가를 가늠해 보거나 따져 보지는 않는다. 다만 흑백의 논리, 피아의 구분 개념, 타공과 멸공의 기치만 있을 뿐이다. 이념 문제에 관한 한 체제나 정치적 차원의 문제다. 따라서 이는 작가 밖의 문제로 따져 볼 수 없었다는 판단이 옳다.

셋째, 전쟁―전투가 직접적으로 취급된 작품은 그렇게 많지 않다는 사실이다. 이는 많은 작가들이 종군했지만 관찰자에 지나지 않았고, 일부 작가들이 현역으로 입대했지만 정훈·군기관지 편집 등의 일을 담당했을 뿐 실체험이 부족했다는 사실과 관련된다. 뿐만 아니라 전쟁기 전체로 보아 문학 활동은 위축 상태에 있었다. 전쟁기에 작품을 쓰지 못했던 박종화는 대작을 남기고 싶지만 정신과 육체가 기해氣骸만 남아서 글

---

58) 이상태, 「1950년대 소설의 문체 연구」, 『한국의 전후문학』, 1991, 35쪽.
59) 이재선, 앞의 책, 81쪽.

같은 글을 남긴다는 것은 순 거짓말[60]이라 한 바 있다. 그처럼 문학적 토양이 척박했던 것이다. 그리고 소수의 작품마저 치열한 전투 현장이 그려지면서 휴머니즘을 부각시킨다든지 시대적 삶을 반성적 토대 위에서 조명해 보지도 않았다. 감정으로 받아들이고 표출했다. 따라서 단순한 전쟁 부정의 태도를 드러낸 작품이 많다. 이런 면에서 황순원의 「포화 속에서」나 박영준의 「빨치산」 등은 예외적 평가를 받을 만한 작품이라 할 수 있을 것이다.

넷째, 작가의식이 목적성의 원리에 움직이고 있다는 점이다. 시대적 소명 의식에 충실했던 결과다. 따라서 작품 내적으로 보자면 절제되지 않은 언어, 인형적 인물, 작위적 플롯, 생경한 관념 등으로 미적 손상이란 대가를 치르고 있는 작품이 많을 수밖에 없다. 그렇다고 해서 이와 같은 작품이 무조건 폄하될 수는 없다. 그것은 평화시의 반성적 논리며, 나아가 현실 내지 상황 논리를 무시한 채 나타내 보이는 위장된 결벽성일 수도 있기 때문이다. 또한 전쟁 중 자기 삶의 문제도 추스리지 못하고 파멸해 가는 인물이 있는가 하면 혼란기를 틈타서 사욕 채우기에 급급했던 인물들도 있었다. 이에 비하면 작가들은 붓으로 전쟁에 대처해 나갔던 것이다. 문학이 사회적 제현상으로부터 분리될 수 없는 한, 그리고 그것이 가지는 효용성이 논의될 수밖에 없는 한 전쟁기 문학을 두고 문학성의 문제로 폄하한다는 것은 어불성설이라 할 수밖에 없다.

---

60) 박종화, 「봉구황」, 『문예』, 1953.2, 40쪽 참조.

■제4부. 인민군 치하의 삶과 생존의 방식

  한국전쟁은 전개 과정의 양상에 따라 대체로 다음과 같이 다섯 시기로 구분된다.[1]

    제1국면(1950년 6월 25일~1950년 9월 중순): 인민군 공세기
    제2국면(1950년 9월 중순~1950년 11월 하순): 남한군 및 유엔군 공세기
    제3국면(1950년 11월 하순~1951년 1월 하순): 인민군 및 중공군의 반격기
    제4국면(1951년 2월~1951년 6월 하순): 유엔군의 재공세와 전선의 교착 및 휴전 모색기
    제5국면(1951년 7월~1953년 7월): 휴전 협상과 소모전기

  인민군 치하란 위의 제1국면과 제3국면의 인민군 공세기에 삼팔선 이남 지역이 일시적으로 그들의 지배체제가 된 상태를 말한다. 특히 개전

---

[1] 박명림, 「한국전쟁의 전개 과정」, 『한국전쟁 연구』, 태암, 1991; 한국정치연구회 정치사분과, 『한국전쟁의 이해』, 역사와 비평사, 1990; 브루스 커밍스·존 할리데이, 『한국전쟁의 전개 과정』, 태암, 1989 등 참조.

초 사흘만에 서울이 함락되었을 뿐 아니라, 당국도 전황을 사실대로 알려 주지 않고 서울 사수를 외치다가, 관이나 군경 등 일부 계층만 빠져나간 채 한강대교를 폭파함으로써 대부분의 시민들이 미처 피란할 틈도 없이 갇혀, 이후 9·28수복까지 만 3개월 간 온갖 박해와 수난 속에 지내지 않으면 안 되었다.

북한 인민군은 소위 남조선을 해방시키고 통일정부 수립을 획책하면서 남쪽으로 진격을 강행하는 한편, 점령지마다 보위부와 인민위원회를 복귀시켜 점령 정책의 모든 면을 관장·집행함으로써 급속히 그들의 체제로 전환시켜 나갔다. 이 과정에서 토지 개혁이란 미명 아래 현물세 강제 징수2)와 보국미 조달, 친이승만 세력 및 친일·친미분자의 색출과 처단, 각종 동원과 부역, 의용군 징발과 납치 등 갖가지의 만행을 저질렀다고 한다.

이와 같은 수난과 박해는 당시 인민군 치하 3개월 간 서울에 잔류했던 문인들에게도 예외일 수 없었다. 오히려 대중에게 드러난 이름 때문에 한층 더 이용·포섭 내지 납치의 대상이 되었고, 그만큼 수난도 더 컸음은 적치 3개월 간 그들의 행적이나 체험기3)를 통해서 쉽게 확인할 수 있다.

인민군 치하에서 살아남는 길은 대체로 두 가지의 방향이 있었다. 그 하나는 그들의 이념에 동조하고 협력하는 길이며, 다른 하나는 숨어 사는 길이다. 전자는 친공주의자는 물론이며 시세 편승적 기회주의자나

---

2) 송지영, 「赤禍 三月」, 『赤禍三朔 九人集』, 국제보도연맹, 1951, 62쪽 참조.
3) 인민군 치하에서의 체험기를 기록한 글로 모윤숙의 「천지가 지옥화」(『전시문학 독본』, 1951), 박영준의 「노예의 노동 생활」(〃), 양주동의 「共亂의 교훈」(『적화 삼삭 9인집』, 1951), 백철의 「사슬로 묶여서 3개월」(〃), 최정희의 「난중일기에서」(〃), 송지영의 「적화 3월」(〃), 장덕조의 「내가 본 공산주의」(〃), 손소희의 「결심」(〃), 김광주의 「하누님을 찾는 아내」(『신천지』, 1951.1), 고희동의 「나의 체험기」(〃)·「수난기」(『문예』, 1950.12), 조연현의 「기아와 공포의 90일간」(『신천지』, 1951.1), 우승규의 「사선 방황기」(〃), 김동명의 「암흑에의 서설」(〃) 등 많은 글들이 보이는데, 대개 적 치하의 수난, 부역 혐의에 대한 변명 내지 반성적 의미를 담고 있다.

강압에 따라 불가피하게 선택한 경우를 생각해 볼 수 있고, 후자는 사회적으로 신분이 알려진 인사들이나 의용군 징집 대상자들의 유일한 신변보호책이었음을 짐작할 수 있다.

문인들 역시 인민군 치하에서 소위 부역을 한 경우와 지하 잠복한 경우의 두 부류로 나누어진다.4) 앞서 제2부에서『문예』전시판(1950.12)을 인용, 서술한 바 있듯이 지하 잠복했던 문인들로는 박종화 · 모윤숙 · 오종식 · 유치진 · 이하윤 · 장만영 · 김동리 · 조연현 · 최인욱 · 유동준 · 김광주 · 최태웅 · 박두진 · 강신재 · 방기환 · 설창수 · 임옥인 · 한무숙 등이 있다. 부역 피의자로 수감되었던 홍효민 · 전홍준 · 노천명 · 이인수 등과, 지하 잠복 문인 외의 백철 · 양주동 · 최정희 · 손소희 등과 같이 대다수의 문인들은 부역의 정도와 자의성의 차이는 있지만, 부역 문인이란 오명을 덮어 쓰지 않으면 안 되었다.

인민군 치하에서 문인들의 이와 같은 행적을 어떻게 설명할 것인가. 평상시라면 마땅히 존중되어야 할 개개인의 윤리나 도덕의식, 신념이나 세계관, 이념이나 국가관 등이 전시 그리고 인민군 치하라는 극한적 상황을 맞아 생명부지의 화급함에 밀려 얼마만큼 나약해지고 비참해질 수 있는가를 보여 주고 있는 것이다. 동시에 지식인들까지도 포함한 대다수 사람들이 상황에 굴복하고 마는 보통인의 인간적 한계를 증언하는 것이라 하겠다. 적치 서울에서 '문학가동맹'에 가입하여 부역했던 백철은 수복 후 당국에 의해 용서받고 난 뒤 쓴 참회의 글을 통해 다음과 같

---

4) 고은은 당시 잔류 작가들을 여섯 종류로 구별했다. 즉 김동인 · 김영랑처럼 병사하거나 폭사한 6 · 25 작고 작가, 이광수 · 김동환과 같은 피랍 작가, 모윤숙 · 김동리와 같은 지하 작가, 김팔봉과 같은 인민재판이나 어떤 제재를 받음으로써 극형 및 중형을 받은 영어(囹圄) 작가, 대부분의 작가를 망라해서 말할 수밖에 없는 문학가 동맹 출근으로 연명한 부동(浮動) 작가, 그리고 그런 소속으로부터 숨어서 동대문 시장의 장사꾼으로 변신한 조연현 · 이종환과 같은 준은신 작가 등이 그것이다. 이 가운데 지하 작가와 준은신 작가가 지하 잠복한 문인들이며 부동 작가가 소위 부역 문인들이다.
고은,『1950년대』, 청하, 1989, 63쪽 참조.

이 당시에 처했던 상황과 심경을 토로한 바 있다.

> 살어야 하겠다! 나는 사변에서만치 인간의 생명욕이 그처럼 강한 본능인 동시에 비굴한 것인 줄 느낀 일이 없다. 우선 살고 봐야 하겠다는 이 사는 일이 전제가 돼서 거의 수단을 불택(不擇)하는 파렴치한 요소가 이런 위급시엔 적나라하게 나타나는 것을 느낀 것이다.5)

이러한 비극은 비단 문인들에게만 주어진 것도 아니고 인민군에 의해 저질러진 것만도 아니다. 국군은 후퇴하면서 보도연맹 가입자,6) 좌익 체포자, 정치범 등을 내부의 혁명 세력을 근절시킨다는 명목 하에 무차별 처단했고, 수복 후에는 수복 지역의 부역자들을 동기나 경중을 따지지 않고 체포, 합당한 절차 없이 집단 학살했다. 결국 인민군 치하와 수복의 과정이 반복되면서 대부분의 민중들은 적군과 아군 모두로부터 살상과 그 보복 행위가 확대 · 재생산되면서 생명의 위협을 받아야 했던 것이다.

이처럼 함락과 수복, 재함락과 재수복 등으로 이어지는 전황 가운데 미처 피란을 가지 못하고 숨 막히는 인민군 치하에서의 삶과 살아남기 방식을 그린 소설들로는 박용구의 「칠면조」(『문예』, 1950.12), 최인욱의 「목숨」(『문예』, 1950.12), 염상섭의 「해방의 아침」(『신천지』, 1951.1)·「탐내는 하꼬방」(『신생공론』, 1951.7)·「홍염」(『자유세계』, 1952.7~1953.2)·「취우」(『조선일보』, 1952.7.18~1953.2.10), 김송의 「서울의 비가」(『전쟁과 소설』, 1951), 강신재의 「눈물」(『문예』, 1952.1), 황순원의 「학」(『신천지』, 1953.5), 장용학의 「찢어진 윤리학의 근본 문제」(『문예』, 1953.6), 최태응의 「삼인」(『자유세계』, 1953.7) 등의 작품들을 찾아볼 수가 있다.

---

5) 백철, 「사슬로 묶여서 3개월」, 앞의 책, 국제보도연맹, 25쪽.
6) 조성구, 「보도연맹 사건」, 『말』, 1988.12, 26쪽 참조.

많은 작가들이 인민군 치하의 극한적 삶을 체험한 것에 비하면, 이를 소재로 한 작품들은 위에 제시된 것처럼 그리 많지 않다는 사실을 발견할 수 있다. 이는 수복 직후 소위 잔류파와 도강파 사이에 사상의 문제로 비화되어 갈등과 분열의 발단이 되었을 뿐 아니라,[7] 적치하의 삶이란 곧 자신의 삶이었던 동시에, 외면적으로는 사상이나 이념 문제와 결부되어 있었으므로, 시기적으로 다루기에는 복잡하고도 미묘한 현실 문제가 가로놓여 있었던 탓이라고 판단된다.

1. 이데올로기와 생존의 문제

1) 기회주의적 이념 선택과 과잉적응

전쟁기의 소설 중에는 함락, 수복의 과정을 거치는 동안 인민군 치하의 서울을 배경으로 전황에 따라 재빨리 태도를 바꾸어 나가는, 즉 살아남기 위해서 도덕과 양심을 버리고 현실에 추수하는 부정적인 인간상을 부각시키고 있는 작품들이 있다.

앞서 살펴본 바와 같이 문인들 자신부터 적치의 땅에서 생명을 부지하기 위해 부역하기도 하고, 때로 숨어 지내기도 하면서 수난의 세월을 보내야 했던 터다. 백철과 양주동은 문맹에 가입, 출근했다.[8] 최정희도 남편 김동환과 어린 두 딸을 살리기 위해 문맹에 가입, 벽보를 붙이기 등의 부역을 했다.[9] 손소희 역시 그녀의 집 벽장 속에 김동리를 숨겨 주고 자신은 수복 후 부역 혐의로 구속되었으며[10] 열성적으로 가담했던 노천

---

7) 고은, 앞의 책, 117쪽.
8) 백철, 앞의 글; 양주동, 「共亂의 교훈」, 앞의 책, 국제보도연맹, 7쪽 참조.
9) 고은, 앞의 책, 68쪽 참조.
10) 위의 책, 125쪽 참조.

명도 구속 수감되었다. 한편 함락 직전까지 스피커를 들고 위무 방송을 하고 부상병 치료에 열심이던 모윤숙은 낯모르는 집을 전전하며 화를 모면했고11) 김광주와 조연현은 도강에 실패하고 되돌아와 잠복, 변신해 가며 연명했다.12) 그러면서 그들은 하루아침에 수도 서울이 붉은 인공기의 땅이 되는 것을 보았다.

> 전차길로 통하는 큰길로는 그 누덱이를 걸친 소위 인민군이란 것이 붉은기를 휘날리며 거러가고 동리 사람들은 언제 준비했는지 재빠르게 집집마다 붉은기를 세우고……. 내 동리에 살고 있던 사람들이, 태극기의 하늘 밑에서 어제밤까지 살고 있던 인간들이 붉은기를 휘날리며 인민군이란 거지 같은 군인들을 얼싸안고 박수를 보내다니!13)

인민군 치하가 되자 표변하는 인간과 거리의 모습이다. 그들 가운데에는 처음부터 해방전쟁을 기다렸던 친공주의자 내지 공산주의자들도 있었겠지만, 대부분은 살기 위해 부화뇌동했던 일반 시민들이었다. 그러나 힘없는 민중들만 그랬던 것이 아니라 사회 지도층 인사 역시 살아남기 위해서는 굴종하고 때로 이적 행위조차 서슴지 않았다.

> 날이 밝은 뒤에 넓이 바라보니 중앙청을 위시하야 가가호호에 날리는 것은 붉은 기빨뿐이다. 어찌하면 좋을지 죽어서 보고 듣지 아니하는 것이 제일이겠다는 생각도 소사난다. 전하는 보도를 들으면 군인, 명망가, 국회의원 등 수수모모가 인민공화국에 굴복 자수하여 대한민국의 비(非)를 들추어내고 인민공화국을 찬양하는 방송을 하는 등 애국 동지들을 잡아가고 무죄한 사람들을 죽이며 가진 악질 행위는 다 들 수가 없다.14)

---

11) 모윤숙, 「천지가 지옥화」, 김송 편, 『전시문학 독본』, 계몽사, 1951, 64~69쪽 참조.
12) 「암흑의 3개월」, 1951.1, 『신천지』, 김광주·조연현의 체험기 참조.
13) 김광주, 「하누님을 찾는 아내」, 『신천지』, 1951.1, 54쪽.
14) 고희동, 「수난기」, 『문예』, 1950.12, 60~61쪽.

당시 문총회장으로 대국민 선무활동을 하다가 때를 놓쳐 인민군 치하에 갇혀 버렸던 고희동의 「수난기」의 한 부분이다. 이웃을 팔고 친구를 밀고했으며, 사회의 지도층 인사들조차 자신이 속해 있던 이념과 체제까지도 부정해 가면서 목숨을 구걸했음을 일러준다. 불가항력적 상황, 혹은 굴욕의 시절이라고 치부하기에는 민족적 배반감과 인간적 실망감에 빠지지 않을 수 없음을 말하고 있다.

이와 같이 인민군 치하가 되자 재빨리 인공기를 달고, 국군에 의해 수복이 되자 태극기로 바꾸어 단다는 식의 기회주의적 이념 표변의 모습과 적극적 부역·밀고 등 과잉적응주의를 드러내고 있는 작품으로는 박용구의 「칠면조」, 염상섭의 「해방의 아침」, 강신재의 「눈물」 등이 있다.

박용구의 「칠면조」는 그 제목이 가리키는 바와 같이 시세時勢에 따라 재빨리 변신해 가는 기회주의적 인물을 그리고 있다.

주인공 원식은 인민군 치하가 되자 반장이 되어 이웃 사람들에게 의용군 지원을 적극 강요하는 등 그들의 앞잡이 노릇을 하다가, 수복 후에는 제일 먼저 동회 일을 보고, 또 반공청년단에 가입하여 남보다 열심히 참가하기도 하면서 칠면조와 같이 재빠르게 변신하는, 극히 기회주의적이고 과잉적응주의적인 인물이다. 그러면서 양심의 가책을 느끼는 일도 없다. 오히려 그와 같은 변신 즉 '묘리 있는 수단'으로 시절이 바뀌어도 무사하게 잘 살 수 있게 된다.

> 그러기에 괴뢰군이 와 있든 삼 개월 동안도 남들은 모다 먹기에 흡흡하고 의용군에 벌벌 떨 적에도 흰밥만 먹었고 집안에 편안히 있었든 것이다. 다행히 폭격도 안 받았고……. 국군이 들어오자 남편은 제일 먼점 동회에 나가서 일을 보았고, 오늘날 편안한 겨울을 마지하게 된 것이다.[15]

개인적 안위를 도모하기 위해 이웃을 희생시키는 이기주의에다 체제

---

15) 박용구, 「칠면조」, 『문예』, 1950.12, 103~104쪽.

의 변화에 따라 변신을 거듭하는 기회주의적이며 과잉적응주의적인 존재다. 그러나 작가는 원식과 같은 인물에 대하여 어느 정도의 비판적 시각을 가지고 있기는 하지만, 일방적으로 매도하려 들지는 않음으로 해서 당시의 특이한 존재가 아니라 현실적인 존재[16]임을 인정하고 있다 하겠다.

원식에 대한 비판적 내지 부정적 시각은 먼저 그에 대한 그의 아내의 불만 표출로부터 드러난다. 인민군 치하에서 그들의 앞잡이 노릇을 하다가 수복 후에는 누구보다 더 청년단 훈련에 열성을 보이며 표변하자 그의 아내는 이웃의 눈을 의식하고는 만류한다. 그녀에게는 적어도 이웃의 눈을 의식할 만한 정도의 양심과 도덕은 남아 있다. 그러나 비판자의 위치에 있지는 않다. 남편이 적극 부역을 했든, 청년단원이 되었건, '묘리 있는 수단'이라 믿으며 집안의 무사함에 안주한다. 원식이 과잉적응주의자라면, 그의 아내는 소극적인 순응주의자라 할 만하다.

그리고 원식의 이중성과 비열함은 이웃 김 서방과의 관계 속에서도 드러난다. 원식의 의용군 지원 강요에 못 이겨 평택으로 피란 가 있다가 수복 후 돌아온 이웃의 김 서방이 항의차 찾아온다. 하지만 원식은 때가 그랬다며 변명도 하고 손을 잡고서 고생했다며 회유도 한다. 요새는 미군 부대 통역으로 나간다며 거짓말로 위세를 부리기도 한다. 마침내 무식하고 우직한 김 서방은 원망 한마디 못하고 돌아선다. 여기에서 독자들은 김 서방에게서 당하기만 했던 일반 시민의 모습을 읽을 수 있고, 원식과 같이 상황에 따라 변신하며 일신의 안일만을 도모하는 극히 비인간적인 존재들도 확인하게 된다.

기회주의적 변신과 과잉적응주의적 태도를 그림에 있어 「칠면조」가 상황에서부터 비롯된 것이라면, 강신재의 「눈물」은 상황보다는 개인적인 한恨으로부터 비롯된 것이란 점에서 두 작품은 같은 문제를 두고 그

---

16) 조남현, 『한국 현대소설의 해부』, 문예출판사, 1993, 39쪽.

출발점은 사뭇 달리하고 있음을 볼 수 있다.

「눈물」은 무식하고 추한 외모 때문에 이웃으로부터 소외와 냉대를 받아 오던 주인공 송정화朱貞和가 인민군 치하가 되어 세상이 바뀌자, 생전 처음으로 그녀를 대접해 주는 인민군에게 맹종하다시피 부역하다가 오히려 그들에 의해 총살당하고 만다는 일종의 아이러니형의 작품이다. 송정화의 극단적인 부역 행위는 그녀를 모멸해 왔던 이웃들에 대한 개인적 해한解恨을 위한 보복 행위였다.

어렸을 때 입은 화상으로 흉한 추물이 된 송정화는 그것이 자신의 잘못이 아님에도 불구하고 사십여 평생 동안 모진 굴레가 되어, 가난과 냉대 속에 세살박이 아들 바우와 둘이서 하꼬방 문을 달아걸고 살아왔다. 6·25가 났을 때도 그렇다. 6월 27일 그녀 혼자만 빼놓고 이웃들 모두 피란길을 떠나 버린다. 그러나 인공 치하가 되자 전혀 다른 세상이 그녀에게 다가온다. 여느 때 동회 사람들 같으면 어림도 없는데 인민군들은 배급소 창고 문을 활짝 열어 놓고 하얀 쌀을 자루가 터지도록 나누어 준다. 그녀를 '여성 동무'라고 불러 주고 의견을 물어 보기도 하고, 들어주기도 한다. 생전 처음으로 인간 대접을 받아 본 그녀는 공산주의가 무엇인지 인공 세상이 무엇인지 모르지만 그들이 시키는 일이라면 맹종한다. 그래서 빨강 헝겊을 회초리에 비끌어 매어 하꼬방 문에 걸어 놓고, 동회나 여맹女盟의 모임에 열성적임은 물론 철물 회수·복구 공사·출동에 이웃을 동원시키고 스스로 앞장선다.

> 전출 문제가 일어났을 적에도 의용군 때문에도 송정화는 한가닥 날렸다. 떠나야 할 집에는 며칠 전부터 다니며 재촉을 하였고, 숨어 다니는 해당자는 눈치채는 대로 고해바쳤다. 점순네 복이네 그리고 움집 아들이 징용군에 나간 것은 순전히 그의 공로였다. 그는 실로 사십여 년만에 사는 보람을 느낄 수 있는 것이다.[17]

---

17) 강신재, 「눈물」, 『문예』, 1952.1, 133~134쪽.

이처럼 인공 치하에서 송정화가 열성적 부역자 내지 빨갱이가 된 것은 그녀가 공산주의에 경도되었다거나, 「칠면조」의 원식과 같이 상황에 따라 약삭빠르게 변신했다거나 한 것과는 전혀 다르다. 이념은커녕 여맹이나 동회 모임의 연설 내용조차 모르는 판무식꾼이다. 다만 열등감과 소외 의식으로 깊어진 한을 풀기 위해 자신을 대접해 주는 인민군들을 위해 맹신적 행동을 보였을 따름이다. 그러나 그들에게 적극 협력했던 송정화가 끝까지 그들로부터 보상을 받는 것은 아니다. 국군과 유엔군에 의해 서울이 수복되기 직전, 길거리에서 도망가던 어떤 청년을 '무슨 반동' 쯤으로 알고 끝까지 그를 잡아 주려고 하다가 오히려 인민군에 의해 함께 지하실로 끌려가 집단 사살당하고 만다.

이 소설에서 주인공의 행적은 시대와 역사의 문제를 비켜나 개인적 차원에서 시작된 문제이었기에 그의 잘못은, 비록 오해가 불러일으킨 죽음이었지만, 죽음으로써 응분의 대가를 치렀다고 말할 수 있다. 그러나 거기에는 개인 차원의 비극으로만 설명될 수 없는 요소도 담겨져 있다. 곧 핍박 속에서 살아가는 사람들은 작은 회유와 일시적 선심에도 이탈할 수 있다는 위험 요소에 대한 경계와, 공동체 삶에서 송정화와 같은 인물들을 우리들과 우리들의 사회적 구조 스스로가 만들어 가지는 않았는가를 되돌아보아야 한다는 점이다.

한편 염상섭의 「해방의 아침」은 보다 다양한 인물이 등장되어 인민군 치하의 삶을 다각적으로 보여주고 있는 작품이다.

작자 염상섭은 서울 돈암동 집에서 한국전쟁을 맞이하여 이후 소위 잔류 작가로 3개월간의 인민군 치하를 직접 체험하였다.[18] 그는 잘 알려진 대로 인간을 특정한 이념이나 의지를 담는 그릇으로 파악하는 것에 거부감을 가지고 중도적 시각[19]을 견지하면서, 삶의 본능과 일상성

---

18) 김종균, 『염상섭 연구』, 고려대출판부, 1974, 550쪽.
19) 김윤식, 『염상섭 연구』, 서울대출판부, 1989, 773쪽 참조.

을 대변한 작가로 파악되고 있다. 그러나 그도 전쟁을 겪으면서 일상이나 본능에만 집착할 수는 없었다. 수복 후에는 "인민군 치하에서 용하게 부지했던 목숨을 툭 털어 바치겠다"[20]는 각오를 가지고 54세의 많은 나이로 윤백남·이무영 등과 해군에 입대하여 간두에 선 국가 현실에 직접 뛰어 들기도 했던 것이다.

전쟁 발발 후 작가의 첫 작품인 「해방의 아침」은 그의 현실 참여가 말하듯 당대 현실과 이념의 문제가 직접적으로 취급되어 있는 작품이다.

이 소설에는 기회주의적 이념표변자 원숙 어머니, 반공주의자 인임의 가족, 중도주의적인 성실 부모 등 서로 다른 세 가지 성향의 인물들이 등장한다. 이들이 인공 치하와 수복을 거치는 동안 어떻게 서로 다른 태도와 행동을 가지고 대처해 나가는가를 극명하게 보여 준다.

원숙 어머니는 적치가 되자 피복 공장의 여성동맹 위원장이 되어 의용군 지원을 강요하고, 인임이조차 피복 공장에 몰아넣는 등 열성적으로 부역한다. 뿐만 아니라 공장 관리위원장과 짜고 쌀·광목·고무신·잿물·비누·담배 등속을 빼돌려 성실 어머니를 시켜 인임이네 문간방에 숨겨 놓는다. 그러면서 수복이 되자 제일 먼저 태극기를 내건다. 이렇듯 원숙 어머니는 기회주의적이고 부도덕한 인물이다.

한편 인임의 가족은 그 오빠가 청년단 간부로, 가택 수색을 염려해서 태워 버릴 것은 다 태워 버렸지만, 태극기만은 다락의 솜 보통이 속에 소중히 간직해 온 반공주의 가족이다. 인임이도 여성동맹이나 의용군 징집을 피해 어쩔 수 없이 피복 공장에 잠시 다녔을 뿐 늘 숨어서 지냈다.

수복이 되어 동회의 문패가 다시 내붙고 치안대가 들어앉으면서 그 첫날로 원숙 어머니가 잡혀 가고, 이튿날에는 성실이 부모도 붙들려 간다. 얼마 후 치안대원이 인임이네 집에도 몰려와 가택 수색 끝에 쌀 세

---

[20] 이무영, 「노병의 독백」, 유족 보관 원고, 1951.
신영덕, 「한국전쟁기 종군작가 연구」, 고려대 대학원 박사학위논문, 1993, 132쪽에서 재인용.

가마니, 광목 열일곱 통, 고무신, 잿물 등이 쏟아져 나오자 부역과 횡령 혐의로 부모가 붙잡혀 가고 만다. 원숙 어머니와 성실이 부모가 사실대로 말하지 않으면 뒤집어 쓸 판이다. 이에 인임은 자신도 데려가 달라고 하면서 부모를 따라 치안대에 가서, 원숙 어머니가 여맹 위원장으로 빨갱이 짓을 했을 뿐 아니라 빼돌린 물건이라며, 그녀의 전력과 비행을 폭로하고 부모를 구해낸다.

원숙 어머니는 물론 이념 표변자요 기회주의자이며 부도덕한 인물이다. 성실의 부모는 그 성격이 분명하게 그려져 있지는 않지만, 원숙 어머니의 심부름을 한 것은 인공치하의 빈핍 속에 쌀말이나 얻을 수 있을까 했을 뿐, 원숙 어머니의 쪽도 인임이네 쪽도 아니다. 반면 인임은 원숙 어머니의 반대쪽에 서 있으며 이념적으로도 분명한 인물이다. 이에 비해 그 부모의 경우는 반공주의 쪽에 서 있기는 하지만 이념 지향적 인물이 아니라 인정 지향적 인물에 가깝다.

> "얘 지금판에 위원장 총살일 텐데, 싸줄 것까지는 없지마는, 그네를 위원장이었다는 말을 한 것은 네 입으루 사형선고를 하거나 다름없지 않으냐?"
> 하고 타일으니까, 인임이는 눈을 커닿게 뜨고 부친을 한참 바라보다가 한마디 하는 것이었다.
> "온 별 걱정을 다 하십니다. 그럼 저의를 살려주구, 우리가 대신 죽어두 좋을까요?"21)

소설 말미의 인임이가 부모를 구출해 돌아오는 길에 부녀가 나누는 대화다.

인임의 아버지는 원숙 어머니가 비록 빨갱이 짓을 했지만 이웃이라 생각하며 처벌받게 할 것까지는 없다고 생각한다. 반면 인임은 당찬 현실주의자다. 원숙 어머니의 비행과 기회주의적인 이중성 또한 그녀의 의식

---

21) 염상섭, 「해방의 아침」, 『신천지』, 1951.1, 107쪽.

에 의해 비판되어 있다. 원숙의 집 문 앞에 어느 새 태극기가 걸려 있는 것을 보고는 "기旗 다는 보람도 없겠다"고 비아냥거린다. 또 어제까지도 많은 사람들이 들락거리던 문간이 하루아침에 조용해지자 "원숙 어머니가 환도라도 차고 빨치산으로 나갔을 것"이라며 비꼬기도 한다.

물론 현실이나 사리 판단에 있어 지나칠 정도로 당차고 분명하여 오히려 인임을 영악하도록 보이도록까지 만든 것은 얼마만큼 시대와 상황이 책임져야 할 일이다. 이 소설의 여러 인물들 중 '내년이라야 중학을 나올' 어린 나이의 인임에게 무게가 주어져 있는데, 이는 현실 문제에 대한 작가의 의식과 판단을 비춰 주는 것이라 하겠다.

이상의 작품들은 모두 인민군 치하의 부역자 문제를 다루고 있다. 특히 전황의 변화에 따라 기회주의적인 이념 표변의 모습과 과잉적응주의적 행동을 서슴지 않는 부정적인 인간상을 부각시키고 있다. 어쩌면 그러한 모습과 행동도, 이쪽과 저쪽을 타고 넘으며 생사를 맡겨야 했던, 전시에 살아남기 방식의 하나일지도 모른다. 그러나 이들 소설에서는 그것은 결코 살아남기 방식이 될 수 없음을, 잘 살아 남기 방식은 더 더욱 아님을 강조하고 있다.

양주동은 적치의 체험을 바탕으로 소위 빨갱이의 유형을 다음과 같이 구분하였다.

(1) 본질적인 빨갱이 : 같은 한인(韓人)이나 속은 완전히 슬라브화한 사이비 한인
(2) 일시적인 부분적 빨갱이
ㄱ) 일시적 피현혹자 : 일시 사상에 현혹되었거나 막연한 호기심을 품었던 자(지식층의 다수, 자유주의 좌파)
ㄴ) 기회주의적 빨갱이
  a. 약지파(弱志派) : 신념이 박약하여 시세에 따라 가는 자(지식층의 거반, 민중의 일부)
  b. 악질파 : 시세에 편승하여 세력을 도모코자 급적급백(急赤急白)하는

자(적침 중 좌익기관 층에 종속하였던 자)
　ㄷ) 선전에 일시 속았던 자(지식층의 일부, 민중의 대다수)
　ㄹ) 피협제(被脅制)로 부득이 일시 표면적으로 빨갱이적 행동을 한 자
　　　(민중의 일부, 문화인의 소수)[22]

　이처럼 비교적 상세히 구분하고 있고 또 그 정도에 따라 적절한 대중요법적 대응 방안도 제시하고 있다. 이에 따르면 「칠면조」의 원식, 「눈물」의 송정화, 「해방의 아침」의 원숙 어머니는 모두 토멸討滅만이 있을 뿐인 본질적인 빨갱이는 아니다. 일시적인 부분적 빨갱이 중 기회주의적 빨갱이로 악질파에 속한다. 이들처럼 "시세에 편승하여 급적급백하는 악질파 빨갱이는 비록 일시적일망정 가증성可憎性과 위험성이 본질적인 빨갱이 다음가는 것으로 선도냐 토멸이냐에 신중을 기해야 한다"[23]고 했다.

　원식은 당장은 무사할지도 모른다. 그러나 그의 아내와 이웃으로부터 진정으로 살아남기는 어려울 것이다. 송정화는 그가 협력했던 편에 의해 총살당했고, 원숙 어머니에게는 가혹한 형벌이 기다리고 있다. 결국 기회주의자는 그 기회주의적 약삭빠름 때문에 어느 쪽에도 설 수 없다는 것을 보여 주고 있다.

2) 이념 대립의 무위성과 동족의식

　이념의 대립 문제는 한국 현대소설에서 끊임없이 추구되어 왔다고 볼 수 있다. 개화기소설에서는 진보 이념과 보수 이념 사이의 갈등 관계가 제시된 바 있고, 1920년대 소설에서는 사회주의 이념을 중심으로 한 여러 갈래의 갈등이 부상되기도 했다. 그리고 일제시대를 통틀어 민족주

---

22) 양주동, 「공란(共亂)의 교훈」, 앞의 책, 11~13쪽 참조.
23) 위의 글, 15쪽.

의 이념은, 직접적 표출은 사실상 불가능했지만, 다른 모습으로 외세나 반민족적 파당과의 긴장 관계를 지속했던 것이다.

해방 직후 사회적 혼란상은 이념의 갈등과 대립의 차원에서 파악될 수 있다. 항일세력과 부일세력의 대립에서부터 정파 간의 대립, 친일민족반역자의 처단 문제에 대한 시각차, 토지개혁 문제, 신탁통치 문제, 단독정부 수립 등으로 이어지는 좌우의 이념적 대립이 서로 맞물려 돌아가며 사회적 혼란을 겪어 왔음은 주지의 사실이다. 그러나 1948년 남북한 각기 서로 다른 이념과 체제의 단독 정부가 수립됨으로써 이념상 적 아니면 동지로 양분되었다. 그리고 한국전쟁은 그 이념의 충돌이며 민주주의 철학의 승리이냐, 공산주의 철학의 승리이냐를 판가름하는 것이[24]라고 보았다. 그리고 일제 치하, 해방기, 한국전쟁 등 시대적 격동기를 거치면서 민족공동체의식은 그 반대의 사고 혹은 세력들과 항상 마찰을 빚어 왔다. 일제나 여타 외세와의 충돌은 물론, 그 앞잡이가 되어 부와 권력을 누리고자 했던 무리들과의 갈등에서 항상 억압받고 패배해 왔지만, 오늘의 배달민족이 배달민족대로 있을 수 있음은 그 끈질긴 생명력 때문이었음을 우리는 안다.

해방 이후 표면화되기 시작한 좌우의 이데올로기 대립은 1948년 남북한 각기 서로 다른 이념이 지배하는 정부가 수립되기 전까지 격화일로의 양상을 보이다가 정부 수립 이후 양분되어 분명히 갈라서기 시작했다. 그러나 소설에서 취급된 이데올로기 갈등 문제는 흑백 논리만 지배했던 것이 아니라, 어느 정도의 공간은 확보되었다.

김동리의 「형제」(『백민』, 1949.3)는 형제간이 좌우로 나뉘어 대립·갈등을 겪지만 이념적 대립보다는 형제애 내지 인정주의 우선의 시각으로 그려져 있다. 염상섭의 「그 초기」(『백민』 1948.5)는 투쟁에 가담한 학생들의 피해에 초점이 맞추어져 있으며, 「재회」(『개벽』, 1948.8)에서

---

24) 이선근, 「이념의 승리」, 『문예』, 1950.12, 12~13쪽 참조.

는 좌우를 다 같이 비판적 시각으로 보고 있다. 그리고 임옥인의 「오빠」(『백민』, 1948.10)나 최태웅의 「슬픔과 고난의 영광」(『문예』, 1949.8), 조진대의 「생리의 승화」(『문예』, 1950), 전영택의 「새봄의 노래」(『문예』, 1950.3) 등은 대립을 통한 어느 한쪽의 파멸보다는 전향 모티프를 담고 있다. 그렇다 하더라도 모두 우익 편향의 작가들이었던 만큼 그 시각을 벗어나지 않고 있음은 물론이지만, 전쟁기 소설의 경우와 같이 그토록 경직되지는 않았던 것이다.

전쟁기의 소설 중 6·25가 제기한 이념 문제의 수용 양상에 따라 대별하면 크게 다음 세 가지로 구분된다.

첫째, 이데올로기의 극한적인 대립을 보여주는 가운데 공산주의 이념의 허구성과 폭력성을 드러내고, 공산주의 이념 선택자의 파멸이나 전향의 과정을 그림으로써 반공의식을 고취하고자 하는 경우. 여기에는 6·25가 이념 전쟁이라는 기본적인 시각이 깔려 있으며 앞서 논의한 「암야」·「폭풍」·「빨치산」 등이 그 예에 속한다.

둘째, 이념 선택이 극한적 상황에서 살아남기 방식의 하나임을 보여주는 경우. 여기에는 시세편승자·기회주의자들의 부정적인 모습이 비판적으로 그려져 있으며 대개 파멸의 길을 걷게 되는데 이 역시 반공이라는 목적의식이 드리워져 있다. 「칠면조」나 「해방의 아침」이 그러함을 보았다.

셋째, 이념의 상위성相違性에 따른 극한적인 대립상을 다루기보다는 이념의 폭력성과 무차별성에 의해 이념 선택과는 무관한 순박한 민중들 개개인이 희생되어 가는 양태를 통해 이념의 폭력성과 전쟁에 대한 비판 의식을 드러낸다.[25]

급진적이거나 보수적, 또는 공식적이거나 비공식적이거나 간에 모든

---

25) 차원현, 「1950년대 한국소설의 분단 인식」, 문학사와 비평연구회 편, 『1950년대 문학 연구』, 예하, 1991, 120쪽 참조.

이데올로기는 다른 이데올로기와 경쟁하게 되고, 각기 사회에 대한 지배권을 추구하기 때문에[26] 통제의 요소가 되기도 한다. 이러한 이데올로기 문제는 지배자나 지식 계층이 주체가 되어 행사되는 것이고, 민중이나 무지한 사람들에게는 대개 본인의 의지와는 무관하게 통제적 폭력적 요소로 작용하는 경우가 많다.

이와 같은 이념의 속성을 바탕으로, 위의 셋째 유형처럼 희생되어 가는 개인의 모습을 통해 이념 전쟁의 폭력성과 부당성을 드러내면서, 동족의식을 회복해 가는 과정을 그리고 있는 작품으로 황순원의 「학」과 최태응의 「삼인」 등이 있다.

「학」은 발표 당시부터 상당한 주목과 호평을 받아 온 작품이다. 곽종원이 역사적 현실에서 취재를 했고 또한 현실에 결부되는 작품이면서 따뜻한 인간의 정이 통해 있는 작품[27]이라고 평했던 것처럼, 이 소설은 자칫 거칠고 무거워지기 쉬운 이념과 부역의 문제를 다루고 있으나, 인정과 동심을 바탕으로 한 서정적 낭만성이 깊게 배어 있어 곱고 따뜻한 느낌을 준다. 곱고 따뜻하다는 말은 문학 작품 그 자체로 미적 성취에는 어느 정도 기여할지 몰라도, 인생과 현실을 문제 삼는 서사 장르로서의 소설이 시대와 역사를 잘못 채색할 우려 또한 크다. 곧 리얼리티의 문제가 불거져 나올 수 있다는 말이 된다. 바로 이 작품은 그러한 의미에서 미적 가치로 호평을 받을 수도 있고, 진실 문제로 비판받을 수도 있는 양면적 가치 함량을 동시에 지니고 있다.

이 소설은 수복 후의 삼팔선 접경 어느 북쪽 마을을 배경으로 인공 치하의 삶과 수복 후의 사건이 연속적으로 취급되어 있다.

주인 없는 집 봉당에 흰 박통만이 흰 박통을 의지하고 굴러 있었다.

---

[26] 서사연 옮김, 길버트 아브카리안·몬테 팔머, 『갈등의 사회 이론』, 학문과 사상사, 1985, 239쪽.
[27] 곽종원, 「상반기 작단 총평」, 『문예』, 1953.9, 156쪽.

>   어쩌다 만나는 늙은이는 담뱃대부터 돌린다. 아이들은 또 아이들대로 멀찌감치서 미리 길을 비켰다. 모두 겁에 질린 얼굴들이었다.[28]

소설 첫머리의 배경이다.

순박했던 농민들도 이편과 저편, 그 이념과 이념 사이에서 얼마나 감정의 골이 깊어지고 그늘졌던가를 보여 준다.

치안대원 성삼이가 전쟁으로 피란 갔다가 수복되어 귀향해 보니 인민군 치하에서 농민동맹 부위원장 행세를 했던 어릴 적 한 마을 친구 덕재가 포승에 묶여 청단까지 호송될 위기에 놓여 있음을 보게 된다. 성삼은 호송을 자처하고 데리고 간다. 여기서부터 그 결말은 어느 정도 예고된다.

고향의 낯익은 길을 걸어가면서 지금은 적대 관계이지만, 본시 친구였던 그들은 쉽게 어린 시절—거기에는 이념도 없었고 이해 관계도 없었다—로 되돌아 갈 수 있었다. 동구 밖을 벗어나면서 담배를 피워 문 성삼은 어릴 때 호박잎 담배를 피우던 생각을 하고 '이 자식도 담배 피우고 싶겠지' 하는 생각에 피워 물던 담배를 집어던진다. 함께 밤을 서리하러 갔다가 들켜 도망가던 일, 밤송이에 찔렸을 때 덕재가 가시를 빼 주고 밤까지 나누어 주던 일 등 더불어 넘나들던 고갯길을 걸어가며 동심의 세계이자 동질성의 세계를 회복해 간다.

>   성삼이는 와락 저도 모를 화가 치밀어 고함을 질렀다.
>   —이 자식아, 그동안 사람을 몇이나 쥐겠냐?
>   그제야 덕재가 힐끗 이쪽을 치어다보더니 다시 고개를 거둔다.
>   —이 자식아, 사람 몇이나 쥐겠어?
>   덕재가 다시 고개를 이리로 돌린다. 그리고는 성삼의 쪽을 쏘아본다. 그 눈이 점점 빛을 더해가며, 제법 수염발 잡힌 입 언저리가 실룩거리더니

---

28) 황순원, 「학」, 『신천지』, 1953.5, 283쪽.

―그래 너는 사람을 그렇게 쥐게 봤니?
　　이 자식이! 그러면서도 성삼이의 가슴 한복판이 확 해짐을 느낀다. 막혔던 무엇이 풀려내리듯이. 그러나,
　　―농민동맹 부위원장쯤 지낸 놈이 왜 피하지 않구 있었어? 필시 무슨 사명을 띠구 잠복해 있은 거지?
　　덕재는 말이 없다.
　　―바른대루 말해라! 무슨 사명을 띠구 숨어 있었어?
　　그냥 덕재는 잠잠히 걷기만 한다. 역시 이 자식 속이 꿀리는 모양이구나. 이런 때 한 번 낯짝을 봤으면 좋겠는데 외면한 채 다시는 고개를 얼씬도 않는다.
　　―발명은 소용없다. 영락없이 넌 총살감이니까. 그저 여기서 바른대루 말이나 해 봐!
　　덕재는 외면한 채
　　―발명은 할려구두 않는다. 내가 제일 빈농 자식인데다가 근농꾼이라구 해서 농민동맹 부위원장 됐든 게 죽을 죄라면 하는 수 없는 거구…… 나는 예나 이제나 땅 파먹는 재주밖에 없는 사람이다…….29)

　덕재가 농민동맹 부위원장이 되어 부역한 것은, 병든 부친과 농토에 대한 애착 때문에 피란 갈 수 없었던 것으로 상황에 휘둘린 탓일 뿐 덕재는 덕재 그대로 있다. 혼자 피란을 가기는 했지만 촌락을 지나칠 때마다 두고 온 늙은 부모와 농사일 생각을 했던 성삼은 덕재가 처한 상황과 심정을 이해하기에 이른다.
　고개를 다 내려온 그들은 삼팔 완충지대에 서 있는 학 떼를 발견한다. 어릴 때 학을 잡아 놓고 같이 놀다가 사냥꾼이 나타나자, 날려 보내 주었던 그들은 결정적인 동질성 회복과 화해의 계기를 닺이한다. 성삼은 포승을 풀어 주며 학 사냥 한 번 하고 가자고 한다. 어리둥절하게 서 있던 덕재는 성삼의 재촉에 무엇인가를 깨달은 듯 학이 있는 쪽으로 기어가고, 때마침 단정학 한 마리가 하늘을 날아간다.

---

29) 위의 작품, 285쪽.

학은 문학적으로 정의·장수·선량함·근면한 영혼 등을 상징한다30)고 한다. 이 소설에서는 흰옷 입은 사람, 곧 한민족과, 삼팔선 접경 지역의 이쪽과 저쪽을 거리낌 없이 넘나드는 자유와 평화를 의미하고 있다. 그것이 황순원의 학이자 작가 의지의 표상이다.

이 소설에서는 극단적 대립과 분열상을 보이고 있는 현재를 부정한다. 그리고 과거를 반추하며 그 속에서 순수성과 진실성 및 동질성을 찾아내어 대립과 분열을 해소하고 있다. 그러나 그것은 단지 이상일 뿐이다. 현실을 객관적으로 냉철하게 살피지 못하고 작가 자신의 이상적 미망에 갇혀 있다. 대량 학살과 보복전의 연속이었던 6·25의 현실을 생각하면 어림도 없이 소박하고 낭만적인 감상31)이다. 그렇다 하더라도 이념의 무위성無爲性이 전제된 동질성과 순수성 회복, 나아가 전쟁과 이념을 초월하는 휴머니티에는 작가뿐만 아니라 이 땅의 많은 사람들의 간절한 소망이 담겨져 있는 것이라 하겠다.

「삼인(三人)」은 군포장에서 수원으로 가는 길에 있는 도장굴이라는 조그마한 촌락을 배경으로, 전쟁 발발 후 9월 말 수복 때까지 인민군 치하의 이 마을로 피란 온 세 사람의 이야기를 그리고 있다. 사변이 나자 서울 어느 여학교에 다니다가 고향으로 피신해 온 인숙, 외삼촌댁이 있는 이곳으로 피란 온 인천 상업학교 졸업반 김봉구, 그리고 아무 연고도 없이 찾아온 상거지 등 세 사람이 인민군 치하에서 서로 돕고 의지하며 견뎌 낸다는 이야기다.

그 과정에서 거지의 행동과 의식을 통해 괴뢰군에 대한 적개심을 드러내기도 하고, 우익 인물 봉구와 인숙을 위기로부터 구출함으로써 동족의식을 드러내기도 한다. 이렇듯 초점이 거지에게 맞추어져 있는데, 거지로 위장하고 이 마을로 피신 온 그가 민족주의적인 우익 인물이라는 사

---

30) 이승훈 편,『문학상징사전』, 고려원, 1995, 514쪽.
31) 한점돌,「전후소설의 현실 인식」, 구인환 외,『한국 전후문학 연구』, 삼지원, 1995, 121~122쪽.

실 외에 어떤 인물인지 잘 알 수는 없다. 인민군 치하 서울에서 장사꾼으로 위장했던 조연현과 같이 혹 거지로 위장하고 피신해야 할 만한 사정이 있는 인물인지도 모른다. 그러나 거지로 위장한 것은 개인의 생존 방법은 될 수 있을지언정 전시하의 국민으로서, 더욱 이 작품 곳곳에서 암시된 바와 같이 지식인으로서 적극적인 현실 대응의 방법은 될 수 없다. 그리고 그가 나타내 보이는 민족의식이나 괴뢰군에 대한 적개심은 숨어 있는 의식의 상태이거나 소극적으로 내비치는 정도에 그치고 있다.

「학」이 이념의 무위성을 말하고 동족의식을 회복해 가는 이야기라면, 「삼인」은 동족의식을 통한 결속이 극한 상황을 극복해 가는 길임을 보여 주는 이야기라 하겠다.

2. 인민군 치하 삶의 두 가지 표정

1) 절망감과 패배의식

북한의 전쟁 목적은 남한을 군사적으로 신속히 점령하고 외부의 지원을 차단함으로써 공산 세력이 주도하는 통일정부를 한반도에 수립한다는 것이었다. 치밀한 전쟁 준비에 따른 군사력의 우위로 개전 초에 막대한 전과를 올렸음은 잘 알고 있는 사실이다. 서울 함락, 한강 방어선 돌파, 계속 남쪽으로 재조정되는 전선 등으로 전쟁 제1기 동안의 상황은 북한의 전쟁 목표가 거의 달성될 뻔했던[32] 위기였다.

절대 불리했던 전쟁의 상황 속에 임시 수도를 거듭 남쪽으로 옮겨야 했던 정치 지도자나, 막대한 희생을 내면서 후퇴했던 전선의 군인들이나, 일반 국민들 모두가 전쟁의 공포와 절망감에 휩싸여 있었을 것임은

---

32) 온창일, 「한국전쟁의 양면성」, 김철범 편, 『한국전쟁을 보는 시각』, 1990, 349쪽 참조.

불문가지의 일이다. 그 가운데에도 인민군 치하에서의 절망감과 패배의식은 한층 더 심대했을 것이다.

 이와 같은 극한적 상황 속에서 절망감 또는 패배의식으로 자살을 한다든가 내면적 분열을 일으키는 모습을 그리고 있는 소설로 최인욱의 「목숨」, 김송의 「서울의 비가」, 장용학의 「찢어진 윤리학의 근본 문제」 등을 꼽을 수 있다. 이들 작품은 모두 인민군 치하의 서울을 배경으로 하고 있는데, 「목숨」과 「서울의 비가」는 절망감과 패배의식을 극복하지 못하고 자살하는 경우를 보여 주고 있는가 하면, 「찢어진 윤리학의 근본 문제」는 한 지식인의 심리적 분열상을 그리고 있다.

 「목숨」에서는 한 의사가 6·25 직후 미처 피란을 가지 못했다가 적치의 세상이 되자 절망감과 패배의식에 사로잡혀 결국 자살하고 만다는 이야기를 들려주고 있다.

 이 작품에는 6·25가 나던 날부터 수복될 때까지가 서술되는 시간(erzählte Zeit)으로 잡혀져 있지만, 주로 6월 28일 서울 함락될 때까지의 상황이 비교적 소상하고도 사실적으로 그려져 있다.

 한강로의 K병원 원장 조병기는 전쟁 발발 이후 각종 보도와 소문을 통해 전황의 추이를 살펴 가면서 피란을 가야 할 것인지 말 것인지를 결정을 하지 못하는 사이에 하루 이틀의 시간이 지나가 버린다. 그러는 동안에 군수물자를 실은 트럭이 바삐 오가고, 상점에는 매점매석으로 생필품이 바닥나고, 개성이나 의정부로부터 피란민의 물결이 밀려오며, 총포탄의 소리는 점점 가까워진다. 27일 밤, 육군 중위인 둘째 아들 창기가 트럭을 구해 가지고 와서 군軍도 결국 서울을 내놓게 되었다며 피란하기를 종용했을 때도 조 원장은 집안일은 걱정 말고 나라 위해 싸우라며 돌려보낸다. 사태가 더욱 급박해지자, 뒤에 큰아들이 있는 대전서 합류하기로 하고서는, 아내와 며느리 그리고 손자만 먼저 보내고 조 원장 혼자 집에 남는다. 사태를 좀 더 지켜보다가 피란하기로 마음먹고 트

렁크에 필요한 의료 도구와 약품을 챙기는 동안 지척에 포탄이 떨어지자 마침내 피란길에 오른다. 28일 새벽 2시 30분, 그러나 조 원장은 끊어진 한강다리에 되밀려 오는 다른 피란민들과 함께 집으로 되돌아오지 않을 수 없다.

6월 28일 아침, 날이 밝았다.

> 그러나 원통하게도 밤새 서울은 적의 수중으로 돌아가고 말았다. 비 개인 거리에는 따발총을 멘 붉은 군대가 제멋대로 쏘다니고 어디서 왔는지도 모를 낯선 청년 몇이 골목으로 다니면서 집집마다 대문을 두드리며 인공기를 달라고 소리소리 질렀다.
> …(중략)…
> 이것이 모다 불과 몇 시간 전의 일인데 목전의 현실은 자기가 지레 죽지 않으려면 인공기를 달아야 하는 굴욕의 세상으로 변해 버렸다.[33]

마침내 조 원장은 극도의 굴욕감·절망감·패배의식으로 약장의 약병을 끄집어낸다.

주인공 조병기가 미처 피란을 가지 못하고 서울에 갇혀 굴욕감과 절망감을 극복하지 못하고 자살하기까지에는 대체로 네 가지 정도의 이유를 짚어 볼 수 있다. 그리고 거기에는 조 원장만의 문제가 아니라 실제로 당시의 많은 사람들에 해당되었던 문제였으며 작품의 주제와도 관련되는 것이기에 점검해 볼 필요가 있다.

첫째, 전황 즉 사태를 오관했다는 점이다. 조 원장은 여러 보도나 소문을 통해 얻은 정보 가운데 아군 부대 일부 해주 돌입, 소련함 한 척 격침, 맥아더 원수의 전쟁물자 수송 훈령 등 유리한 정보만 믿었다. 당시에 실제로 정부가 전황을 제대로 알려주지 않음으로 해서 많은 서울 시민들은 피란의 기회를 잃어버렸던 것이다. 정부가 "전황이 호전되고 있으니

---

[33] 최인욱,「목숨」,『문예』, 1950.12, 97쪽.

일반 시민은 절대 동요하지 말라"는 방송을 공보처 발표로 내보내자 서울 시민은 안도의 기운을 되찾는 듯했으나, 이것이 사실과는 다른 발표였다는 것을 알았을 때는 이미 피란하기조차 늦었던 것이다.[34] 전시에 작전상 전황을 사실대로 공지하지 못할 경우는 많이 있다. 그러나 대통령을 비롯하여 정부·국회·군본부 등이 남하하면서까지도 서울 사수를 외치며 생업에 종사하라고 종용함으로써, 결과적으로 많은 시민의 발을 묶어 적치의 고초를 겪게 한 사실에 관한 한 당국자의 무책임성과 과오를 묻지 않을 수 없는 일이었다.

둘째, 아들이 트럭을 구해 와 피란을 권유했을 때 거절하고 돌려보냄으로써 실기를 했다는 점이다. 이는 조 원장의 이기심을 뛰어넘는 공리주의 정신 내지 애국심의 발로로, 이 소설의 핵심 의미 중 하나이자 위기에 처한 국가 현실에 대한 작가의식의 표출인 것이다.

> 지금 조국의 운명이 최후의 일전에 달린 이 엄숙한 시각에 군부의 공용차를 일 개인의 사용에 돌려 가족과 살림을 실어 내다니, 생명도 귀하고 재산도 중하지만, 한 계단 초월해서 잠시 내드린 발을 멈추고 다시 한 번 냉정히 생각해야 할 일이었다.
> 안해가 고리짝을 들고 미닫이 밖으로 나가려는 순간 병기는 자리를 차고 일어나 그것을 도로 빼앗았다.
> "창기야! 너는 군인이다. 알겠니? 지금 곧 군부로 달려가서 최선을 다해 싸워라. 뒷일은 다 내 담당이다."[35]

물론 조 원장은 의식과 지각이 있는 지식인으로 그려져 있지만, 인용문에서 보듯 주제의식 탓에 작위적 모습이 크게 노출되어 있음도 볼 수 있다.

---

34) 장흥 편,『6·25사변사』, 서울 : 육본 군사감실, 1959, 75쪽.
35) 최인욱, 앞의 작품, 94쪽.

셋째, 그가 평생 쌓아 온 병원과 살림에 대한 애착 때문에 가족과 같이 선뜻 나서지 못하고 한강대교가 폭파되기 전 마지막 실기를 했다는 점이다. 이는 개인적인 문제지만 「학」에서 덕재가 농사일을 두고 피란갈 수 없었던 사정과 같은 것이다.

넷째, 결국 조 원장도 화급한 나머지 마지막 탈출을 시도하였으나 한강대교의 폭파로 물리적으로 피란길이 막혔다는 점이다. 한강 인도교와 철교가 폭파된 시간은 6월 28일 새벽 2시 30분이었다. 물론 적의 남진을 제지, 지연시키기 위한 것이었으나 아군과 민간인에게 준 피해 또한 엄청났다. 직접적으로 인도교 위의 차량과 폭사한 수백 명의 피란민의 희생은 물론, 서울 이북에서 적과 대치하고 있던 아군의 도하도 차단되었고, 그나마 도하에 성공한 군인들도 중화기는 고사하고 개인화기조차 휴대하지 못하여 재편성에 많은 시간이 소요되었음은 물론 전력상으로도 큰 손실을 가져왔다.36) 군의 사정이 이러했을진대 일반 시민의 도강 사정은 불문가지로, 이후 대다수의 시민들이 인민군 치하에서 신음했던 것이다. 적의 주력 부대가 시내 중심부에 들어온 시간은 28일 오후 3시경이었고, 진입 시 적은 대단한 도하 장비를 갖추지는 않은 것으로 알려져 있다. 따라서 한강대교는 6~8시간 뒤에 폭파했더라도 큰 문제는 없었던 것으로 판단되었다. 2시간 정도면 아군의 3개 사단의 병력과 장비는 철수가 가능했다37)고 한다. 또한 더 많은 시민들의 적치 수난도 덜어주었을 것임은 물론이다. 조 원장 역시 이러한 상황에서 그 많은 희생자 중의 한 사람인 것이다.

이 작품의 말미에서의 조 원장의 자살은 무엇을 의미하는가? 그것은 앞서 지적한 대로 극한적 상황을 맞아 굴욕감과 절망감 그리고 패배의식 때문에 선택한 길이다. 바꾸어 말하면 그와 같은 비굴함 속에 굳이 살

---

36) 전쟁기념사업회, 앞의 책, 180~182쪽 참조.
37) 위의 책, 182쪽.

고 싶지 않다는 일종의 절개의식이다.

　그러나 이때의 절개의식이 반드시 미덕인지는 음미해 보지 않을 수 없다. 즉 한 사람의 지식인으로 총체적 위기에 처한 국가 현실에 마주하여 옳은 대응 방법이었던가를 생각해 보지 않을 수 없다. 이념과 지조를 지키기 위해 없어지기보다는, 살아서 굴욕을 감수하더라도 지식인으로서, 의사로서 무엇인가 할 수 있는 일이 있었을 것이라는 아쉬움이 남기 때문이다.

　김송의 「서울의 비가」도 「목숨」과 마찬가지로 전쟁 발발 후 서울이 함락된 그 다음날까지의 5일간에 일어난 일로, 수도 서울이 함락되자 절망감과 패배의식으로 두 청년이 자결하고 만다는 이야기가 담겨져 있다.

　해방기에 공산주의 타도, 신탁통치 반대, 5·10선거 추진을 위한 좌익 계열과의 투쟁 등 청년운동의 선봉자였던 김형칠은 건축설계사로서 한 지식인 청년이다. 더욱 여자대학 출신의 명순과의 결혼 약속으로 꿈과 행복에 가득 차있었다. 그러나 전쟁으로 인해 이러한 개인의 미래는 여지없이 파괴된다.

　전쟁이 일어난 지 단 사흘만에 수도가 함락되어 인공 치하가 되는 과정을 그리는 가운데 주인공 형칠의 눈을 통해 급박했던 전황, 불법 남침한 공산군에 대한 적개심, 해방 후 혼란스러웠던 사회와 적절히 대응·수습하지 못했던 정치에 대한 비판의식, 수도 서울이 무너진다는 절망감 등이 부각되어 있다.

　이 소설은 전시와 관련된 주제의식, 즉 전시하의 목적의식이 짙게 담겨 있는 작품이다.

　그것은 첫째 반공 우익 청년 주인공의 의식을 통해 강한 적개심과 반공정신이 표출되어 있다. 서울 상공에 나타난 인공 마크를 단 적기를 보고는 "저놈을 덥석 채가는 귀신은 없는가?"라든가, 공산 세상이 되면 살육과 암흑의 정치가 횡행할 것이라는 절망감을 통해 적개심과 더불어,

공산주의 사회는 절대 불용이라는 의식을 드러낸다. 둘째, 초전에서의 대패와 수도 즉, 민족의 심장을 내주어야 할 위기에 처한 원인을 남한 내부에서 찾음으로써 반성적·비판적 의식을 드러내고 있다는 점이다. 곧 북한은 해방 후 물자 비축·무기 수입·군대 확충 등 전쟁 준비에 진력하고 있을 때, 남한은 정쟁과 권력 다툼, 모리 사업에만 열중해 왔던 탓에 당연한 결과라 본 것이다. 셋째, 진한 애국심의 표출이다. 서울이 함락되자 형칠은 남산에 올라가 인공 세상이 된 서울을 내려다보며 마지막으로 애국가를 부르고는 미리 준비해 두었던 청산가리로 자결한다.

이렇듯 이 작품은 주제에 대한 강박관념으로 작품을 이루는 다른 요소, 즉 인물의 형상화, 행동의 자연스러움과 인과성 등이 상대적으로 결손된 바 거친 모습을 보여주고 있다. 특히 소설의 마지막 부분에 전투 중 중상당한 군인이, 형칠의 시신 옆에서 태극기를 나무에 걸어 놓고 거수경례를 한 후, 권총 자살을 하는 장면은, 그것이 감동적이고 장엄한 느낌을 준다기보다는 의도가 지나치게 빤히 드러나 보이는, 돌출적으로 인서트insert된 에피소드에 불과하다는 느낌을 준다.

한편 「목숨」의 조 원장의 죽음은 현실 대응 방법으로서야 어떠하든 거기에는 절개의식이 배어 있는 것이라면, 형칠의 자결은 절망감이나 패배의식 이상의 것은 아니라는 점에서 같은 반열의 죽음으로 해석될 수는 없다. 형칠은 청년운동가의 선봉자였다는 전력으로 공산치하가 되면 여지없이 학살당할 것이라는 공포에 질려 있었다. 그리고 피란 갈 기회가 있었을 뿐 아니라 여동생과 약혼녀의 권유에도 불구하고 극한 상황을 타개해 보려는 의지보다는 어디에 가도 살 수 없을 것이라는 절망감에 싸여 있었다. 그러면서 약방에 들러 거짓말을 해 가면서 청산가리를 구입했던 것이다. 그럴 만한 여유라면 그의 동생 형순의 권유처럼 당장은 피란하여 후일을 도모해야 했던 것이다. 형순이가 현실적 사고와 태도를 보이는 인물이라면, 형칠은 비관적형의 인물·절망형의 인물이라 하겠다.

한편 장용학의 「찢어진 윤리학의 근본 문제」에는 인민군 치하에서 의용군 징집을 피해 숨어사는 한 지식인의 심리적 분열상이 그려져 있다. 제목이 시사하는 바와 같이 전쟁이라는 것은 인도人道가 무너져 내리는 것이며, 그 극한적 상황과 그 속에서 살아남기 위한 인간의 몸부림에는 제일 먼저 윤리나 도덕적 관념이 여지없이 파괴되어 간다는 점을 보여준다.

첫 작품 「희화」(『연합신문』, 1949.11.19) 발표 후 「지동설」(『문예』, 1950.5)과 「미련 소묘」(『문예』, 1952.1)로 등단한 장용학은 그의 관념적 탐닉이 인생에 대한 안이한 자세보다 오히려 값지다[38]는 긍정적 평가를 받기도 했고, 관념이 소설적 형상화로 녹아 들어 철학이나 사상으로 승화된 것이 아니라 생경한 용어와 난삽한 논리의 옷을 입은 채, 관념 그 자체로 드러나 있어 비소설적인 당혹감을 준다[39]는 비판을 받기도 했다.

이 작품에도 자의식의 독백, 관념적 어휘, 감탄부호의 남발, 시적 구절의 삽입 등으로 전후 신세대 작가로서의 새로운 면모가 드러나 보이기도 하고, 일제강점기에 일본어 교육을 받았던 탓에 어휘 선택이나 문장 구성상의 서툰 점이 내비치기도 한다. 그런 가운데에도 인민군 치하에서 생존과 자유를 갈구하는 한 개인의 심리를 그려 보임으로써, 자칫 목적의식으로 무겁고 거칠기 쉬운 대부분의 전쟁기 소설의 일반적 모습에 비해 유다른 발상과 기법을 보이고 있는 작품이라 할 수 있겠다.

소설 첫머리에서 적치의 절박한 삶을 다음과 같이 그리고 있다.

> 암울하였다. 국군이 이번에는 정말 들어올지도 모른다 하는 안타까운 희망이 골목골목에 퍼져 오를수록 한편으로 거리는 침울한 공기에 자주 덮이는 것이었다. 일시적인 생활, 하로하로 중단되었다가도 태양이 동천에 오르면 또 마지못해 어저께의 나머지에 오늘을 붙여 이어내는 그런 생

---

38) 조연현, 「자라나는 신인군」, 『신천지』, 1952.3, 129쪽.
39) 이정숙, 「코페르니쿠스적 전회와 관념의 소설화」, 구인환 외, 앞의 책, 1995, 260쪽.

활도 이젠 정말 그쳐 줄 것인가, 가슴이 울렁거려지는 것이었으나 시민들은 그날이 오기 전에 자기의 목숨이 사라져 버릴까 봐 구석만 찾았다. 한사코 여기까지 살아낸 목숨들이었다.40)

불확실성 속에 하루하루를 연장해 가는 삶의 모습이다. 그나마 간접적으로 전해 들은 일본 방송의 보도와, 남쪽으로부터 점점 가까워져 오는 포성에 실낱 같은 희망을 걸어 보게 된 것이다. 여기까지 오기에도 교사였던 상주尙柱는 자신의 내부로부터 윤리가 무너져 내리는 정신적 황폐감으로 뒤틀린 자화상을 발견하지 않으면 안 되었다.

적치가 되자 상주는 의용군 징발에 혈안이 된 이웃집 반장 아주머니의 눈을 피해 한강 저편으로 피신한다. 그러나 낯선 땅, 모진 인심에 '잡혀도 서울에 가 잡히자', '죽어도 집에 가서 죽자'는 자포자기적 심정으로 집에 돌아 와 어머니가 마련해 준 '관속' 같은 다다미 밑에서 숨어 지낸다. 하지만 집에는 상주의 제자 영애가 먼저 피신해 와 있다. 귀엽고 아름다운 모습에 스스로 놀라기도 하지만, 인민군 치하에서 숨어사는 형편에 커다란 짐이 아닐 수 없다. 의용군 징발을 위해 수시로 들락거리며 감시하는 반장 아주머니의 눈도 무섭고, 먹을 것이 없어 나물 캐러 다니는 어머니의 짐이 될 것이라는 생각도 한다. 그래서 상주는 영애에게 어디론지 나가라며 의도적으로 구박을 한다. 상주는 자신이 살기 위해 제자를 사지死地로 내몰고 있는 것이다. 상주는 스스로를 에고이스트라 자책하기도 하고, 남녀칠세부동석이라는 동양적 윤리를 내세우기도 하며 자기합리화에 골몰하기도 한다. 또 그의 비인간적·반윤리적 행위는 어머니의 짐을 덜기 위한 효행의 발로라는 위선적 사고를 보이기도 한다. 끝내 상주는 어머니로부터 "해방이 되면 산 속에 가 혼자 살아라"는 질책을 받게 되고, 부아를 이기지 못한 상주는 마침 퍼놓았던 L씨 저著

---

40) 장용학, 「찢어진 윤리학의 근본 문제」, 『문예』, 1953.6, 134쪽.

『윤리학의 근본 문제』를 찢어 팽개친다.

> 아! 자유없는 거리,/ 강아지도 거닐지 않았다./ 탄식과 공포와 그리고 이 외로움.// 신이 없는 세상/ 지령과 표어와 총칼의 뒷골목…… //[41]
>
> 집집마다 떨어진 고도(孤島)의 생활이고 땅바닥을 의지하는 혈거생활이었다. 지상의 주인공 바뀌어진 것이다. 인도(人道)가 없어지고 탄도(彈道)가 그물을 쳤다. "자유를 위하여 정의를 위하여 항구적 평화를 위하여……" 그러나 이런 소리가 들리지도 않는 고도의 동굴 속에서 사람들은 시시각각으로 동물로 동물로 돌아가고 있었다.[42]

전쟁 자체가 비인도적·반인륜적 행위의 극치이며, 표변하는 반장 아주머니에게도, 에고이스트가 된 주인공 자신에게도 인도와 인륜은 파괴되어 버린 것이다.

그러한 가운데에도 수복, 곧 해방이 되었다. 그렇지만 "태극기는 다시 펄펄 날리는데 책의 임자에게 무엇이라고 하나……" 하는 문제는 여전히 남는다. 온전한, 이전의 상태로 되돌려 줄 수 없는 찢어진 책이다. 전쟁이란, 적치의 삶이란 그런 것이며 결코 복구될 수 없는 상처로 남을 것이라는 이야기다.

적치의 삶과 생존의 방식을 그린 작품들이 대개 반공이라는 명분과 국민 계도라는 목적의식에 갇혀 문학성의 문제가 크든 작든 개재되어 있음에 비하여, 이 작품에 나타난 당대 지식인 청년의 자의식의 혼란상을 통해 전쟁의 극한 상황 속에서 자유와 평화를 갈구하는 한 개인의 심정을 솔직하게 드러낸 것이라 할 수 있다.

---

41) 위의 작품, 143쪽.
42) 위의 작품, 145쪽.

2) 전시와 일상성

한국전쟁을 수용하고 있는 전쟁기 소설의 표정은 비교적 단순하다고 할 수 있다. 전쟁의 비참상과 침략자에 대한 분노, 반공과 승전의식, 피란 생활의 고난과 삶의 본능 등 전쟁이 진행 중이었던 만큼 대상을 지근 至近 거리에서 체감할 수밖에 없었고, 따라서 시간적으로나 감정적으로 거리 확보가 불가능했던 것이다. 그러므로 대개 현실을 객관적 태도로 파악하여 그 역사적 의미를 추출해 보거나, 반성적 자세로 반전문학의 자리에까지 승화시키지 못하고 선명한 사상과 감정이 노출된 반공문학 내지는 애국문학의 상태에 머물고 있다.

반면 전쟁기의 소설로 적치하의 삶을 그리고 있는 작품 가운데는 전쟁 체험의 당사자로서 치밀어 오르는 감정을 그대로 표출하기보다는, 전쟁도 인간 삶의 행로에서 부딪히는 극히 드물고 돌발적이기는 하지만, 일과성一過性의 사건이라는 시각을 가지고, 일상의 지속성과 그것의 중요함을 보여 주는 작품이 있다. 즉 아무리 전쟁의 와중이라지만 밥은 먹어야 하고 잠은 자야 한다. 그리고 옷도 갈아입어야 할 것이며, 사람들의 만남에는 이해 관계가 형성되고, 그것을 지탱하는 것은 물질이다. 이러한 시선을 견지하고 있는 작품으로는 주로 염상섭의 소설 가운데에서 발견되는데 장편「취우」와「홍염」및 단편「탐내는 하꼬방」등이 그것이다.

「목숨」이나「서울의 비가」에서는 인민군 치하의 세상이 되자 절망감과 패배의식을 극복하지 못하고 스스로 파멸하는 경우를 보여 주는 경우라면, 위 작품들은 전쟁을 한 발 건너 바라보고 있는 경우라 하겠다. 그만큼 하나는 작가의 과잉 감정과 더불어 목적의식을 읽을 수 있고, 다른 하나에서는 지나치게 차분하여 상황을 외면하면서 나타내 보이는 이기적 개인주의 정신으로 비쳐지기도 한다. 그렇다고 후자의 작품들이 모두 목적의식으로부터 자유로울 수 있어 문학적으로 더 우수하다는 말로 바로 대치되는 것임은 물론 아니다.

「취우」는 그 동안 많이 논의되었던 작품으로 한강대교가 폭파되었던 1950년 9월 28일 밤부터 1·4후퇴 직전까지의 적치하의 삶을 그리고 있다. 전체가 20장으로 나뉘어져 있는데 제1장은 '절벽'으로, 28일 밤 전황이 급박해지자 한미무역회사 사장 김학수, 그의 여비서이자 첩인 30세의 강순제, 27세의 과장 신영식, 운전수 임씨, 조수 창길 등이 피란길에 올랐다가, 한강 인도교가 폭파되는 바람에 포기하고 도심으로 되돌아오는 데서부터 이야기는 시작된다. 여기에는 피란길이 막혀 버린 암담한 심경, 총격에 대피하는 모습, 허둥대는 인파 등 전쟁터의 급박함이 여실하게 그려져 있다. 서두 부분의 이러한 전황의 긴박감이나 참담한 심경도 잠시뿐, 2장 '숙명의 아침'부터 전쟁은 후경으로 물러서고, 일상적인 삶이 전면으로 나선다. 그들에게 전쟁은 하나의 소나기로 비치는 것[43]이다. 즉 잠시 피하면 그뿐인 것이다. 중요한 것은 연속되는 일상이다.

> 나는 이번 난리를 겪으면서 문득문득 머리에 떠오르는 것은 썰물같이 밀려가는 피란민의 떼를 담배를 피우며 손주새끼와 태연 무심히 바라보고 앉았는 그 노인의 얼굴과 강아지의 우두커니 섰는 꼴이다.
> 길 이편에는 소낙비가 쏟아지는데 마주 뵈는 건너편에서는 햇살이 쨍이 비추는 것을 부시게 바라보는 듯한 그런 느낌이다. 생각하면 이런 큰 환란을 만난 뒤에 우리의 생각과 감정에는 이와 같이 너무나 왕청 뛰게 얼룩이 진 것이 사실이다. 그 얼룩을 그려보려는 것이다.[44]

이와 같은 작가의 의도처럼 전쟁은 일상성을 비록 얼룩지게 했지만, 그 본질은 연속되는 것이라 본 것이다.

---

43) 김윤식·정호웅,『한국 소설사』, 예하, 1994, 322~323쪽 참조.
44) 염상섭,「작가의 말」,『조선일보』, 1952.7.11.

김학수 사장이 피란길에 제일 먼저 챙긴 것은 돈가방이며, 되돌아와 신영식의 집으로 피신해 숨어 살 때에도 가장 먼저 한 일은 방구들을 뜯고 돈을 안전하게 감추는 일이었다.

> 이만하면 자기 집 금고 속에 넣어 두는 것보다도 더 안전하다고 한숨 휘 돌리며 영감은 자리에 기대어 쓰러졌다. 한미무역의 전 재산과 김학수의 일대의 천량을 자리 밑에 깔고 누운 것이었다.[45]

위기에 직면해 있는 급박한 상황에서도 인간의 이기심과 물욕은 여전한 것이다. 이러한 면은 김학수뿐만이 아니다. 결혼했던 여자로 신영식과 사랑을 나누면서도 김학수의 첩노릇을 지속하는 것은 돈에 대한 욕구 충족이 주요 이유다. 운전수 임 씨 또한 혼란의 와중에 자동차로 한 몫 보고자 하며, 회사 직원들도 밀린 월급과 퇴직금을 받으려고 농성하고, 경리과장도 사장이 돈을 쓸어 가 버려 없다고 하며 횡령한다.

물질은 인간의 삶을 지탱시켜 주는 커다란 힘이다. 그만큼 물질적 충족을 위해 사람들은 많은 시간과 노력을 기울인다. 그것이 삶의 큰 줄기라는 시각을 작가 염상섭은 일찍부터, 예를 들면 「삼대」의 조 의관 같은 인물을 통해 잘 보여 주었으며, 이후 줄기차게 추구해 왔던 터다. 비교적 전시의식을 분명히 하고 있는 「해방의 아침」에도 친공주의자든 반공주의자든 공통적 행위는 물질을 좇아다니는 일이었다. 열쇠 꾸러미로 대변되는 조 의관과, 보스톤백을 목숨처럼 여기는 김학수는 다른 환경과 시대의 같은 인물이다.

또 다른 일상성은 애정 유희다. 좌익운동을 하던 남편이 월북하자 순제는 사장의 첩으로 있으면서 물질적 욕구가 어느 정도 채워지자, 연하의 총각인 영식에게서 애욕의 본능을 채우고자 한다. 김학수는 순제와

---

[45] 염상섭, 「취우」, 『염상섭 선집』, 어문각, 1981, 19쪽.

영식이 붙어 다니는 것에 대해 질투하고, 영식은 순제에 대하여 싫지 않은 감정을 가지고 육체관계까지 맺으면서도 피란 간 약혼자 정명신에 대한 의리도 생각하며 삼각관계에 빠진다. 어떻게 보면 전쟁과 숨바꼭질하면서 애정 유희에 빠져 있다는 느낌이 들기도 한다.

"신 선생마저 놓쳤더라면 어절 뻔했을꾸!"
순제는 또 이런 소리를 하며 웃음이 어린 눈을 살짝 치떠 보인다. 영식이는 픽 웃기만 하였다.
"자아 인젠 전적 시찰이나 가십시다요."
순제는 피곤한 빛도 없이 여전히 기분이 좋았다.46)

두 남녀는 적 안에 든 서울 거리를 구경하러 가자고 한다. 그들에게 있어 전쟁은 자신들의 공간으로 인식하지 않고 있으며, 체험되는 것이 아니라 관찰의 대상일 뿐이다. 그러기에 맥주를 마시고, 목욕을 하고, 갈아 입을 옷에 관심을 가진다.

물론 이 소설에는 이러한 이야기로만 짜여진 것은 아니다. 3년 전에 좌익 운동을 하다가 평양으로 간 남편 장진이 적치의 서울에 나타나 따라 나설 것을 종용하자 순제는 "철의 장막을 뚫고 들어갈 재주도 없고 용기도 없으며, 자유를 등지고서까지 아내가 될 수도 없다"47)며 단호히 공산주의자와 그 사상을 거부한다. 서울에 입성한 인민군에 대한 묘사에서도 그런 점은 잘 나타나 있다.

그리고 이기심으로 개인적 치부와 애욕에 파묻혀 있던 김학수 사장이 납치되어 끝까지 행방불명 처리됨으로써 작가의 윤리의식이 암시되기도 한다. 이런 점에서 이 작품이 비록 일상성의 연속성과 중요성이 주조를 이루고 있다 하더라도, 해방공간의 좌우익 이데올로기의 대결 속에

---

46) 위의 작품, 30쪽.
47) 위의 작품, 75쪽.

엄정 중립을 고수하고자 했던 작가 염상섭의 가치중립적 세계관과 현실에 대한 냉소주의적 태도가 결집된 작품이라는 평가[48]나, 완강한 보수의식의 산물[49]이라는 평가는 재고되어야 할 것이다. 이는 해방공간에서는 좌익이나 우익 혹은 중간파적 존재가 가능했지만, 전시에는 남한 쪽에 어디에도 중간파라는 것 자체가 존립할 수도 없었을 뿐 아니라,[50] 염상섭은 김윤식의 지적대로의 '엄정 중도주의자'는 본시 아니었기 때문이다. 이 작품에는 역사적·사회적 인식 및 이데올로기에 대한 인식 등이 일상성이 강조되면서 위축되어 있을 뿐[51] 그 근저를 부정하거나 배제하지는 않는다. 이는 전시에 현역 복무를 자원했던 그의 행적 하나만 보아도 쉽게 증명되는 부분이다.

「홍염」 역시 서울을 배경으로 전쟁 발발 후 수복 전까지 인민군 치하의 삶을 그리고 있는데, 「취우」에 비해 세간의 주목을 거의 받지 못했던 작품이다. 이는 「취우」가 전쟁 전의 작품 「난류」(『조선일보』, 1950.2.10~1950.6.25)와 전후의 「새울림」(『국제신보』, 1953.12.15~1954.2.25) 및 「지평선」(『현대문학』, 1955.1~1955.6)과 더불어 3부작을 이루면서 상당한 시·공간을 헤쳐 가며 시대와 삶을 조명한 것에 비해, 미완에다가 구성적 결함을 보이고 있다는 데 기인된 것이라고 판단된다.

「홍염」은 제목처럼 하나의 '불꽃'으로 파악되는 한국전쟁을 그리고 있으나 애정 유희와 물욕, 중산층의 가족 문제 등의 일상성이 부각되어

---

48) 김윤식, 앞의 책, 1989, 838~841쪽 참조.
49) 최병우, 「분단시대의 장편소설」, 구인환 외, 앞의 책, 102쪽.
50) 전시에 반공문학이 강조되었음은 앞서 문학론을 통해 살펴보았으며, 백철도 좌우 대립의 초기에는 중간파적 존재가, 혹 완충지대로 필요했을지 모르지만 전시에는 무용(無用) 무립각지(無立脚地)라 했으며, 장덕조도 이제는 중간파도 없고 회색분자도 있을 수 없으며, 오직 타공과 멸공의 길이 있을 뿐이라 했다.
   백철, 「공란의 교훈」, 국제보도연맹, 앞의 책, 14쪽; 장덕조, 「내가 본 공산주의」, 국제보도연맹, 앞의 책, 77~78쪽 참조.
51) 이런 점에서 이 작품은 트리비얼리즘으로 전락하였다는 비난을 받기도 했다.
   유종호, 『동시대의 시와 진실』, 민음사, 1982, 198쪽.

있다. 30세의 유부남인 최호남은 박영선 사장의 부인 선옥과 기생퇴물 취원 사이를 오가며 물질적 이해관계를 가늠하기도 하고 적당히 애정 유희도 즐긴다. 역시 전쟁은 후경으로 물러나 있고 일상적 생활이 부상됨으로써 전쟁 속에 줄타기 식의 삶이 아니라, 일상적 삶 속에 부딪쳐 그때그때를 피해 가야 하는 전쟁으로 그려져 있다.

그러면서도 이 작품에는 「취우」에 비해 이데올로기 문제가 보다 무겁게 다루어져 있다. 박영선 사장은 보성전문 법과를 나와 책사冊肆를 경영하고 잡지도 주재하며 더러 시사적인 글도 쓰는 중산층의 인텔리겐치아다. 이데올로기의 갈등은 그의 가족 안에서부터 표출된다. 좌익 인물 큰아들 상근은, 육군사관학교를 졸업하고 중위가 된 둘째 아들 광근과 대립 갈등하며, 적치 세상이 되자 아버지에게 자수를 권유하기도 한다. 그러나 여기서 이데올로기 문제는 가족 관계와 삶의 틀 이상의 사회적 혹은 역사적 문제로 부각되지 못한 채 미완으로 중단되어 버렸고, 「사선」(『자유세계』, 1956.10~1957.3·4) 역시 후편으로 연재되다가 중단됨으로써 주제와 구조적 접근에 어려움을 주고 있다.

그 외에도 동 작가의 인민군 치하의 부역자 문제와 더불어 삶의 일상성을 다루고 있는 작품으로 하꼬방을 차지하기 위해 이웃을 인민군으로 몰아넣는다는 「탐내는 하꼬방」(『신생공론』, 1951.7), 잭나이프로 강도짓을 한다는 「쨱 나이프」(발표지 미상, 1951.9), 인척간에 마을 주도권 싸움을 벌이는 이야기인 「자전거」(발표지 미상, 1952.6) 등의 작품들도 있다.

이상으로 인민군 치하의 삶과 생존의 방식을 그리고 있는 작품을 보면,

첫째, 적치하에서 실체험을 했던 작가들의 작품이 많다는 점이다. 강신재·염상섭·최인욱·최태응 등의 작가와 작품이 그것이다.

둘째, 그러나 실체험에 비하여 작품으로 나타난 것은 그리 많지 않다는 점이다. 오히려 '수난기' 내지 '체험기' 형식의 글들이 더 많다. 그 원

인의 하나로는 이념적 순결성 문제가 결부된 잔류파 작가로서 자신들의 문제였을 뿐 아니라 시사적으로도 미묘한 부분들이 엇갈려 있었던 탓이라고 판단된다.

셋째, 작품 속에 그려진 인민군 치하의 삶의 방식으로는 다음 몇 가지로 나타난다.

① 기회주의적으로 이념을 선택하는 과잉적응형이 있다. 이 경우 파멸의 과정을 보여 주거나 비판되고 있는데, 이는 삶의 방법이 아니라는 인식이 짙게 깔려 있음이다.

② 이념 이전에 동질성을 회복하는 것이다. 그러나 이는 현실이 아니라 이상을 그리고 있는 데 지나지 않는다.

③ 극한 상황에서 절망하거나 파멸하는 경우로 삶의 방도가 막혀 있다는 시대의식의 결과다.

④ 일상성의 원리가 지배되는 경우다. 비교적 전쟁을 일정한 거리에다 두고 파악한 작품이며, 인간 삶의 근본 줄기를 찾아보자는 것이다.

넷째, 전투 현장이 그려진 작품들에 비하면 목적의식이 덜하기는 하지만, 그것이 광범하게 깔려 있음을 볼 수 있다. 특히 이념 문제에 관한 한 몹시 경직된 의식과 태도를 보이고 있다. 그것은 작가가 선택할 수 있는 문제가 아니었기 때문이다.

제5부. 전후방의 총화 또는 거리

　한국전쟁에서의 인적 피해는 남북한 내·외국 참전군인과 민간인을 합쳐 대략 550만여 명에 이르는 것으로 집계되어 있다. 당시 남북한의 인구를 약 3천만 명으로 추산할 때, 인구 비례로 보아 6명당 1명꼴로 전사상자 내지 행불자가 된 셈[1]으로 어느 가정에서나 인적 피해를 보았다는 말이 된다. 아버지나 자식, 또는 남편이 현역으로 혹은 학도병이나 제이국민병으로 전선에 가 있었으며, 그 와중에 많은 사람들이 희생되었던 것이다. 따라서 실제 군軍과 민民은 일차적으로 가까운 혈연관계로 맺어져 있었다.

　이처럼 군과 민은 혈연관계 속에 서로 떠받치고 있었으면서 군軍 및 전장과 후방이 교차적으로 그려진 작품이 다수 있다. 최인욱의 「박군 이야기」(『전시문학 독본』, 1951), 「정찰 삽화」(『문예』, 1952.1), 김이석의 「악수」(『전선문학』, 1952.4), 박영준의 「변 노파」(『문예』, 1952.5·6)·「저류」(『자유세계』, 1952.8)·「면회」(『전선문학』, 1953.2)·「외투」(『신

---

[1] 김학준, 『한국전쟁사』, 박영사, 1989, 346~347쪽.

천지』, 1953.6), 김동리의 「귀환 장정」(『신조』, 1951.6), 최태응의 「구각을 떨치고」(『전쟁과 소설』, 1951) · 「무지개」(『자유예술』, 1952.11), 김송의 「상혼」(『농민소설 선집』, 1952) · 「두 개의 심정」(『문예』, 1952.5 · 6) · 「불사신」(『전선문학』, 1953.5), 정비석의 「남아 출생」(『문예』, 1953.4), 오영수의 「아찌야」(『사병 문고』, 1952) · 「눈사람」(『신천지』, 1953.7 · 8), 김동사의 「별빛」(『전선문학』, 1953.2), 유주현의 「역설」(『전선문학』, 1953.2), 최정희의 「낙화」(『문예』, 1953.2) · 「임 하사와 그 어머니」(『협동』, 1952.12), 이무영의 「바다의 대화」(『전선문학』, 1953.2) · 「6 · 25」(『군항』, 1953.3), 이봉구의 「참새」(『문예』, 1953.2), 장덕조의 「어머니」(『전시문학 독본』, 1951) · 「젊은 힘」(『전쟁과 소설』, 1951) · 「선물」(『전선문학』, 1953.4), 박연희의 「소년과 메리라는 개」(『문화세계』, 1953.7) 등의 작품이 그것이다.

이 가운데 오영수 · 김동사 · 이봉구를 제외하고는 모두 각 군에 종군했던 작가들이다. 그들은 전선과 후방 사회를 두루 접하면서 체험했던 바를 토대로 군과 민의 총력의식을 드러내거나, 상대적으로 그 간극間隙을 보면서 반성과 각성을 촉구하거나 했다. 따라서 이 역시 전쟁 현실에 맞서 직접적으로 대응하고자 했던, 목적의식이 앞서 있는 작품들이라 할 수 있다.

당시 문인들 사이에 일선의 국토방위 전선에 못지않은 후방의 정신적인 전선 구축[2]이 강조되기도 했고, 전선의 장병들이 목숨을 바쳐 치열한 전쟁을 하고 있는데 후방의 문인들이 다방에 앉아서 안이安易의 문학 · 통속의 문학 · 도색의 문학만을 제작하고 있을 수 없다[3]는 반성이 촉구되기도 했던 것이다.

---

2) 이헌구, 「문학 전선은 형성되었는가」, 『전선문학』, 1952.1, 5쪽.
3) 이무영, 「전쟁과 문학」, 『전선문학』, 1953.6, 6쪽.

1. 현실 극복 의지와 응전력

1) 군·민의 화합과 총력의식

남북한의 극히 일부 지역을 제외하고는 거의 전 지역이 한국전쟁의 전투장이 되었다. 전쟁의 규모나 그 격렬도에 비해 전장은 엄청나게 좁았다고 할 수 있다. 그랬던 만큼 인적이나 물적 희생과 파괴가 클 수밖에 없었던 것이다. 후방이라고 해서 결코 안전지대가 될 수 없으며, 의식상으로도 전후방이 따로 있을 수가 없었다. 따라서 한국전쟁은 군·관·민의 결집을 통한 국가총력전적 대응 태세가 요청되었던 것이며, 문화인들에게는 문화적인 적절한 대응 방법도 모색되었다.[4] 그 일환으로 많은 작가들이 종군하여 전방의 전황을 후방에 전하고, 후방 사회의 모습을 일선 장병에게 전했다. 따라서 작가들은 전선과 후방을 거의 동시에 조감할 수 있었으며, 그 가운데 전후방의 화합된 모습도 볼 수 있었고, 따로 움직이는 모습도 볼 수 있었다.

이와 같은 체험이 바탕이 되고 동란과 함께 부여된 과제로서의 문학적 소명 의식을 띠고 나타난 작품 중의 하나가 군과 민의 우호와 화합된 모습을 부각시키면서 총력의식을 강조하고 있는 작품인데「무지개」·「정찰 삽화」·「변 노파」·「면회」·「아찌야」·「별빛」·「낙화」·「외투」등이 바로 그것이다.

최태응의「무지개」에는 동부전선의 전투와 그 전투에서 영웅적인 활약을 했던 한 병사의 고향이 교차적으로 그려져 있다. 이 소설의 작중화자는 종군작가로 설정되어 있는데 아마도 작가 자신의 모습인 듯하다. 육군종군작가단의 상무위원[5]으로 적극적인 종군 활동을 했을 뿐만 아니라 동부전선 종군 시에는 부상으로 입원까지 한 바도 있었던 작가 자

---

4) 이숭녕,「전선문화정책론」,『전시 과학』, 1951.8, 70쪽.
5) 최독견,「육군종군작가단」, 한국문인협회 편,『해방문학 20년』, 1966, 92쪽.

신의 종군 체험을 소설화한 것이라 판단된다. 화자의 시선은 일선의 전투 현장에 머물면서 용감하고 애국적인 군인의 모습을 관찰하고, 이어서 그 일선과 연계되어 있는 후방 사회로 눈을 돌려, 그러한 군인이 있을 수 있도록 뒷받침하고 있는 튼튼한 후방의 모습을 짚어 주고 있다.

윤 중사는 동부전선 884고지의 탈환전에서 제일 먼저 고지를 점령하고 세 명의 포로를 생포하는 등 혁혁한 전공을 세운다.

> "더구나 윤 중사님은 금방 자기의 팔을 쏜 괴뢰군을 그놈인 줄 알면서도 그 자리에서도 직결처분 아니 능지처참을 해 치우지 않고 그 바쁘고 위험천만한 스슬에도 침착 담대하게 생포를 해다가 너그럽게 사는 길로 인도를 해 주었다는 사실이 아모리 생각해 봐도 내 감정이나 내 경우루는 이해할 수 없는 것만 같아요."[6]

화자인 '내'가 종군차 부대에 들렀을 때 어느 병사가 들려주는 윤 중사의 무용담이다. 용감한 군인일 뿐만 아니라 자기를 쏜 적까지 사살하지 않고 생포함으로써 '사는 길로 인도한' 휴머니스트이기도 하다. 그뿐 아니라 부상당한 몸으로 귀향하면 가족이 걱정할까 봐 포상휴가까지도 반납한 심성 깊은 사람이기도 하다.

장마와 소규모 전투가 이어짐에 따라 일주일 예정이었던 동부전선 종군이 한 달 가량 지체되면서 나는 윤 중사와 친숙해진다. 이야기 끝에 윤 중사의 고향은 수원 근처 팔탄면 내고잔인데, 편지를 두 번이나 보냈으나 소식이 없다는 사실을 알게 된다. 내고잔은 지난 1차 피란 때, 화자가 공주 마곡사로 피란 가던 길에 들러 하룻밤 묵어갔던 인연이 있는 동네다.

소식을 대신 전해주마 하고 돌아온 후 한 달쯤 지나 내고잔을 찾아간다. 윤 중사의 고향집 오막살이에는 그의 늙은 부모와 아내 및 갓난아기

---

[6] 최태웅, 「무지개」, 국방부 정훈국, 『전시 한국문학선』, 1955, 246쪽. 원발표지는 『자유예술』(1952.11)이나 『전시 한국문학선』에 전재된 것을 인용함.

와 동생들이 어렵게 살고 있다. 더군다나 윤 중사의 아버지는 몸을 다쳐서 누워 있다. 그러나 이런 가난과 어려움 속에서도 윤 중사의 아내는 어린아이를 업고서 건너 마을에 김을 매러 다니며 살림을 꾸려 나가고, 연로한 아버지는 농사꾼답지 않게 아들이 집안 걱정 말고 나라 위해 힘껏 싸워 주기를 바라고 있다.

> "아 그놈의 바위설레를 나려오다가 헷드디구 발목을 삐면서 허릴 다쳤는데 그게 시럽시 오래 간다 말요. 그렇지만 우리 애더러는 행여 그렇단 말 허지 말우. 그저 집에서들은 아무 걱정 없이 잘들 지난다구만 해예지 쓸데 없는 근심을 시켜서 싸우는데 지장이 생긴다든지 허면 큰일이니깐."7)

이무영의 「바다의 대화」에서 어머니가 혈연의 정에 묶여 아들을 전선의 사지死地에 보내지 않기 위해 몸부림하는 경우와는 정반대의 모습이다. 윤 중사가 일선의 전투에 전념할 수 있는 것은 이처럼 후방이 든든하게 뒷받침되고 있기 때문이다. 화자는 후방의 건강성과 인정을 지켜보면서 하룻밤을 묵고 이튿날 수원으로 돌아오는 버스 간에서 오색영롱한 무지개가 하늘에 걸려 있는 것을 본다. 즉 전, 후방이 이런 식으로 연계되어 대처하는 한 아무리 큰 전쟁의 간난艱難도 쉽게 헤쳐 나갈 수 있을 것이며, 그 미래는 무지개로 상징되듯 곱고 희망찰 것이라는 점을 예고하고 있다.

이 작품에는 윤 중사의 모습이 다소 과장되어 있고 아버지의 의식과 태도에도 작위적인 수식이 눈에 띄기는 하지만, 전쟁 상황에서 대처해야 할 국민의 태도가 무엇인지를 잘 일러 주고 있는 작품이라 하겠다.

최인욱의 「정찰 삽화」도 작자가 공군종군문인단의 일원으로 활약했던 체험과 관련, 공군 조종사와 민간인을 연계시켜 그리면서 그 화합된 모습을 보여주고 있다.

---

7) 위의 작품, 253쪽.

단양 방면으로 야간 정찰을 나갔던 권 중위는 적의 대공포에 피격, 이마에 커다란 부상을 당한 채 어느 산골짜기에 불시착한다. 적의 권내圈內로 짐작되자 위급함을 느끼고 산 아래쪽으로 피신하던 중 인가를 발견하고 사정을 이야기한다. 전란에도 피란 가지 못한 45세 정도의 부인과 성숙한 딸이 권 중위를 인민군으로부터 보호하기 위해 옷을 갈아입히고 숨겨 준다. 특히 진통과 열에 부대껴 혼수상태에 빠진 권 중위를 그 집의 과년한 딸이 밤낮없이 극진한 치료와 간호를 해 준다. 그 덕택으로 무사히 귀대할 수 있게 된다. 그 후 권 중위는 그 처녀의 모습을 마음 속 깊이 환히 켜진 등불처럼 간직하면서 용감하게 싸우다가 애석하게도 태백산맥 상공에서 전사하고 만다.

이 소설은 제목이 그러하듯 200자 원고지 20매가 채 못 되는 콩트 정도 분량의 에피소드 같은 것으로 군과 민의 화합과 총화에 초점이 모아진 작품이다.

그런가 하면 박영준의 「변 노파」는 민의 군에 대한 애정이 주제로 설정된 작품이다. 이 작품에는 빨갱이에 의해 남편을 납치당하고 외아들마저 전쟁으로 잃고는 '죽는 날까지 햇빛을 보지 않으려' 결심했던 변 노파가 불공을 드리기 위해 아들의 뼈가 묻혀 있는 대구로 가는 기찻간에서 만난 군인들을 모두 아들같이 생각하고 위해 준다는 이야기가 담겨져 있다. 먹을 것을 사서 나누어 주는 변 노파, 어머니의 노래를 합창하는 군인들, 군과 민의 화합된 모습이며 화해가 현실 상황에 대한 효과적인 응전력임을 말하고 있는 것이라 하겠다.

한편 「정찰 삽화」가 민간인이 군을 도와주는 경우를 보여 주는 것이라면, 동 작가의 「면회」는 역으로 군이 민간인을 돕고 보호해 주는 경우를 보여 주고 있다.

이 소설은 입대한 남편이 훈련을 마치고 일등병으로 진급, 일선으로 전출되기 전 군부대로 면회 갔던 만삭의 주인공 여자가 때마침 길거리에서 옥동자를 출산하게 되자 온 부대의 장병들이 기뻐하며 도와준다는 이야기인데, 전체적으로 대단히 밝은 모습의 작품이다. 면회 가는 길에 내리는 서설瑞雪과 풍년이 들리라는 느낌, 초산답지 않게 순산한 옥동자, 일선 출동을 앞둔 부대로서 길吉한 징조라며 지은 '길조吉兆'라는 간난 아기의 이름 등으로 무겁고 어두운 현실을 밝고 건강한 모습으로 치환시키고 있다. 이 작품에서도 「정찰 삽화」의 권 중위의 아버지처럼 주인공 옥림의 시아버지의 사사로운 정을 초월한 애국심이 잘 나타나 있다. 길을 떠나는 옥림을 불러 시아버지는 다음과 같이 당부한다.

"이번에 형수 놈이 일선에 가는데 내가 만나보들 못해 잔히 섭섭다. 그렇지만 제 에미하고 처가 가니께네 그래만 만나 봐도 그리 섭섭지는 않을 기라. 나는 몸성히 잘 있으니께 걱정 말라 카고 일선에 가거든 부디 잘 싸와서 그놈들을 강 밖으로 몰아낼 계교를 하라 카는 기라. 그라고 쓸데없이 울거나 그래서는 절대적 안 되는 기라. 그러면 차라리 안 만나 보는 것만 못한기라."8)

옥림의 시아버지는 일등병을 '병정들 가운데도 일등 가는 병정'인 줄로 아는 무식한 농사꾼이다. 그러나 개인과 민족 및 국가 사이에 민족과 국가를 먼저 생각하는 사람이다.

「무지개」나「정찰 삽화」·「면회」 등은 별 갈등 없이 진전되는 소설이다. 군인을 둔 가족들이 국가 안위를 위한 걱정뿐, 큰 주제를 엮어 내는 길에는 조그마한 갈등도 없다. 갈등 관계가 약하다는 점은 전쟁기 소설의 한 특징이 될 만큼 많은 작품에 나타나 있는 공통적 현상의 하나다. 그것은 전쟁기 소설이 지향하는 바가 외길이며, 그 길은 절충이나 조정을 거쳐야 하거나 또는 상반되는 요소가 지양되어서 선택되는 길이 아니라는 점을 말하는 것이기도 하다. 그만큼 작품의 구조로 볼 때는 단순

---

8) 최인욱,「면회」,『문예』, 1953.2, 21쪽.

한 모습이며 독자들로는 긴장감이 줄어들 수밖에 없는 것이기도 하다.

　이상의 작품 외에도 「아찌야」는 오영수 특유의 인정이나 정담9)을 소재로 한 소설로 군인과 한 소년 사이의 정감 어린 모습을 그리고 있고, 김동사의 「별빛」도 '일선 용사 위로가 후방 국민의 의무'10)라는 점을 강조하고 있다. 그리고 최정희의 「낙화」에서는 일선에서 싸우고 있는 어릴 때 남자 소꿉친구의 무운장구를 비는 간절한 소원이 담겨져 있고, 최인욱의 「외투」에는 '전쟁에 지면 아라사 종이 된다', '38선은 절대 안 된다'11)는 생각을 가지고 있는 영감이 추운 겨울 일선에 가 있는 아들을 생각하며, 아들 또래의 청년들에게 외투를 주고 싶어 하는 마음이 잘 나타나 있다.

　이 작품들은 「무지개」나 「정찰 삽화」 혹은 「면회」처럼 주인공이나 화자의 발자취를 따라 공간이 이동되지는 않지만 의식의 통로 면에서 긴밀히 연계되어 있는 작품이다. 그리고 「무지개」·「면회」·「외투」는 군과 민이 혈연관계 속에 놓여 있고, 「낙화」나 「별빛」 등은 친구 사이로 설정되어 있으면서 군과 민은 결국 하나라는 의식을 표출하고 있는 것이다.

2) 희생정신과 참전의식

　좁은 의미의 전쟁은 '무력' 혹은 '물리적 힘'에 의해서 야기되는 분쟁12)을 말하는 것이며, 그 자체로 파괴와 살상을 의미한다. 한국전쟁은 바로 그런 의미의 전형적인 전쟁이었다.

---

9) 장사선, 「오영수 소설의 작품 세계」, 서종택·정덕준, 『한국 현대소설 연구』, 새문사, 1990, 557쪽.
10) 김동사, 「별빛」, 『전선문학』, 1953.2, 35쪽.
11) 최인욱, 「외투」, 『신천지』, 1953.6, 304쪽.
12) 오세영, 「한국 전쟁문학론 연구」, 『인문론총』 제28집, 서울대학교, 1992, 2쪽.

한국전쟁에서 남한군의 인적 피해는 자료마다 차이가 나지만 전사 14만 7천, 부상 70만 9천, 실종 13만 1천여 명으로 총 98만 7천여 명에 이르는 것으로 집계되어 있다.13) 퀸시 라이트에 의하면 전쟁에 참여한 군인의 인적 피해율은 17세기 이래 20%, 15%, 10%로 감소하는 추세를 보여 왔으며, 20세기에 접어들면서는 6%에 불과하고 사망률도 2% 정도로 떨어져 왔다고 한다.14) 그러나 한국전쟁의 경우 전쟁에 참여한 군인의 인적 피해율은 20% 이상이었으며, 사망률 또한 6% 이상 되는 것으로 나타나 있다.15) 이는 곧 목숨을 담보로 한 나라 지키기였음을 의미하는 것이다.

현역은 물론 학도병이나 제이국민병으로 지원 혹은 징집된다는 것은 그 자체로 엄청난 생명의 위협으로 인식되지 않을 수 없는 일이었다. 여기에 개개인의 선택 문제가 발생한다. 곧 일신의 안위를 위해 도피할 것인가 아니면 나라와 민족을 위해 희생할 것인가의 결정 문제다.

최인욱의 「저류」에서 형 영재는 제이국민병 징집을 피해 보다 안전한 길을 택해 경찰에 투신했다. 반면 동생 영길은 제이국민병 제대 후에 또 다시 현역 지원을 했다. 영재가 이기적인 현실도피형의 인물이라면, 영길은 희생적인 현실참여형의 인물이라고 말할 수 있다. 이처럼 개인과 국가 혹은 사사로운 정과 애국심 사이의 갈등 관계를 보여 주면서 현실대응의 방향을 제시하고 있는 작품으로 이무영의 「바다의 대화」, 장덕조의 「어머니」·「젊은 힘」·「선물」, 최정희의 「임 하사와 그 어머니」, 김송의 「상흔」, 정비석의 「남아 출생」, 유주현의 「역설」, 최태웅의 「구각을 떨치고」, 김이석의 「악수」 등을 들 수 있다.

「바다의 대화」는 한 여인이 전쟁 통에 남편을 잃고 외아들마저 징집

---

13) 유완식 · 김태서, 『북한 30년사』, 현대경제일보사, 1975, 137~138쪽.
14) Quincy Wright, 『A Study of War』, Chicago : The University of Chicago Press, 1965, p.59.
15) 전쟁기념사업회, 『한국전쟁사』 제1권, 행림출판, 1990, 481쪽.

영장을 받게 되자 면제시키기 위하여 노심초사하지만, 정작 그 아들은 어머니의 의도를 뿌리치고 스스로 입대함으로써 사정私情과 이기주의를 극복하고 애국심을 발휘한다는 내용의 이야기를 들려주고 있다.

소위 농민소설 작가로 널리 알려졌던 이무영도 전쟁을 맞아 인민군 치하의 서울에서 석 달 동안 고초를 겪다가 수복 후 뜻한 바 있어 해군에 입대하여 현실 문제를 적극적으로 타개하고자 했을 뿐 아니라 전시에도 왕성한 작품 활동을 했다.

이무영의 전쟁기 소설은 대체로 세 가지의 유형으로 나누어 생각해 볼 수 있다. 첫째 유형은 「범선에의 길」(『신조』, 1951.7) · 「6 · 25」(『군항』, 1953.3) · 「사의 행렬」(『국방』, 1953.4~5) 등과 같이 한국전쟁을 직접적으로 취급하면서 반공사상 및 애국심을 고취하고 있는 경우이고, 둘째 유형은 「암야 행로, −속 ㄷ씨 행장기−」(『문예』, 1953.2~6)나 「O 형의 인간」(『신천지』, 1953.6) · 「일야」(『수도평론』, 1953.6) · 「젊은 사람들」(문연사, 1951) 등과 같이 식민지 치하나 해방기를 배경으로 민족 의식을 고양시키는 방향으로 씌어진 경우이며, 셋째 유형으로서는 「기우제」(『농민소설 선집』, 1952) 및 「밀양 박씨」(『군항』, 1952.9) · 「초향」(『연합신문』, 1953.2.12~20) 등과 같은 농민소설로 이전의 소설을 답습하는 경우다.

「바다의 대화」는 바로 첫째 유형에 속하는 것으로, 이 땅의 국민 모두는 일선의 전투원이 되어야 할 것이며, 문학도 안이安易의 문학이나 안가安價의 문학에서 탈피하여 민족적 고민과 함께 하여야 한다[16]는 전시하 문학의 방향에 대한 그 자신의 주장을 실천한 작품이라 할 수 있다.

이 작품은 해군 장교가 역시 해군에 입대한 어느 작가에게 들려주는 이야기 형식으로 대화로만 구성된 소설이다. 즉 이야기는 해군 장교의 체험 세계이며, 해군 작가는 1차적인 독자의 역할을 하고 있는 동시에

---

16) 이무영, 「전쟁과 문학」, 앞의 책, 6~8쪽 참조.

일반 독자와의 사이에서 인물과 사건을 어느 정도 해석·판단해 주고 있는 제2의 서술자 역할을 하고 있다. 이 작품 속에 설정된 해군 작가란 바로 한국전쟁 중 윤백남·염상섭과 함께 해군에 현역으로 입대하여 정훈장교로 활동했던[17] 작가 이무영 자신의 모습이며, 그의 군 체험세계가 깊이 관련된 작품이라 하겠다.

이 작품의 핵심 주제라 할 수 있는 반공의식이나 애국심은 소설 속의 등장인물 모두에게서 추출된다. 심지어 군 징집으로부터 아들을 **빼내고**자 했던 창건의 어머니도 처음부터 이기심에만 **빠져** 있었던 인물은 아니다.

전쟁이 일어난 뒤 미처 후퇴 명령을 제때에 받지 못하고 서울에 갇혀 있던 박 대위는 민간인으로 가장하고 간신히 수원까지 내려왔으나 수원도 이미 인민군이 점령한 상태였다. 인민군이 사방에 깔려 있는 다급한 상황에서 박 대위가 피신해 들어간 곳이 바로 창건의 모자가 살고 있는 집 헛간이었다. 창건의 어머니는 허기진 박 대위에게 밥을 준다. 그리고 여비가 없어 시계를 끌러 놓는 그에게, "나라 위해서 싸우는 군인한테 돈 만원 못 주겠느냐"[18]면서 시계를 다시 돌려주고, 선뜻 돈 만원을 내준다. 뿐만 아니라 목포까지 무사하게 남하할 수 있도록 주선해 주기도 한다. 말하자면 창건의 어머니는 박 대위의 생명의 은인일 뿐 아니라, 그녀의 의식과 태도 속에는 제 동족과 나라를 생각하는 마음도 배어 있다. 그러한 창건의 어머니도 아들이 문제에 부딪히자 눈이 가려지고 만다. 박 대위는 남하 직전 창건 모자간의 실랑이를 목격하게 된다. 즉 그 어머니는 아들을 무사히 피신시키기 위하여 빨갱이와 줄이 통하는 어떤 사람을 통해 빨갱이인 외삼촌에게 보내고자 하는 반면, 아들은 그럴 수 없다고 한다. 결국 아들의 신변 문제가 다급해지자 나라나 민족 혹은 이념은 가려

---

[17] 이선구, 「해군종군작가단」, 한국문인협회 편, 앞의 책, 95~95쪽.
[18] 이무영, 「바다의 대화」, 『전선문학』, 1953.2, 16쪽.

지고 모성본능만 앞설 뿐이다. 그것이 보통의 어머니인지 모른다.

> 그러나 나이 스물이나 되었고 보니 외삼촌이 진짜 빨갱이라면 이질이라고 해서 빼 줄 리도 만무했고 한참 다감한 나이에 정말 물들기란 십중팔구가 아닙니까. 전 무엇보다도 우리 대한민국을 지킬 장정 하나를 놈들 손에 넘겨 줄 수가 없었습니다.[19]

박 대위가 해군 작가에게 하는 말이다. 그러나 창건의 어머니는 끝내 창건을 빨갱이에게 딸려 보내고 만다. 박 대위의 투철한 반공정신 및 강한 애국심을 찾아볼 수 있는 반면, 혈육의 끈에 의해 눈이 먼 창건 모의 모습을 찾아볼 수 있다.

이 작품에서 가장 극적으로 애국심이 부각되는 장면은 창건의 자진 입소에 있다. 어느 날 창건의 어머니는 박 대위가 근무하는 부대로 찾아온다. 아버지는 전쟁으로 죽어 버렸고, 외아들 창건은 무사히 대구로 피란했지만, 징집 영장이 나왔다며 어떻게 해서든 빼 달라고 한다.

> "남편도 없고 오직 창건이 하나뿐입니다. 그 자식마저 죽인다면 나두 차라리 죽고야 말겠습니다. 군인 보구 이런 말하는 나부터가 몹쓸 년이지만, 어떻게 씨를 없앨 수야 있읍니까? 그 자식을 뺄 수만 있다면 난 술장사가 돼두 좋고 양갈보가 돼두 좋구 이 자리서 칼을 물구 엎드러지래두 웃으며 죽겠습니다. 네 장교님! 비용으론 금비녀 한 개가 있습니다. 네 장교님!"[20]

처절한 모성본능과 전통적인 대(代)잇기의 굴레다. 그러나 정작 창건은 전시의 위기 앞에서 어머니의 사사로운 혈육의 굴레를 과감히 뛰어 넘는다.

---

19) 위의 작품, 15쪽.
20) 위의 작품, 16쪽.

"사정 이야길 하면야 안 되겠습니까? 사실대루요. 한 시 배루 가면 다섯 시는 도착된다니까. 여덟 시간쯤 늦는 셈인데 기실은 제가 과부의 외아들이라서 무식한 어머니 때문에 지체가 되었으니 용서해 주십시오—이렇게 사정을 한다면 설마……."21)

그 어머니가 다녀간 며칠 뒤 창건이가, 어머니 때문에 입소 시간이 지체되었으니 소개장을 써 달라며 박 대위를 찾아와 하는 말이다. 개인적 정리情理보다는 국가적 대의의 길을 선택한다. 이것이 바로 이 소설의 주제이며 작가가 제시하고 있는 현실대응 태세인 것이다. 소설 말미에 작가 자신으로 대변되는 해군 작가가 창건을 소개받고 하는 다음과 같은 말에서 이 점은 보다 분명히 드러난다.

"훌륭한 군인이다. 자 악수 한 번 하자. 아주 훌륭해. 박 대위, 이 위대한 대한민국 청년과 사진 한 장 찍읍시다. 박 대위도 오시오. 이 사진긴 자동이니까. 그러구 부산에 내려서는 내 점심을 한 턱 내리다. 잘 싸웠다는 의미와 또 앞으로 잘 싸워 달라는 의미, 그리고 이 위대한 애국정신이 우리 청소년들의 뼛속까지 침투되기를 비는 의미—"22)

창건의 모습을 어머니와 대치시킴으로써 애국심을 더욱더 제고시키고 있지만, 어머니가 인간적인 모습인 반면 창건은 다소 과장적으로 영웅화시켜 그리고 있다. 이것 역시 전시에 나타날 수밖에 없는 목적소설로서의 한 면모라 하겠다.

「바다의 대화」에서 개인주의에 묶여 나라와 민족이 한 발 뒤로 물러서 있는 한 여성 인물을 보여 주었다면, 장덕조의 「어머니」는 전쟁이라는 전 민족적 위기 상황 속에서 개인과 국가를 두고 번민과 갈등을 겪던 주인공이 결국은 개인적인 사정이나 애정을 극복하고 나라를 위해 희생

---

21) 위의 작품, 17쪽.
22) 위의 작품, 18쪽.

한다는 교육적인 내용을 다분히 담고 있는 소설이다. 더욱이 주인공의 아들이 적령기가 아님에도 불구하고 학도의용군에 지원한다는 대목이나, 학교 급사 소년이 제이국민병 소집에 응한다는 대목을 통해서는 전시하의 학도의용군 지원 권유나 제이국민병 소집을 독려하고자 하는 목적의식과도 이어지고 있음을 엿볼 수 있다.

중공군이 침범을 감행해 오고 유엔군이 서울을 재철수한다고 하는, 전쟁이 발발하던 그 해 겨울, 후방의 피란지 대구다. T고녀 공민 선생 박진순 여사는 방학이지만 일직으로 학교에 나와 있다. 눈발이 날리는 거리에 피란 짐들을 만재한 트럭과 행군하는 병사들의 긴 행렬을 창 너머로 바라다보며 갈등과 고민에 싸여 있다.

일찍이 남편을 잃고 애지중지 키워 온 외아들 종한이가 학도의용군에 지원했기 때문이다. 만 열 여섯 살이 채 되지 않은 중학교 4학년생으로 굳이 입대를 만류하면 후방에서 평온하게 지낼 수도 있다. 아들의 나이와 환경적 조건을 내세워 지원을 미룰 것인가, 국가와 민족적 위기에 개인을 희생할 것인가, 박진순 여사의 고민과 갈등은 여기에 있다. 이러한 이야기는 비록 소설 속의 박진순 여사가 아니라도 당대 현실에서는 누구든 부딪칠 수 있는 사정이기도 하고 갈등 속에 번민할 수밖에 없는 문제이기도 하다. 결국은 어느 쪽으로 손을 드느냐 하는 문제로 남는다. 그것은 삶의 과정에서 형성되는 가치관 내지 인생관의 문제일 것이다.

그러나 이 작품 속의 주인공 박진순 여사의 고민은 그렇게 심각하지도 않고 긴 탐색의 과정도 없다. 의외로 간단한 계기를 통하여 쉽게 결정된다. 그녀가 번민 속에 길거리를 망연히 내다보고 있을 때 급사 혁이가 들어와 제이국민병 소집영장이 나왔다며 자신의 물건을 챙겨 간다고 한다. 그는 어머니 없이 아버지와 두 동생을 데리고 어렵게 살아가는 소년이다.

"처음엔 무척 답답했어요. 그렇지만 민족이 다 죽는 판인데 개인 사정 돌볼 수 있나요."[23]

급사 혁은 이처럼 기꺼이 참전하려고 한다. 그 순간 박진순 여사는 깨어난다. 소년 혁의 매듭진 손을 잡으며 '전시하 눈이 번쩍 뜨일 만큼 놀라운 미담이 바로 옆에 태연히 놓여 있음'을 발견한다. 마침내 그녀는 '자식을 바쳐야 한다.'고 생각하면서, 그것은 자식을 단념하는 것이 결코 아니라 더 큰 희생과 사랑이라는 것을 깨닫게 된다.

―대한의 아들들아, 모두 마음 놓고 나가거라. 뒤에는 우리들이 대기하고 있다.[24]

라며 흔들리지 않을 결심을 한다.

박진순 여사는 지식인으로서, 더욱이 여고의 공민 선생으로서 학도의용군에 지원한 아들의 뜻이 옳고 장하다는 것을 모르는 바 아니었다. 갈등 속에 번민할 수밖에 없었던 것은 아들이고 어머니였기 때문이다. 혈육에 연연할 수밖에 없는 매우 인간적 모습을 보이고 있다. 그러면서도 나라와 민족을 선택한다는 희생적 애국심을 통해 얼마만큼 감동적인 스토리를 담고 있다. 그러나 정작 이 소설이 이처럼 번민하는 인간적 모습이나 감동시킬 수 있는 사건의 요소들이 독자들에게 크게 와 닿지 못하는 것은 작가가 지향하고 있는 목적지를 향해 지나치게 빠르고 곧게 치닫고 있기 때문일 것이다.

동작가의 「선물」과 「젊은 힘」도 유사한 프레임의 작품이다. 군에 가는 아들과 약혼자로 각기 슬퍼하고 갈등을 겪던 두 사람의 간호원이 일선 종군을 한다는 이야기나, 여자 의용군에 지원 애인을 따라 전선으로

---

23) 장덕조, 「어머니」, 『전시문학 독본』, 계몽사, 1951, 100쪽.
24) 위의 작품, 107쪽.

향한다는 이야기를 통해 「어머니」에 비해 한 발 더 나아간 애국심을 보여 주고 있다. 장덕조는 최정희·손소희와 더불어 종군했던 여류작가다. 이 작품과 더불어 「선물」과 「어머니」에서 볼 수 있듯이 종군작가로서의 의식이 크게 반영된 작품을 전쟁기에 여러 편 남기고 있다.

최정희의 「임 하사와 그 어머니」도 갈등 관계나 주제 면에서 위의 작품들과 매우 유사함을 보이고 있는 작품이다.

임영하는 6·25가 발발하자 구들장 밑에 숨어서 지낸다. 그러나 인민군이 물러 갈 즈음 소집 영장이 나왔다. 세 살 때 아버지를 여의고 한 점 혈육으로, 커가는 재미에 낙을 붙이고 살아오던 할머니와 어머니는 다시 숨어 지내라고 한다. 역시 혈육에 대한 애착과 남다른 전통적 대代잇기 의식에 가려진 나머지 국가와 민족적 위기를 외면하고자 하는 방향으로 나타난다. 하지만 정작 당사자의 의지는 단호하다.

"절 육이오 때 숨겨두신 목적이 어딨어요? 밥이나 먹고 똥이나 싸게 하려구 숨겨두셨어요?
내 나라 내 민족이 위기에 있는데 그래 남아루 나서 비슬비슬 숨어 살란 말이에요? 내 나라 내 민족이 다 망한 후에 살면 뭘해요? 그렇게 살아선 값이 없어요. 내 나라 내 민족을 위해 싸우다 죽는 건 비슬비슬 값없이 사는 것 몇 배이상이에요."25)

할머니와 어머니는 눈물을 흘리면서 만류하지만 그는 몰래 입대하고 이제 씩씩한 육군 하사가 되어 집으로 찾아오는 길이다.

작가 최정희는 적치의 서울에서 파인巴人과 어린 두 딸, 아란娥蘭과 항란(采源)을 구하기 위해 문학가동맹에 가입하여 수모를 당해 가며 부역했다. 그러나 앓고 있던 아란 때문에 끝까지 도피하지 못하고 자수했던 파인은 인민군 철수 때 납치당하고, 최정희에게는 부역 작가라는 굴레

---

25) 최정희, 「임 하사와 그 어머니」, 『협동』, 1952.12, 136쪽.

만 덮씌워졌다.26) 공군종군문인단의 일원으로 남자 단원 못지않게 열심이었던 것이나, "민족은 사랑했어도 국가는 사랑해 보지 못했지만 이제 군인이 되어 돌아온 익조(본 남편의 아들)와 더불어 국가를 위해 몸 바치겠다"27)는 각오를 보인 것이나, 「임 하사와 그 어머니」와 같은 작품을 통해 애국심을 드러낸 것도 작가의 인민군 치하의 굴욕적 체험에 대한 일종의 보상심리의 한 표출처럼 비쳐지기도 한다.

「상흔」도 전시 하 국민의 한 사람으로서 농민도, 가뭄으로 농촌이 말할 수 없이 피폐해 가지만, 내 나라 내 땅을 지키기 위해 개인의 문제나 갈등을 화해로 극복하고 기꺼이 출정한다는 이야기를 들려주고 있다. 더욱이 일선으로 떠나는 젊은이를 위하여 온 동네 사람들이 무운장구를 빌며 성대히 환송하는 모습을 그림으로써 참전의식을 드높이고 희망과 용기를 북돋아 주고 있다.

이 작품 속 개인과 개인 사이의 갈등은 가뭄이라는 자연적 재해와 애정 문제가 뒤섞여 일어난다. 인학仁學이가 그보다 서른 살이나 위인 한 마을의 박 동지朴同知와 겪는 갈등은 물과 그의 딸이 개개된 것이다. 인학이가 힘으로야 꿀릴 리 없지만 당하고도 참는 것은 그의 딸 남순南順이를 사랑하고, 또 장차 그의 장인이 될지도 모르기 때문이다. 그러나 박 동지는 지난해 아내를 열병으로 잃고 난 뒤, 오직 한 점 혈육 남순이를 데리고 농사지으며, 데릴사위를 들여 여생을 편안하게 보낼 요량으로 인학과 가까이 못하게 한다.

그러던 중 인학은 징병 소집장을 받고 전선으로 떠나기 전 마지막으로 남순을 보기 위해서 찾아갔다가 그녀 아버지로부터 심하게 두들겨 맞는다. 한 개인이나 집단이 갈등 상태에 빠져 있음을 일러주는 예고 지표로 기피, 기대감 버리기, 은밀한 말로 공격하기, 공공연한 설전, 물리

---

26) 고은, 『1950년대』, 청하, 1989, 65~72쪽; 최정희, 「난중일기에서」, 국제보도연맹, 『적화 삼삭 9인집』, 1951, 35~52쪽 참조.
27) 최정희, 「난중일기에서」, 위의 책, 52쪽.

적 공격 등 다섯 가지28)로 나누어 볼 때 갈등의 절정, 곧 위기의 상태까지 간 것이다.

그러나 인학은 가뭄으로 피폐해진 농사일도 급하고 남순과의 애정 문제 해결도 중요하나 국가와 민족이라는 대의大義를 위하여 털고 출정한다. 동네 사람들도 모여 먹을 음식을 마련해 주며 환송한다. 갈등의 앙금으로 사이가 크게 벌어졌던 박 동지 또한 남의 이목을 피해 동구 밖에서 모처럼 흰 두루마기 차림으로 딸과 함께 인학을 기다리고 있다. 인학에게 군에 가 있을 동안 논을 돌보아 주겠다고 약속하며 제대 후에는 딸과의 장래도 부탁한다. 국가와 민족에 대한 공통된 의식이 갈등을 해결한 것이다.

이 소설에서 박 동지의 갑작스러운 심경과 태도 변화에 따른 극적 반전이 다소 부자유스럽기도 하고 무리한 진행처럼 보이기도 한다. 개인적 문제로 갈등과 반목 속에 대립되어 있던 인물들이 대국적 과제에서는 화해하고 합의함으로써 현실 대응의 방법에 보다 효과적이고 강력하게 대처해 나갈 수 있다는 의식을 강조하고 있는 것이다.

이밖에도 정비석의 「남아 출생」, 유주현의 「역설」, 김이석의 「악수」, 최태웅의 「구각을 떨치고」 등도 참전의식을 고양시키는 방향으로 써어진 작품들이다.

이상의 작품들은 그 소재적인 면이나 갈등 관계나 주제 면에서 대단히 유사함을 보이고 있다. 갈등은 개인주의 정신과 국가의식의 상충에서 찾아진다. 그리고 그 갈등은 그렇게 심각하거나 큰 것도 아니다. 해소의 과정에도 간단한 계기나 공통된 인식을 통해 해결된다. 그것은 현실적 상황과 선택해야 할 길을 바로 인식하고 깨닫는 것, 곧 애국심의 발휘라는 것으로 집약될 수 있다. 결국 그와 같은 사상을 미적 형상화의 손상이란 대가로 구현하고 있는 셈이다.

---

28) Laura Nader, 「Conflict」, ed by David Sills, 『Internationl Encyclopedia of Social Sciences』 Vol. 3, The Macmillan Company and the Free Press, 1968, p.238.

2. 후방 세태와 역사에의 각성

1) 전선과 후방의 괴리

어느 시대 어느 사회에서나 밝은 면과 어두운 면은 공존한다. 그 양면은 서로 다른 성질 때문에 충돌하기도 하고 갈등 관계에 놓이기도 하지만, 서로의 존재가 분명해지기도 하고, 도덕이나 윤리, 또는 정의로움 등이 개재되면서 역사를 발전적으로 진전시키는 힘이 되기도 한다.

마찬가지로 전쟁기 소설에도 군과 민 사이에는 화합된 모습을 보이는가 하면 상대적으로 어두운 면이 가로놓여 있음도 발견된다. 즉 전선에서는 군인들이 목숨을 걸고 전투에 임하고 있는데, 후방 사회의 일각에서는 부정과 부패가 도사리고 있다는 말이다. 이런 점이 비판되면서 전쟁 현실을 효과적으로 극복해 나가고자 했던 것이다.

이무영은 부산 피란지의 부정적 세태를 다음과 같이 증언한 바 있다.

> 피란민들은 듣기에 생활을 개척할 생각보다도 정부와 군에 대한 불평, 원주민의 무성의, 거처 불편에 대한 불평만으로 일을 삼고 있다는 것이다.
> …(중략)…
> 부산 시내의 각 다방과 고급 음식점에 진을 치고 있는 고객의 약 8할은 피란민이라는 통계를 들 때 피란민의 의무는 오직 부산의 술과 외국에서 들어오는 양담배와 커피를 소비시킴으로써 족하다고는 할 수 없을 것이다.29)

'전쟁은 전쟁, 나는 나'라는 태도다. 전쟁기 소설 중 이처럼 전선과 후방, 국가와 개인 사이의 거리를 드러내고 있는 작품으로 최인욱의 「저류」, 김동리의 「귀환 장정」, 김송의 「불사신」·「두 개의 심정」, 오영수

---

29) 이무영, 「피란민의 권리」, 김송 편, 『전시문학 독본』, 계몽사, 1951, 7~8쪽.

의 「눈사람」, 이무영의 「6·25」 등이 있다.

　최인욱의 「저류」는 국민방위군 해산 명령을 받고 제대한 주인공 영길英吉이가 부정적이고 퇴폐적인 후방의 세태를 목격하고, 또 양공주로 전락한 누나와 누나 친구의 모습에 실망한 나머지 나라에 대한 충성이라기보다도 후방 현실이 보기 싫어서 재입대, 일선으로 간다는 이야기를 담고 있다. 이 소설은 직접적으로 애국심을 고양시키고자 하기보다는 후방의 부정적 세태를 고발함으로써 독자들의 각성을 촉구하는 쪽으로 그려진 작품이다.

> 　청도에서 대구로 가는 도로 위에는 괴나리 봇짐을 걸머진 청년들이 열 사람 스무 사람 씩 떼를 지어 걸어가고 있다.
> 　핼쑥한 얼굴에 남루한 의복들, 이건 바로 거지떼의 행렬이다. 누구 하나 얼굴을 들어 웃는 이도 없고 소리 내어 지껄이는 사람도 없다.
> 　해산 명령을 받고 고향을 찾아가는 국민방위군들! 그러나 군인의 모습은 아니다. 오랫동안 고역을 치르고 풀려 나온 죄수라고나 할까.[30]

　김동리의 「귀환 장정」(『신조』, 1951.6)에서도 들추어졌던 제대한 국민방위군의 모습이다.

　엄청난 독직 사건으로 사회적 물의를 빚었던 국민방위군 사건[31]은 군 내부에서 일어난 부정부패의 대표적 사례다. 많은 장정들이 동사凍死·아사餓死 혹은 병사했으며 불구가 되거나, 위에 그려진 장면처럼 거지꼴이 되어 해산·귀향 조치되거나 했던 것이다. 이 소설의 주인공 영길도 그 국민방위군의 한 사람이다. 대구로 피란 왔다는 누나를 찾아가는 길이다.

　며칠간 헤매던 끝에 길거리에서 누나와, 누나의 친구로 한 교장 댁 둘

---

30) 최인욱, 「저류」, 『자유세계』, 1952.8, 175쪽.
31) 백운선, 「국민방위군 사건과 거창 양민 학살 사건」, 『신동아』 부록, 1988.1, 78쪽.

째 딸인 정애, 서울서부터 누나와 알고 지냈던 시인 박세현朴世鉉을 만난다. 1·4후퇴 때 헤어진 남매가 피란지 대구에서 극적으로 상봉하지만 엄청나게 변한 누나의 모습에 놀라지 않을 수 없다. 밑이 떡 벌어진 원피스, 퍼머넌트 머리, 새빨간 입술 등 이전의 누나가 아니다. 뿐만 아니라 혹독한 굶주림과 추위 속에 고생했던 군 생활과는 전혀 다른 딴 세상이다.

> 그들이 간 곳은 '은하' 다방이었다. 홀 안은 사람과 담배 연기로 꽉 차고 전축에서는 연신 귀에 서투른 양곡이 흘러 나왔다. 영길은 색 다른 분위기와 손님들의 시선에 마음이 얼떨떨했다. 아까는 누나의 몸치장에 마치 딴 세상 사람들을 만나는 것같은 경이를 품었는데, 여기는 또 한 겹 딴 세상 풍경이다. 여기서는 보는 사람마다가 다 쪽 뺀 신사요 숙녀뿐이다.32)

다섯 달 동안 극한적 상황 속에서 부대끼다가 겨우 사지死地를 벗어난 영길이가 마주친 세상은 이렇듯 시절을 거꾸로 가고 있는 모습이었다.

우선 가족들의 변화다. 영길이의 본가는 연안延安으로 넉넉한 살림살이에 형 영재英裁는 서울대학 상과 2년, 누나는 이화여대 1년, 영길은 경기중학 5년생으로 서울서 편안하게 공부했다. 이들 동기同氣들은 다 같이 명문학교 학생이었지만 전쟁의 위기 상황에서 선택한 길은 각기 달랐다. 재차 서울을 내주게 되자 영길이만 제이국민병 소집 영장을 받아 입대하고, 영재는 경찰에 투신하며, 영숙은 친구와 함께 대구로 피란 간다.

형 영재가 경찰에 뛰어든 것은 제이국민병 소집을 피하기 위한 임시 방편에서였다. 마음에도 없고 격에도 맞지 않은 순경이 되었을 뿐 아니라, 이제는 순경이라는 직분을 이용하여 어지러운 시기를 틈타 개인적 영리를 취하고자 한다. 지식인으로서 개인적 도생을 위해 국가적 위기로부터 도피하는 인물이다. 거기에다 시류에 편승하여 크게 한 몫 보고

---

32) 최인욱, 앞의 작품, 177쪽.

자 하는 타락하고 부패한 인물이다. 전쟁의 와중에 그것도 군 내부에서 일어난 국민방위군 사건, 그것이 당시 정계와 연루되었을 것이라는 의혹 등 비리와 부정부패가 위에서부터 저질러졌던 만큼 일반 사회에서의 그것은 비일비재했을 것임은 쉽게 추단되는 일이다.

한편, 피란 온 누나 영숙과 정애는 양공주 생활을 한다. 이들의 매음 행위는 김송의「나체상」속의 여주인공이나, 곽하신의「골목집」의 명이와 그 언니처럼 극한 상황에서 먹고살기 위한 마지막 탈출구로서 선택한 길은 결코 아니다. 비싼 케이크와 커피를 서슴없이 시키고 하루 세 끼를 중국집에서 시켜 먹거나 외식을 한다. 그렇게도 열심히 공부하던 누나의 변모에 놀라지만, 정작 누나는 "피란민이 그까짓 책은 봐서 뭘 하느냐?", "그까짓 한 세상 되는 대로 살지" 하며 체념적이고 자포자기적인 반응을 보일 뿐이다. 정신적으로 황폐화한 모습으로까지 진척된 모습이다.

현실 대응방법이라는 쪽에서 판단하자면 영숙의 애인이자 시인인 박세현도 부정적이기는 마찬가지다. 타락해 가는 영숙에 대해 안타까워하기도 하고, 부정한 인간에 대해 모멸의 시선을 보내고, 부패한 현실을 비판하기도 하지만 막상 그 자신은 행동이 거세되고 술·담배·커피 속에 시니컬한 태도만 보일 뿐이다. 1930년대 모더니즘 소설 속의 지식인들이 침잠되어 가는 자의식 굴레에 갇혀 있었던 인간형에서 한 걸음도 더 나아가지 않는 인물이다.

후방 사회의 부패상은 영숙이가 세 들어 살고 있는 집 주인을 통해서 보다 세밀히 그려지고 있다. 무엇을 하는지 모르지만 '보통 모리배'가 아니다. 잘 알 수 없는 거래 관계로 끊이지 않는 손님들의 발길, 농우農牛 부족으로 도살을 금한다고 하지만 매일처럼 벌어지는 불고기와 술판, 그러면서도 국채 배당으로 나온 8만 원은 어림없이 배당된 것이라며 버티어 볼 작정이라고 한다.

세상은 이런 자만이 살도록 마련인가. 모리배, 전쟁 덕에 오히려 돈을 버는 부류를, 전쟁은 이런 사람들을 잘 살기 마련해서 수많은 청년들이 피를 흘리는 것인가. 결국은 양심 찾다가 굶주리고 나라 일이라고 총 메고 나선 그자들만이 불쌍한 존재만 같다. 생각하면 자기 자신도 그렇다. 소집장을 받고도 요리 조리 피한 놈은 별로 고생도 않고 그대로 모면해 나는데, 고분고분 시키는 대로 따라 갔다가 정작 나라 위해서 전쟁 한 번도 치러 보지 못하고 배만 죽도록 곯고 발꾸락이 얼어가며 그 무지무지한 고생을 겪지 않았던가.[33]

　전선과 후방의 엄청난 괴리, 국가 현실과 이기적인 개인 삶의 낙차이며 메울 수 없는 이반離反 현상이 아닐 수 없다. 영길은 실망과 배반감 끝에 '총을 들고 일선으로 가는 것! 이십대의 사나이에게 내려진 지상 명령에 순응하는 이것이 곧 사는 길'[34]이라 다짐하고 재입대, 전선으로 향한다.

　이 소설은 물론 영길의 시각과 의식에 집중되어 있다. 같은 환경과 운명 속에서 함께 사는 사람들이면서도 그들이 선택하는 길은 크게 달리하고 있다. 국가·민족의 총체적 위기에서, 더욱 교육을 받은 젊은 지식인들이 걸어야 할 길은 어느 쪽이며 어느 쪽은 아닌가? 이 소설은 독자 앞에 질문을 던지고 또 대답하고 있다.

　김동리의 「귀환 장정」도 제이국민병의 비극을 드러내고, 당국의 무책임성을 고발함으로써, 후방 사회에 대한 각성이라는 의도를 찾아낼 수 있는 작품이다.

　이 작품에는 외양뿐만 아니라 성격도 극히 대조적인 두 사람의 제이국민병 제대자를 그리고 있다. 동향同鄕인 데다가 같이 훈련소에 입소하여 늘 짝패가 되고 도와 가면서 정이 들었던 의권義權이와 상복相福이는 거지 신세가 되어 제대한 뒤, 거리에 떠돌면서 서로 다른 성격과 행동으

---

33) 위의 작품, 187쪽.
34) 위의 작품, 196쪽.

로 갈등을 겪게 되고 거리감이 생긴다.

그러나 이 작품은 대극적인 캐릭터리제이션을 통한 성격 부각의 효과를 노리고 있는 것은 아니다. 두 귀환 장정의 이러한 의식과 행위가 어디에서 온 것인가에 초점이 있다. 즉 훈련 기간 동안의 고난과 푸대접으로 피폐해진 모습, 무계획하게 소집했다가 실전에 활용도 못한 채 해산시킨 당국의 무대책과 무책임성, 제대 군인으로서의 기쁨이나 성취감보다 피란지에 내버려졌다는 막막한 심정, 주머니를 털어 자포자기식의 포식과 내일이면 또 굶어야 할 걱정, 고난과 정을 함께 나누었던 친구의 돈을 훔쳐 달아나야 했던 그 원인들에 대해 질문하고 있는 것이다.

작품에서 주인공들이 제대한 때가 1951년 3월 그믐께라고 했으니, 국민방위군 사건이 국회에서 문제가 되고, 3월 중순부터 장정들을 귀향 조치시키는 한편, 국회의 해산 결의를 한 것이 5월 12일이니까 귀향 조치 시작 이후 공식 해산 이전의 일인 셈이다. 이 사건은 그 해 8월 13일, 관계자들에 대한 법적 처리가 완결[35]됨으로써 많은 의혹을 남긴 채 공식적으로는 일단락되었지만 당국의 부패, 국민의 감정, 전쟁 대응의 자세 등 여러 가지의 문제를 생각하게 하는 사건이었다.

이 소설에서는 전체적으로 전쟁 진행 중에 있는 현실에서 사실을 소재로 하여 정부의 잘못을 들추어내는 일이 결코 국가적으로 이롭지 못하다는 작가의 판단이 깔린 듯 비교적 온건하게 그려져 있다.

한편 결말 부분에서 의권이가 길거리에 쓰러져 있던 상복을 들쳐 메고 사회부도 복지부도 아닌 어느 골목으로 사라졌다는 것은 무엇을 의미하는 것일까. 이 부분 역시 대단히 애매한 채로 남긴 채 끝맺고 있다. 자신이 돈을 훔쳤다는 사실이 탄로날까 봐 그랬던 것인가, 친구에 대한 의리와 죄책감 때문인가, 사회부나 보건부가 결코 도움이 안 된다는 것

---

35) 김삼웅, 「1천 장정을 굶겨 죽인 권력형 비리」, 『해방후 정치사 100장면』, 가람기획, 1994, 67~69쪽 참조.

을 말하기 위함인가. 물론 독자들은 그 세 가지가 복합적으로 작용된 것이란 판단을 할 수 있겠지만, 작가는 세 번째를 말하고 싶은 충동이 강렬했을 것이란 짐작도 해 볼 수 있는 것이다.

김송의 「불사신」도 어느 국군 장교가 후방 피란지에 들렀다가 그의 가족 및 가까운 사람으로부터 향락적이고 퇴폐적인 모습을 보고는 실망하고 전선으로 되돌아간다는 이야기로, 앞의 「저류」와 줄거리나 주제 면에서 유사한 작품이다.

이영철 중위는 백마고지 전투를 마치고 다른 곳으로 이동 배치되기 전, 일주일의 휴가를 받아 3년만에 가족들이 피란 가 있는 부산으로 간다. 부산에는 형네 식구들과 여동생 영숙, 영숙의 여학교 친구로 영철과는 자별한 사이인 초희가 있다. 피란지에서 고생하고 있을 사람들을 위로할 마음으로 내려왔으나 오히려 영철이가 놀랄 만큼 영 딴판이다. 피란민의 주택이라고 볼 수 없는 2층 양옥의 대저택, 승용차, 첩을 두고 매일처럼 밤늦게 돌아오는 형 영욱 등 배불리 먹고사는 모습에 안심은 되지만 무엇인가 잘못된 것이 아닌지 의아해 하지 않을 수 없는 일이다.

> "그건 요즘 돈이 있고 권세가 있는 남자들의 항용 하는 짓이지만 정말 우수워요. 일선에서는 목숨을 걸고 피를 흘리면서 싸우는데 이 후방은 점점 좀먹어 가고 부패해지고 있지요."[36]

형이 첩을 두어 심사가 뒤틀린 형수가 하는 말이다. 외국 무역을 해서 돈을 벌었다는 소문이지만 형으로 대표되는, 전시의 혼란기를 오히려 호기 삼아 치부한 일부 부유층의 현실과 괴리된 쾌락적인 삶을 고발하고 있다.

형만이 아니다. 대학생이 되어 있을 것으로 생각했던 동생 영숙은 양부인 꼴을 하고 돌아다니고 있고, 음악가가 되리라는 꿈을 가졌던 초희

---

36) 김송, 「불사신」, 『전선문학』, 1953.5, 78쪽.

는 다방 레지, 어지러운 이성교제, 동서 생활과 파탄 등으로 전락하다가 지금은 형의 첩이 되어 있다.

> "얼마든지 싸우겠습니다. 그렇지만 후방은 실망입니다. 싸우는 우리들한테 무관심합니다. 전선에서는 젊은이들이 하나씩 둘씩 조국의 별이 되어 땅에 떨어지는데 후방의 표정은 무엇입니까! 감격도 감동도 아무것도 없지 않습니까……"37)

'동경·희망·희열·연정·그리움'으로 찾았다가, '실망·비애·원한·허망감'을 안고 돌아가는 영철이가 기차간에서 만난 어느 종군작가에게 하는 말이다. 이와 같이 사선의 고비를 몇 번이나 넘긴 영철은 불사신의 군인으로서 전투 의지를 굳히면서 후방 사회의 타락상을 고발함으로써 전시 국민들의 반성과 각성을 촉구하고 있다.

동작가의 「두 개의 심정」에서도 어느 상이군인이 사회의 냉대와 자신에 대한 절망감 때문에 자살한다는 이야기가 담겨 있는데 전장과 후방 사이의 거리를 생각하게 한다.

오영수의 「눈사람」역시 나라를 위해 일선에서 싸우다 제대한 상이군인이 사회의 냉대 속에 무참히 파멸되어 간다는 이야기로 후방의 부정적인 모습을 부각시켜 주고 있는 작품이다.

박억수는 지난 초봄에 제주도서 2개월간의 훈련을 받고 중동부전선 ××연대에 보충되었다. 시월 어느 날 OO고지 전투에서 탄약을 져 올리고 있었다. 평생 남의집살이로 사람 대접 한번 받아 보지 못했던 그는, "수고했네!"라는 분대장의 한마디에 탄약을 고지로 빨리 져 올려야 하겠다는 생각밖에 없는, 무식하나 순박한 사람이다. 그는 골짜기로 내려가던 중 팔 부상을 당한 동료 군인을 발견하고는 업고서 뛰다가 그마저 총탄에 맞아 다리 하나를 잃는다. 그러나 불편스러움도, 다리 하나 없는

---
37) 위의 작품, 87쪽.

병신이란 생각도 하지 않는다. 수많은 전사상자를 보면서 당연한 것이라 생각하고 오히려 나라 위해 용감히 싸웠던 상흔이란 긍지와 자부심을 갖기조차 한다.

박억수 이등병은 상이군인이 되어 제대한다. 그의 오른쪽 가슴에는 종군기장과 상이기장이 버젓이 달려 있는 것이다. 영예와 권위와 희망의 상징이다. 고향으로 여기고 머슴 살았던 곳이며, 아내와 아이와 장모가 있는 포항 근처 마을을 향해 가면서 지서장·읍장·동회장·구장에게도 인사갈 작정이다. 친구들도 부러워할 것이라 생각한다. 그것도 잠시뿐, 군으로부터 멀어지고 고향 마을이 가까워지면서 억수의 자부심과 기대는 여지없이 무너진다. 가슴에 달린 훈장을 보아주는 사람도 없고 기차역에서는 다리 하나 없는 병신으로 다른 사람에게 치이고 밀릴 뿐이다. 기차간에는 앉을 자리조차 없고 사람들은 냉담하기만 하다.

그러나 더 큰 비극은 처자가 있는 집에서 기다리고 있다. 그의 아내에게는 그 사이에 다른 남자가 생겼다. 아이는 똥병으로 사지가 뒤틀리고 얼굴은 사색이다. 억수가 집으로 돌아오자 그의 아내는 어린아이조차 버리고 창수를 따라 줄행랑치고 만다. 억수는 창수가 부산의 영주동 청관 거리에 장사하고 있다는 동네 친구 학술의 말을 듣고, 아이를 업고 찾아 나선다. 청관거리를 샅샅이 뒤져보았지만 그의 아내는 찾을 수 없고 사람들은 거지 취급을 할 뿐이다. 추위와 배고픔, 사람들의 냉대 속에 상이군인 박억수는 눈 내리는 밤 등에 업은 어린아이와 함께 길거리에서 곱추 같은 눈사람 꼴이 되어 죽고 만다.

주인공 억수가 파멸의 길로 가는 데에는 아내의 부정이 커다란 요인으로 작용했지만, 그와 그의 아이가 아사·동사할 수밖에 없었던 것은 그 지경이 되도록 내버려둔 사회와 사회인의 냉대에 있었다. 이 소설은 개인적 비극의 문제로 돌릴 수도 있는 내용이기도 하다. 그러나 그의 아내의 부정은 전쟁으로 인한 궁핍이 한 원인이었으며, 억수와 그 아들의 죽음은 천재天災가 아닌 인재人災였다. 군과 후방 사회에 걸쳐 있는 문제, 그 중 그 거리가 너무 멀어 끈이 끊어져 버린 비극적인 경우다.

그리고 이무영의 「6·25」도 두 개의 삽화로 구성되어 있는데 부정적인 인물과 애국적인 인물을 대비시킴으로써 현실 비판, 애국심 고취라는 작가의 의도가 깔려 있는 작품이다. 김이석의 「박군 이야기」도 개인의 안일만을 도모하는 기회주의적이고 이기주의적인 인물에 대하여 비판함으로써 난국과 세태, 국가와 개인의 문제를 돌아보게 한다.

위의 작품들은 부정적인 세태, 부패한 후방사회를 비판적으로 그리고 있다. 여기에는 군과 민이 총화 단결해도 난국을 극복하는 일이 쉽지 않다는 작가의 의식이 배어 있다.

2) 전쟁과 휴머니즘

전쟁은 공동체 삶의 총체적 참극을 연상시키는 말이기도 하지만, 다른 한편으로 전쟁의 상태라는 것은 평화가 기대된다는 말을 의미하기도 한다. 이런 뜻에서 R. E. 파크는 모든 현대의 사전은 평화와 전쟁이 같은 것을 의미한다고 기술해야 할 것[38]이라고 했다. 결국 넓게 보면 인간 삶의 역사는 전시와 평화시가 교차되어 온 역사라고 말할 수 있는 것이다.

문학에서도 그렇다. 문학인에게는 전쟁이란 반드시 불행을 가져다주는 것도 아닐 뿐더러 오히려 전쟁이란 엄숙한 현실을 통하여 얻은 생명의 절규, 영혼의 호소 같은 것이 더욱 두드러지기도 하며[39] 휴머니즘이 극적으로 발현되기도 하는 것이다. 즉 전쟁의 상황이 치열하고 비극적일수록 평화와 자유에 대한 갈구, 생명의 존엄성에 대한 인식 등이 더욱 강렬해지는 것이다. 제1차 세계대전 이후의 전쟁소설, 예를 들면 E. M.

---

38) R. E. Park, 『The Social Fiction of War』, N. Y, 1968, p.232.
39) 「신춘 문학좌담회」(『전선문학』, 1953.2)에서의 김종길·정비석 등의 대담 중에서, 93~94쪽 참조.

레마르크의 소년 병사 파울과 그 전우들의 생과 사를 그린「서부전선 이상 없다」나「개선문」, R. 앨딩턴의「영웅의 죽음」과「대령의 딸」, E. 헤밍웨이의 전쟁과 사랑을 그린「무기여 잘 있거라」나「누구를 위하여 종은 울리나」등은 모두 전쟁 체험이 남긴 걸작임은 잘 알려진 사실이다. 그리고 우리의 장용학이나 최인훈·선우휘나 박경리 또는 김원일 등의 전후소설 가운데는 평화시의 그것보다 더 오래 갈 만한 작품들이 귀하지 않음도 잘 알고 있다. 그러나 정작 전쟁기에는 극적인 여러 체험에도 불구하고, 전쟁과 휴머니즘이라는 축으로 기억될 만한 작품은 거의 전무하다 할 정도로 빈약하기 그지없다.

그러한 가운데 전쟁기 소설 중에는 살육의 현장으로서의 전쟁 속성과 관련하여 생명의 존엄성을 강조함으로써 휴머니즘으로 이어지는 작품들이 보이는데, 박연희의「소년과 메리라는 개」나 이봉구의「참새」등이 바로 그것이다. 이들 작품은 난리 속에 죽어 가는 동물을 보며 안타까워하는 심정을 묘사함으로써 목숨에 대한 애착, 생명의 존엄성을 말하고 있다. 그것은 인간의 비극적 역사에 대한 반성이다. 이 때의 동물들은 물론 인간으로 대치되어 있음은 물론이다.

박연희의「소년과 메리라는 개」에는 성이라는 소년이, 전쟁 중 포탄의 파편에 맞아 부상당한 개를 데리고 흥남 철수 때 남하하여 거제도로 피란 와서 살면서, 그 부상 때문에 죽어 가는 개에 대한 애착과 동정심이 그려져 있다.

이 작품은 홍남서 이십 리쯤 떨어진 농촌에 일찍이 아버지를 여의고 어머니와 여동생 숙이와 함께 살고 있는 성이라는 소년의 시각을 통해서 전쟁의 비극을 말하고 있다. 성이는 6·25사변이 무엇인지도 잘 모르는 어린 소년이다. 피란 갈 때도 재 너머 마을 황춘동黃春洞으로 드나들 때와 비슷하다는 생각만 들 뿐이었다. 이런 소년을 통하여 전쟁을 해석하거나 판단하지 않고 눈에 비치는 대로의 그 실상을 드러내고 있다.

국군이 북진을 계속하자 이남 군대가 이기고 있다며 이제는 빼앗겼던 밭도 찾을 수 있게 되었다고 좋아하는 어머니의 환한 웃음과, 무슨 영문인지도 모르고 덩달아 좋아하는 성이의 모습을 통해, 인민을 위한다는 공산당이 오히려 착취해 왔음을 고발하고, 국군의 승전은 곧 평화와 권리를 되찾는 것임을 말하고 있다. 그리고 사과를 훔치기 위해 어머니의 배에다 총부리를 겨누던 로스께 병정의 모습에다, 껌이며 과자를 던져 주던 양코배기 병정의 모습을 대비시킴으로써 적과 아군을 구분하고 있다. 그러나 국군의 승리도 잠깐, 중공군의 참전으로 성이네도 피란 보따리를 싼다. 한겨울 추위와 더불어 대포 소리가 더욱 요란스러워진 것이다. 길을 재촉하는 어머니에게 성은 하룻밤만 더 자고 가자고 한다. 포탄의 파편에 허벅지를 다친 '메리'라는 이름의 개가 산 속으로 도망치고 돌아오지 않은 때문이다. '끈으로 어머니의 허리에다 맨 다음 숙이와 성을 차례로 엮어'[40] 아수라장이 된 흥남 부두의 피란민 대열에 서 있는 성이네 일가족의 모습은, 한국전쟁의 비극 한가운데 박힌 처참한 모습으로 각인된 스냅이다.

여기에서의 흥남 철수 장면은 김동리의 「흥남 철수」(『현대문학』, 1955.1)의 그것보다 더 섬세하고 사실적으로 묘사되어 있다. 「흥남 철수」에서 박철을 통한 인간애, 시정時貞을 통한 모진 혈연이 흥남 철수를 배경으로 그려져 있다면, 여기에서는 아무런 죄 없이, 그리고 무엇인지도 모르는 채 전쟁의 비극 속으로 휩쓸려 가고 있는 어린이와, 그 자리에 있어야 될 일체의 생명체를 담고 있다. 인간 역사에 대한 반성적 의미다.

이 소설에는 전쟁의 비극이 곳곳에 나타나 있지만, 핵심적인 이야기는 개의 죽음과 그 죽음을 안타까워하는 성이의 마음을 그리고자 하는 데 있다. 흥남 부두를 출발하기 직전 부상당한 개는 신통하게도 성이네 가족을 찾아와 함께 승선하게 된다. 무사히 거제도 장승포로 피란했지

---

[40] 박연희, 「소년과 메리라는 개」, 『자유세계』, 1953.7, 152쪽.

만 부상당한 개는 시름시름 앓는다. 우럭을 잡아와 삶아 먹여 보려 하지만 귀가 널부러진 채 주둥이를 땅에다 박고 꼼짝 않는다. 늘 매만졌던 젖꼭지도 유난히 검게 시들어 가고 있다. 피란길에서 여동생 숙이가 죽을 때 입술이 검게 타 들어가던 모습과 같다. 성이는 눈물을 흘리면서 안타까워하지만 메리는 끝내 죽고 만다. 메리를 낯선 땅에 묻고 이튿날 어머니와 성이는 다시 한 번 피란 보따리를 싸야 했다. 그리고 떠나가는 뱃전에서 되돌아보는 눈물 속에는 동생 숙이도, 메리의 모습도 이전 살아 있던 모습으로 다가왔다가는 사라지곤 하는 것이었다. 성이네는 난리가 끝나지 않는 한 이런 비극적인 삶은 지속될 것이다.

이봉구의 콩트 「참새」도 아이가 잡은 참새를 날려 보내 준다는 이야기로 생명에 대한 존엄성을 드러내고자 한 작품이다.

일선의 ××사단 사단장으로부터 그가 사냥한 꿩 몇 마리를 보내 왔다. 때마침 작은아이도 참새 한 마리를 잡았다며 좋아한다. 살려 보내라고 했지만 아이는 제가 기르겠다며 떼를 쓰는 것을 보고는 사냥의 도를 생각한다.

> 봄철에 사냥은 조심스럽다.
> 왜냐하면 알을 품고 새끼를 치는 철이기 때문에 새끼를 품은 날즘생이나 산즘생은 쏘지 않는 게 올바른 사냥의 도다. 새로운 생명을 위해 총부리를 돌리고는 탄환을 재지 않는 법이다.
> 자기가 쏜 총알에 죽지 않고 부상을 당해 도망치는 즘생은 끝까지 쫓아가 죽여야만 한다. 상처를 입혀만 놓아 죽지도 않고 고생만 시키는 것은 사냥 도의 죄악이다.41)

그러면서 참새를 마당으로 날려 보내고는 우는 아이를 위해 노래를 불러 준다.

---

41) 이봉구, 「참새」, 『문예』, 1953.2, 145쪽.

모든 생명체는 그 자체로 존재 이유와 가치가 있는 것이다. 하물며 사람으로서야 더 말할 나위가 없는 일이다. 그런데 전쟁은 살상 행위가 광범하게 자행된다. 위의 두 작품은 그러한 비극적 역사에 대한 반성적 토대 위에서 출발하고 있는 작품이며, 이는 곧 소박한 휴머니즘 사상으로 이해되는 것이다.

　지금까지 공간의 이동이나 의식의 통로 면에서 전선과 후방 또는 군과 민을 교차적으로 그리고 있는 작품들을 검토해 보았다. 이들 작품은 다음 몇 가지로 요약된다.

　첫째, 대개 종군작가들의 작품으로 종군 체험과 깊은 관련을 맺고 있음을 볼 수 있다. 후방의 소식을 일선 장병들에게 전하고, 일선의 전황을 후방에 알리면서 화합된 모습도 보고 따로 가는 모습도 목도했던 것이다.

　둘째, 목적의식을 짙게 띠고 있음을 볼 수 있는데 그것은 다음과 같은 내용으로 나타나 있다.

　① 후방은 제이의 전선이며, 전선은 튼튼한 후방사회가 뒷받침하고 있다는 식의 군과 민의 일체의식 내지 총력의식을 드러낸다.

　② 개인적이며 사사로운 혈육의 정과 전쟁 현실에 관련된 애국애족 사이의 갈등을 드러내면서 진정한 현실대응 방법으로 희생정신과 참전의식을 제시한다.

　③ 후방사회의 부정적 모순과 괴리를 부각시키면서 개인 및 사회 전반의 각성을 촉구한다.

　④ 생명에 대한 존엄성을 말함으로써 살상이 자행되는 전쟁 행위에 대한 반성, 즉 비극적인 역사에 대한 각성적 자세를 보인다.

　셋째, 전쟁을 다루고 있는 작품이면서도 휴머니즘으로 설명될 만한 작품은 별무하다는 점이다. 전쟁기에 실존주의 사상이 광범하게 논의되었음은 제2부의 전쟁기의 문학론을 통해 살펴본 바 있다. 그것은 또 전쟁 상황과 결부되어 휴머니즘 내지 행동적 휴머니즘으로 깊이 인식하고 있었던 터이며, 그러한 정신이 작품 속에 구현되어야 할 것이라는 점도 하나의 당위론으로 받아들였던 것이다. 그러나 전쟁을 가운데 두고 휴머니즘 문제를 생각해 본다면 「소년과 메리라는 개」나 「참새」의 경우와 같이 생명에 대한 애착 내지 존엄성을 말하는 정도이다. 그 가운데 기억할 만한 것으로 생명이라는 인간의 절대적이며 근원적 문제로 적대자의 그것까지 살펴보았던 황순원의 「포화 속에서」 같은 작품이 발견되지만 대개 소박한 인정주의 내지 동정의식의 언저리를 맴돌고 있었다 하겠다. 이는 앞서 지적한 바 있듯이 작가의식이 전쟁을 체감한 상태로 머물고 있음을 의미한다.

한편 전쟁기 소설 중 전후방을 오버 랩시키고 있는 작품들은 양적인 면에서 결코 적지 않은 작품들이 눈에 뜨인다. 전장 혹은 적치를 그린 작품에 비하면 상당히 많다고 할 수 있고, 전쟁기 소설의 절반 이상을 차지하고 있는 후방의 피란지를 그린 작품에 비하면 아주 적다고 할 수 있다.

즉 전장·적치·전후방·후방으로 갈수록 작품의 수가 많아진다. 이것은 작가들의 체험 세계와 깊은 관련이 있다. 종군작가나 군에 입대한 작가들이 있었지만 A. 말로나 E. 헤밍웨이처럼 깊고 짙은 직접적 전쟁체험은 없었다. 다시 말하자면 한국전쟁기 소설들은 실체험의 소산이 아니라 동시대적 관찰자의 거리 정도에서 그려진 작품이라 하겠다. 당시에 창작 활동을 했던 소위 기성 작가들은 전쟁을 체험했다고는 하지만, 어느 정도의 안전지대를 확보해 가면서 작품을 썼다고도 할 수 있겠다. 결국 전쟁과는 한 발 거리를 두고 그렸다는 말이 되며 후방문학적 성격이 강하다는 뜻이 된다.

그렇다면 소위 전후 신세대 작가들에 의해 창작된 전후소설을 어떻게 설명해야 할 것인가.

비록 오늘날까지 지속되고 있는 한국전쟁 관련 소설 가운데 시대나 역사를 비판·반성적 시각으로 그리거나, 전쟁과 휴머니즘이 밀착된 성숙한 모습을 보이거나, 감히 이념의 문제까지 도전·극복하고자 했거나 간에, 체험과의 거리 관계에서 따져볼 때 위 전쟁기 후방소설의 거리에도 결코 미칠 수는 없다. 곧, 아무리 전쟁 관련 소설로 우수하다는 평가를 받는다 하더라도 유년기 체험 이상의 체험세계는 아니다. 전쟁기 소설이 후방 문학적 성격이 짙다 하더라도 그것은 가까운 체험 세계로 그만큼 절실한 것이었다면, 전후소설을 비롯한 한국전쟁 관련 소설들은 유년기 체험 내지 간접체험 세계로서 전쟁기 소설의 심화·확대·해석된 일종의 재구 작업이라 보아도 큰 무리가 없을 것이라고 판단된다. 그것이 한국전쟁기 소설의 현대소설사적 위치와 의의인 것이다.

제6부. 피란민 군상과 삶의 변모

　1950년대 벽두부터는 군신軍神 마르즈Mars가 지배하는 시대이며 '뿌리뽑힌 자'[1]의 양산 시대로 전쟁과 학살의 경험이 '잔학의 문학'[2]을 형성하게 했다. 그리하여 죽음과 상처, 가치의 붕괴 체험, 희생과 안주 부재, 방향 상실, 분열, 굶주림, 증오 같은 일련의 피해나 정서적으로 손상된 삶의 상황과 조건에의 제시로 편제화[3]된다. 김윤식은 6·25의 문학사적 의미를 첫째, 민족어의 재편, 둘째, 휴머니즘 회복, 셋째, 정신사적 과제 등과 관련시켜 보아야 할 것[4]이라고 지적했다. 민족어의 전국화 현상을 가져 올 만큼 8·15 이후에 가속되었던 민족 이동은 한국전쟁으로 가히 민족 대이동이라 할 만한 현상으로 번져 갔다. 뿌리뽑힌 자가 널리게 되었던 것이다.

　　/정든 집은 저바리고/ 노들의 氷板을 건너/ 南으로 南으로/ 수없는 避難

---

1) 조남현,『한국 현대소설의 해부』, 문예출판사, 1993, 116쪽.
2) 이재선,『한국 현대소설사』(1945~1990), 민음사, 1991, 82쪽.
3) 위의 책, 82~83쪽.
4) 김윤식,『한국 현대문학사론』, 한샘, 1988, 78쪽.

民의 隊列이 간다.//어디로 가는 것이냐/ 누구를 찾어간다는 게냐/ 모다 보따리를 질머지고/ 찬바람에 쪼끼우며 불리우며/ 눈덮혀 허이헌/ 曠野를 걸어가는 우리의 同族들……//눈물마저 얼어 붙었느냐./아모말 없이/오늘도 避難民의 隊列은 흘러간다.//(장만영의 「避難民의 隊列」 중에서)5)

이러한 모습으로 개전 초와 이듬해 1·4후퇴 시의 대규모적 전선 이동과 더불어 한반도 남단의 일부를 제외한 거의 전 지역의 수많은 국민들이 피란 체험을 했으며, 짧게는 수개월 내지 길게는 해를 넘겨 피란살이를 해야 했다.

전쟁기 소설 중 후방의 피란민의 삶을 통해 전시의식을 드러낸 작품이 가장 많다. 이런 현상을 두고 곽종원은 일찍이 우리 작가들이 대부분 세태묘사에 능한 탓6)이라고 판단한 바 있지만, 전쟁 중 대부분 작가들의 실제 체험 세계가 바로 그것이었다는 점일 것이다. 상당수의 작가들이 종군작가가 되어 일선 종군을 했던 체험도 컸지만, 거의 모든 작가가 상당 기간 피란 생활을 했으며 피란지 세태를 목도했던 것이다. 따라서 이는 곽종원의 지적처럼 기법상의 문제가 아니라 체험 세계의 문제였던 것이다.

이와 같은 피란민의 삶을 다룬 소설은 전시소설 중 전쟁의 후경을 다룬, 이른바 '후방문학'에 속한다. 즉, 앞서 전투 현장이나 적치 또는 전후방이 교차적으로 그린 작품은 한국전쟁에 대한 근거리 체험을 말한 것이었다면, 피란민의 삶을 다룬 소설들은 보다 원거리 체험을 말하고 있는 것이다. 곽종원이 일선의 전투 현장을 다룬 전쟁문학이 많이 나오지 않음에 대하여 불만을 토로했던 바 있지만 전쟁기 소설로는 이 부면에서 몇 가지 성과를 거두고 있음을 볼 수 있다.

우선 양적으로 수확을 거두고 있다는 점과 다수의 다양한 인물이 다

---

5) 장만영, 「피란민의 대열」, 『전시문학 독본』, 계몽사, 1951, 47~48쪽.
6) 곽종원, 「6·25동란 이후의 작단 개관」, 『신천지』, 1953.5, 186쪽.

루어졌다는 점 및 전쟁을 직접적으로 취급한 작품들이 대개 목적문학의 틀을 벗어나지 못하고 현실에 대한 균형 감각을 잃고 있었음에 비해, 그 것으로부터 자유로웠다는 점 등이다. 따라서 선명한 이념 또는 관념을 노출시키고 있는 작품이나 종군기에 지나지 않는 작품에 비해 질적으로 도 보다 나은 성공을 거두었다고도 할 수 있다.

소설 속의 피란지로는 실제가 그랬듯이 부산과 대구로 거의 집중되어 있고 드물게는 여수나 진주, 어느 시골 또는 도시로 설정되어 있으며, 시간적으로는 1·4후퇴 후가 가장 많다. 피란민의 삶을 그린 소설은 그 양상에 따라 다음과 같이 나누어 볼 수 있다.

첫째, 전쟁으로 인한 거처 잃음과 극도의 궁핍 문제를 다룬 소설로 황순원의 「메리 크리스마스」(『영남일보』, 1950.12)·「어둠 속에 찍힌 판화」(『신천지』, 1951.12)·「곡예사」(『문예』, 1952.1), 손소희의 「향연」(『신천지』, 1951.12), 조진대의 「6·25」(『문예』, 1952.5·6), 권처세의 「감」(『문예』, 1953.2), 유주현의 「신기루」(『신조』, 1951.7)·「슬픈 인연」(『신생공론』, 1951.12)·「불량 소년」(『희망』, 1951.12), 김광주의 「불효지서」(『사상계』, 1953.4), 안수길의 「쾌청」(『문화세계』, 1953.7) 등의 작품이 있다. 여기에는 셋방살이의 설움과 함께 가진 자의 비인간적 모습 및 궁핍과 헤어나기 위한 갖가지의 몸부림 등이 나타나 있다.

둘째, 이산과 가정 파괴의 문제를 다룬 소설로 손소희의 「쥐」(『문예』, 1952.10)·「거리」(『전선문학』, 1953.5), 서근배의 「항구」(『문예』, 1952.1), 김말봉의 「망령」(『문예』, 1952.1), 박영준의 「가을 저녁」(『전선문학』, 1952.12), 이무영의 「범선에의 길」(『신조』, 1951.7) 등이 있다. 이 소설들은 대개 한 가정의 가장인 아버지나 남편 혹은 자식이 전쟁 중 공산군에 의해 피살·납치·행방불명이 되고, 전란 속에 나약한 부녀자와 어린이들만 남겨짐으로 해서 가정이 파괴되거나, 생활 능력이 없음으로 해서 극도의 궁핍 속에 헤매게 된다는 모티프를 주로 깔고 있다.

셋째, 비극적 상황 속에 굴절된 삶 혹은 뒤틀린 인간상을 그리고 있는 소설로 안수길의 「제비」(『문예』, 1952.5·6)·「제삼인간형」(『자유세계』, 1953.6), 김이석의 「분별」(『전선문학』, 1952.12) 등이 있다. 이 소설들의 주인공은 대개 문인·교사 등 지식인으로 전시와 피란이라는 혼란기를 틈타서 인간 삶의 소중한 가치인 진眞이나 선善 등의 세계를 버리고, 부정적인 모습으로 굴절된 삶을 이어가거나, 오히려 시류를 틈타서 한몫 보고자 하는, 전쟁이 가져온 또 다른 부정적이며 비극적 일면을 그리고 있다.

넷째, 전락해 가는 삶 및 먹고살기와 전도되어 가는 성윤리 의식을 다룬 소설들로는 염상섭의 「거품」(『신천지』, 1952.3)·「해 지는 보금자리 풍경」(『문화세계』, 1953.7), 최태응의 「대가 외 3제」(『문예』, 1952.5·6)·「자매」(『신천지』, 1953.7), 박용구의 「고요한 밤」(『신천지』, 1952.3)·「안개는 아직도」(『안개는 아직도』, 수도문화사, 1953), 최인욱의 「속물」(『신천지』, 1952.5), 김영수의 「퇴폐의 장」(『자유세계』, 1952.5), 박연희의 「빙화」(『문예』, 1952.5·6), 최독견의 「양심」(『신천지』, 1952.5), 유주현의 「자매 계보」(『영문』, 1952.11)·「심화」(『자유예술』, 1952.11)·「절정」(『영문』, 1952.11)·「패배자」(『문예』, 1953.6), 김광주의 「나는 너를 싫어한다」(『자유세계』, 1952.1), 곽하신의 「처녀 애장」(『전선문학』, 1953.2)·「골목집」(『문예』, 1953.6)·「전환의 역정」(『신작로』, 1953)·「비가」(『신작로』, 1953)·「혼선」(『연합신문』, 1953.1.16~19)·「죄와 벌」(『자유세계』, 1953.4), 강신재의 「그 모녀」(『문예』, 1953.2), 박용구의 「하늘은 오늘도 푸르러」(『신천지』, 1953.5), 김송의 「나체상」(『문예』, 1953.6), 이무영의 「일야」(『수도평론』, 1953.6), 김말봉의 「전락의 기록」(『신천지』, 1953.7·8) 등이 있다. 피란민의 삶을 다루고 있는 소설 가운데에도 이 유형의 작품이 가장 많다. 피란지 배경의 여자가 주인공 혹은 부인물로 설정된 이 유형의 소설들은 대개 전락해 가는 삶의 모습을 그리거나, 먹고살기 위해 매춘부가 되거나 양공주가 된다는 줄거리를 담고 있다. 전쟁의 비극은 목숨을 걸고 싸워야 하는 일선 장병에게만 주어진 것은 아니다. 군인들은 적과 마주하면서 생존 문제를 다루고 있을 때, 후방의 부녀자들도 그들이 가는 발걸음마다 비극은 묻어난다. 전쟁으로 인한 여인들의 수난사다.

1. 뿌리뽑힌 삶

1) 궁핍과 안주 공간의 부재

피란민의 삶이란 곧 거처 없음과 궁핍을 뜻한다. 물론 직접적으로는 집과 가산을 두고 피란지를 전전해야 했다는 데 원인이 있다. 거기에다 국가경제가 엄청나게 위축되면서 물질적 궁핍은 국민들의 총체적인 문제로 다가왔던 것이다. 산업시설의 대량 파괴로 인한 생산력의 급속한 저하, 제조업 부문과 사회간접자본 부문에 있어서의 제반 시설 파괴[7]로 인한 생산 활동의 극심한 위축, 폐광으로 인한 광업 부문의 쇠퇴, 농토의 황폐화로 인한 농업 생산력의 저하, 전시 인플레이션[8]으로 인한 재정·금융 사정의 악화 등 일차적으로 물적 피해는 물론, 국가경제 활동 자체가 파탄지경에 이르렀다는 데에 있었다.

이는 전쟁 지역이 남북한 지역으로 교차되면서 전개되었을 뿐 아니

---

7) 1951년 8월말 현재 제조업 업종별 건물 및 시설 피해율은 각각 금속공업 26%와 26%, 기계공업 35%와 35%, 화학공업 35%와 33%, 섬유공업 62%와 64%, 식품공업 30%와 20%, 요업 25%와 40%, 인쇄공업 75%와 75%로 집계되어 있다. 한국산업은행 조사부, 『한국 산업경제 10년사』(1945~1955), 966~967쪽.

8) 인플레율을 1950년 6월을 기준(100.0)으로 했을 때, 서울 도매물가지수가 1951년 630.5, 1952년 1365.2, 1953년 1710.1로 팽창되었다. 한국은행 조사부, 『경제연감』, 1955, 185쪽.

라, 소모전·섬멸전·장기 지구전의 양상으로 전개되면서 상대방의 산업 시설을 파괴함으로써 전쟁 수행 능력을 근본적으로 와해시키고자 한 전쟁 자체의 성격과 목적에 그 원인을 찾을 수 있다.

엄청난 산업 시설의 파괴뿐만 아니라 국민 생활의 기반이 되는 가옥이나 의료·후생·교육기관 등도 많은 피해를 입었다. 가옥의 경우 전소 내지 전파된 주택 수만도 41만 5천 동, 반소 내지 반파된 주택수도 100만여 동에 이르는 것으로 나타났다.9) 그리하여 휴전 후 집을 잃고 가두에서 방황했던 전재민의 수가 200만 여명에 이르렀고, 기아에 허덕이는 인구가 전체 인구의 20~25% 정도였다고 한다.10)

집과 가산을 잃어버리고 생계의 수단마저 박탈당한 채 극도의 물질적 궁핍 속에 헤매는 인구가 전국적으로 확산되면서 절박한 사회적 문제로 부각되었던 것이 전쟁기의 환경이었다. 물론 당대의 궁핍 문제는 어제 오늘의 일은 아니었으며, 한국문학사에서 궁핍의 문제가 주요 주제로 떠올랐던 것은 훨씬 이전의 일이었다.

한국 소설에서 궁핍, 즉 먹고사는 생활의 문제를 문학적 주제로 다루기 시작한 것은 1920년대에 들어서고부터다. 이러한 생활의 문제, 하층민들의 삶을 다룬 작품들을 문학사에서 흔히 리얼리즘으로 설명해 왔듯이, 그 이전 춘원 문학에서 이상과 관념 추구의 자세보다는 훨씬 더 현실성을 확보했던 것이다. 이후 궁핍 문제는 전후를 거쳐 거의 1960년대까지도 우리 문학의 중심부에 자리했다고 볼 수 있다. 그 중 한국전쟁기의 궁핍 문제는 보다 특별한 것이었다. 우선 전쟁 자체가 인위적 재앙이다. 이는 게을렀다거나 타고나서가 아니라 박탈당함으로써 생긴 문제다. 그러니까 노력과 방도가 허용되지 않는 마당이다. 따라서 상실감·좌절감·절망감은 한결 더 커질 수밖에 없다.

---

9) 이대근,『한국전쟁과 1950년의 자본 축적』, 까치글방, 1987, 108쪽.
10) 전쟁기념사업회,『한국전쟁사』제1권, 행림출판, 1990, 485쪽.

피란민들은 안주할 만한 거주 공간을 확보하지 못한 채 대개 직업조차 가질 수 없었다. 임시직이나 일용 노동으로 호구지책을 삼을 수밖에 없었다. 거기에다 대부분의 가장은 일선으로 나가고 노인들과 부녀자, 그리고 어린이 등 경제적 능력이 부족한 사람들만 남겨졌던 것이다.

이와 같이 궁핍 속에 거처도 없이 전전하는 피란민의 삶을 그린 소설로 「곡예사」·「어둠 속에 찍힌 판화」·「메리 크리스마스」·「향연」·「쾌청」·「감」·「양심」·「신기루」·「슬픈 인연」·「불량 소년」·「사선기」·「불효지서」·「6·25」 등의 작품을 꼽을 수 있다. 이들 작품에는 대개 궁핍의 문제와 거주 공간의 부재 내지 불안의 문제는 동시에 나타난다. 물론 이 문제는 전쟁으로 인해 피란민의 신세가 되었다는 데에 일차적인 원인이 있지만, 토착민의 비인간적인 행위와 상대적 빈곤감이 문제의 심각성을 가중시키고 있음도 찾아볼 수 있다.

황순원의 「곡예사」에는 그 제목이 가리키는 바와 같이 곡예사와 같은 유랑 신세와 줄타기 같은 삶의 모습을 그리고 있다. 작가 자신의 피란 체험이 소재가 된 이 작품은 발표 당시 화제작에 오르기도 했고[11] 그 해의 수준작으로 꼽히기도 했으며[12] "너무도 해맑은 品品이 오히려 결缺"[13]이란 비평 아닌 비평을 받기도 했다.

이 소설의 주인공이자 화자인 '나', 즉 '황순원'이 피란지에서 거처를 여러 번 옮겨 다니며 고생한 것은 토착민들의 비인간적인 행위가 주원인이었다. 대구의 모 변호사 댁이나 부산의 모 변호사 댁이나 마찬가지였다. 대구의 모 변호사 댁에 피란처를 구했을 때다. 그 댁의 살림을 맡아 하고 있는 변호사의 장모는 피란민에 대한 조금의 이해나 동정심은 고사하고 오히려 가진자로서 비인간적이며 오만하기 그지없다. 저녁 이

---

11) 곽종원, 「6·25동란 이후의 작단 개관」, 앞의 책, 188쪽.
12) 김동리, 「부진무실의 1년」, 『전선문학』, 1952.12, 68쪽.
13) 곽종원, 앞의 글, 188쪽.

후엔 안뜰에 와서 물을 긷지도 못하게 하여 아이들은 밤중에 갈증으로 괴로워한다. 아침에도 주인집에서 먼저 긷고 난 다음 길어야 하며 빨래도 못하게 한다. 더욱 안뜰에 있는 화장실도 사용하지 못하게 한다. 그러면서 그 노파가 하는 일은 골패를 하거나 불공을 드리는 일이다. 셋방살이의 설움을 삭이며 노인네의 생활을 보고는 "인생이란 하다못해 저만 정도로라도 늙어 가야 할 것"14)이란 상대적 빈곤감을 절감하지 않을 수 없다. 결국 뜰 한쪽 구석에 거적때기로 뒷간을 만들어 쓴 것이 화근이 되어 결국 그 집에서 쫓겨나와 대구 시내를 수삼 차 전전하다가 부산으로 흘러가게 된다.

　부산에서 황순원 가족은 뿔뿔이 흩어져 산다. 황순원은 세 가구 19명이 살고 있는 그 부모의 집에서 끼어 자고, 큰애 둘은 여덟 식구가 사는 외가에, 아내와 작은애 둘은 모 변호사 댁의 처제와 같이 지내기로 한 것이다. 부산의 변호사 댁에서는 대구에서보다 더 비인간적인 대접을 받는다. 어렵사리 들기는 했지만 곧 변호사 댁 온 집안 식구들이 방을 비워 달라고 한다. 서울 모 법과대학에 다닌다는 큰아들은 폭력까지 휘두를 태세다. 딸들도 친구에게 방을 내주면 금팔목 시계를 받을 수 있다며 재촉한다. 그네들은 각기 너른 방에서 기거하면서도 좁다고들 야단이다. 아이들은 시끄럽다고 노상 꾸중을 들어야 하며 드디어 전기도 끊어지고 끝내 철문조차 잠겨 버린다. 견디다 못해 낮에는 밖에서 지내다가 밤에만 들어와 자기로 한다. 어느 날 저녁, 변호사 댁으로 아이들을 데려다 주러 가는 길이다. 어두운 개천 둑에 이르러 억눌렸던 아이들은 모처럼 구박에서 벗어나 <전우의 시체>・<찌리링>・<나비야>・<산토끼>를 춤까지 곁들여 신나게 불러 젖힌다. 애잔한 심정으로 나(황순원)는 곡예사 부대를 떠올린다.

---

14) 황순원, 「곡예사」, 『문예』, 1952.1, 84쪽.

> 이렇게 해서 이들은 황순원 곡예단의 어린 피에로요, 나는 이들의 단장인 것이다.
> …(중략)…
> 그저 원컨대 나이 어린 피에로들이여, 너희가 이후에 각각 자기의 곡예단을 가지게 될 적에는 모쪼록 너희들의 어린 피에로들과 더불어 이런 무대와 곡예를 되풀이하지 말기를 바란다.15)

집 없는 설움이 묻어난다. 그리고 다음 세대의 안녕과 평화를 기원하는 마음이 배어 있다. 그리고 여기에는 이러한 거처 문제뿐만 아니라 먹고살기 위해 몸부림치는 피란지 세태도 잘 그려져 있다. 남은 옷가지를 들고 나가 옷장사 하는 아내, 껌이며 양담배 등 부대 장사를 하는 아이들과, 한마디씩 배워 오는 영어, 군표를 팔다가 붙잡히게 되자 무논에 나자빠져 지랄병 행세를 하는 어느 꼬마 등 먹고살기 위해 길바닥에 나선 피란민 군상의 모습이 비춰져 있다.

이 작품은 곽종원의 '해맑다'라는 지적대로 피란민의 삶이 비극적으로 그려져 있기보다는 애상적으로 그려져 있다. 또한 전쟁기에 피란지 삶을 체험하면서 현실을 고난의 시절로 인식하고, 자유와 평화 그리고 안식의 시절을 소원하기는 하지만 그것이 개인 감정으로 치우쳐 있으며, 또 그 원인 가운데에는 개인적 인간성 문제가 매개되어 있는 나머지 역사적 의미로 확대되지 못하고 있음도 지적하지 않을 수 없다.

동 작가의 「어둠 속에 찍힌 판화」도 여섯 식구가 단칸방에 세 들어 살면서 전등도 없어 '일찍 저녁을 먹고 자리에 누우면 그만'이라 하여 피란살이의 고난과 궁핍상을 말하고 있다.

그러나 이 작품은 어느 사냥꾼의 노루 사냥 이야기를 통하여 생명의 존귀함을 말하고 있는 데 더 치중하고 있는 작품이다. 그리고 「메리 크리스마스」는 피란길에서 본 크리스마스 트리에 대한 경이로움과 더불

---

15) 위의 작품, 95쪽.

어 한 겨울의 길바닥에서 출산한 산모에 대해 어떻게 해 주지 못하는 안타까운 심경이 잘 그려져 있는 작품이다. 먼저 피란 간 가족을 찾아가던 주인공은 피란민들로 아수라장이 된 대구역 광장에 서 있는 크리스마스 트리와 환하게 켜진 전등 불빛을 하나의 딴 세상처럼 바라다본다. 그것도 잠깐, 트리 밑에서 방금 출산한 산모가 숨눈을 긁어모아 아기의 거적 밑에 깔아 주는 모습을 목격한다. 그러나 도와 줄 방법은 없다. 그저 안타깝고 죄지은 심정으로 벗어나고 만다. 흔한 트리가 하나의 기적으로 다가올 만큼 각박한 현실의 상황과 한겨울 길바닥에서 출산해야 했던 산모에 대한 연민과 동정심이 잘 나타나 있다. 소설 속의 산모의 이야기마저 피란길에, 기차 지붕 위에서 출산하는 일을 본 체험이 있었던 작가가, 어느 때 크리스마스 트리를 보는 순간 숨눈이 있는 그 트리 밑에서나마 낳게 하고 싶었던 마음을 그린 것16)이라고 하는데, 이 작품 역시 현실의 어려움을 인간애로 대치시키고자 하는 작가의 의식을 엿볼 수 있다.

손소희의 「향연」은 셋방살이의 설움, 가난의 비극과 가난 속에 갖는 허황된 꿈, 생활의 격차에서 오는 굴욕감 내지 패배감 등이 여성적 감각으로 처리되어 있는 작품이다.

주인공 경선과 남편 창수 그리고 아이들이 ○○공사 전무네 집에 세 들어 피란살이를 시작하면서 그들 부부 사이의 갈등은 더욱 심해지고 가난의 고통 또한 점점 커져 간다. 그 문제에는 주인집 부인 신 씨가 크게 개입되어 있다. 그렇다고 「곡예사」에서의 변호사 댁 사람들과는 달리 꼭히 비인간적인 인물이라고는 말할 수 없는 인물이다. 가진자로서의 거만함과 거드름이 배어 있는 인물이라 할 수 있다. 처음 세 들어 이사 왔을 때 인사를 청했으나 아프다며 거절했다든가, 고등어를 사와 씻고 있는 것을 보고는 촌놈 고기라고 빈정대며 도미나 광어를 씻는다든가, 풍로에 불을 부채로 부치고 있을 때 식모를 불러 빨래를 걷으라고 시

---

16) 황순원, 「책 끝에」, 『곡예사』, 명세당, 1952, 184쪽 참조.

킨다든가 하는 것들이 일일이 경선의 감정을 자극한다. 그러면서도 신 씨는 그녀 남편의 생일 때 창수를 술자리에 청하기도 하고 경선이가 없을 때 아이들의 밥을 챙겨 주기도 한다. 그것을 두고 남편은 신 씨가 사람이 됐다며 본받으라고 하지만 경선은 오히려 그런 행위에서 더욱 더 굴욕감과 패배감, 생활의 격차에서 오는 상대적 빈곤감으로 자존심만 상할 뿐이다.

주인이 OO공사 전무로 넉넉한 살림을 꾸려 가는 데 비해, 남편이 하는 일도 그렇다. 현실 문제를 타개하기 위한 노력보다는 허황한 꿈에만 부풀어 있다. 광석이 금덩이가 되는 꿈, 규사토硅沙土가 사기 그릇이 되는 꿈, 해삼이 대만으로 행차하는 꿈으로 하잘 것 없는 물건만 방에 늘어놓는다. 경선은 다른 곳으로 이사를 해야 하겠다는 생각에 늘상 젖어 있지만 마음대로 되지 않는다.

어느 날, 방을 부탁해 두었던 여학교 동창을 만나러 갔으나 방값이 비싸 엄두도 못 낼 일이었다. 세상이 그러니까 자존심을 꺾고 살아야 한다는 친구의 충고만 듣고 돌아오니 아이들의 밥을 또 그 집 식모가 챙겨 주었다. 경선에게는 그것이 고맙다는 생각보다 또 당했다는 마음뿐이다.

> 경선은 밥냄비를 빽 돌려놓으며 벽을 향해 돌아앉았다. 그리고는 다시 시구 떨구 짜구 매운 김치쪽과 깔끄럽고 쉰 냄새가 나는 듯한 밥덩이를 마구 퍼 넣으며 소리나게 씹어 본다. 슬픈 굴욕과 분노와 참담한 패배감과 눈물과 침통한 그 하잘 것 없는 갈등에 연소되는 비참한 현실을 제 딴엔 씹어 삼키 듯 짝짝 소리를 내가며 먹어댔다. 어떤 향연을 생각하면서 신앙처럼 체념의 고배를 든 듯한 창수의 심각과 니힐의 모순된 표정을 등 뒤로 읽으며 마치 원수라도 갚는 듯이……찬 밥덩이를 평정해 갔다.17)

저녁 늦게 돌아 온 경선이가 밥을 먹는 장면이다.

---

17) 손소희, 「향연」, 『신천지』, 1951.12, 154쪽.

물론 비극의 원인은 전쟁과 피란 생활에 있다. 그러나 그것은 먼 배경으로 물러서 있고 부잣집에 세든 여자가 갖는 패배감·굴욕감·상한 자존심 등이 더 크게 부각되어 있다. 이 역시 앞의 「곡예사」와 마찬가지로 현실의 문제를 역사적 의미로 확대하지 못하고 있는 작품이라고 할 수밖에 없다.

「곡예사」나 「향연」은 계층적 문제가 매개된 갈등 구조를 지니고 있는 작품이다. 궁극적으로 모든 사회는 크고 작건 간에 사회 계급으로 구조화되어 있거나 계층화되어 있다. 막스 베버는 사회는 세 가지의 기본적인 차원에 의하여 계층화되어 있다고 했다. 즉 경제적 차원에서의 계급, 사회적 차원에서의 지위, 그리고 정치적 차원에서의 권력이 그것이다.18) 경제적 측면에서 미국의 경우 상·중상·중·중하·하로 다섯 가지 경제적 계급으로 나누는 것이 상식이라고 한다. 반면 미국과 달리 경제적으로 발전하지 못한 나라들은 그 사회가 극부와 극빈의 양극적인 경향을 보여 준다19)고 한다. 이에 따르면 근자 우리나라의 경우 상과 하 사이에 중산층을 설정하고 있지만, 한국전쟁기의 경우라면 소수의 극부와 다수의 극빈으로 나뉘어졌던 사회였을 것이다.

그리고 사회적 지위를 중심으로 해서 상층 계급과 하층 계급, 그 중간의 중간 계급으로 나누고, 정치적 권력 면에서 엘리트와 대중으로 구분20)되기도 한다. 그러나 이처럼 여러 이론들이 있지만 정작 계급이 어디에서 시작되어 어디에서 끝나는지, 또 부와 지위 그리고 권력 중 어느 것이 가장 의미 있는 계층화의 기준이 되었는가 하는 문제에는 만족할 만한 결론을 찾아볼 수 없다. 봉건 군주제도의 국가 형태가 사라진 지금

---

18) Robin M. Williams, 『*American Society : A Sociological Interpretation*』, New York : Knopf, 1960, pp.469~470.
19) 서사연 옮김, 길버트 아브카리안·몬테 팔머, 『갈등의 사회 이론』, 학문과 사상사, 1985, 125~126쪽 참조.
20) 위의 책, 186쪽.

계층 간의 구분이란 그 사회의 통념이나 일반적 인식어 따른 자의적 판단으로 설정되고 있는 실정이다. 그러나 어느 사회든 계층은 엄연히 존재한다. 지금도 우리는 가진자와 가지지 못한자 그리고 중산 계층, 권력자와 민중 등의 말을 일반화해서 사용하고 있다.

한편 이와 같은 경제·사회·정치적 면에서 분화된 계층 간의 갈등을 모티프로 삼고 있는 작품들이 많이 등장했다. 갈등 구조로 말하고 있는 문학의 한 장르로서의 소설이 사회의 모습을 그리는 것이라면, 사회 갈등을 대중과 엘리트 사이의 끊임없는 투쟁의 산물로 인식하고 설명하는 정치학자나 사회학자[21]들의 논리가 아니더라도 지대한 관심 영역일 수밖에 없는 일이다. 1920년대 이후 노사의 대립, 지주와 소작인 간의 갈등과 투쟁, 가진자와 가지지 못한자와의 거리, 때로 권력자와 민중의 항쟁 등 한국 소설의 핵심부에 한 자리를 점유해 왔다고 할 수 있다.

그러나 한국전쟁기 소설 중 계층적 문제가 매개된 갈등 관계를 깊게 다룬 작품은 그렇게 눈에 뜨이지 않는다. 앞의 「곡예사」나 「향연」 정도를 꼽을 수 있다. 여기에는 모두 가진자와 가지지 못한자의 갈등을 그리고 있다. 즉 부와 집을 소유하고 있는 사람과 그 둘을 하나도 가지지 못한 사람과의 갈등이다. 「곡예사」에서는 부와 사회적 지위를 함께 가지고 있는 변호사 댁과 떠돌이 신세의 피란민 사이에 갈등이 그려져 있고, 「향연」 역시 OO공사의 전무 댁과 피란민 간의 갈등관계가 그려져 있다.

여기서 갈등 관계라 했지만 팽팽한 힘과 힘으로 맞서는 균형적 갈등(symmetric conflict)이 아니라 균형파괴적 갈등(asymmetric conflict)이다. 균형파괴적 갈등은 반란이나 혁명으로 발전되는 수가 있는 반면 어느 한쪽이 이기고 어느 한쪽이 무릎을 꿇는 식으로 나타난다[22]면, 위의 작품들

---

21) 위의 책, 186쪽.
22) 조남현, 『한국 소설과 갈등』, 문학과 비평사, 1990, 25쪽.

은 모두 무릎 꿇는 식으로 끝이 난 경우다. 「곡예사」의 '나'는 대구의 변호사 댁에서 쫓겨났으며 부산의 변호사 댁에서도 시대와 자신의 처지를 한탄하고 울분을 삭이면서 비극적인 자기의 시대가 빨리 가기를 소원할 뿐이다. 「향연」 속의 경선도 상한 자존심과 패배감, 그리고 굴욕감을 내부로 삭이면서 찬 밥덩이만 씹을 수밖에 없었다. 따라서 해결될 수 없는 갈등을 스스로의 짐으로 안고 살아야 할 일이었다. 모두들 가지지 못한 자의 비극을 말하고 있으며, 그 배후에는 시대의 그림자와 가진자들의 비인간적 모습이 자리하고 있음도 볼 수 있다.

전쟁기 소설로 계층적 문제와 관련한 작품이 이처럼 귀한 이유는 당대의 상황과 연관지어 어느 정도 설명될 수가 있다. 즉 전쟁이란 총체적 위기 상황에서 계층 간에 이합집산될 수 있을 만한 여건도 아니었고 여유도 없었을 뿐 아니라 전국민의 총화 단결, 멸공 승리에로의 매진만 요구되었을 뿐이며, 그러한 인식이 작가들에게 알게 모르게 확산되었던 것이라고 볼 수 있다.

한편 안수길의 「쾌청」에는 피란살이에서 오는 정신적 강박 관념과 물질적 궁핍상이 잘 드러나 있다.

이 작품은 피란 생활 중 여수에서 부산으로 오가며 물건을 떼어서 파는 장사를 하는 주인공이 돈이 없어 물건을 못 떼고, 홧김에 술을 마시고 취해 자살을 시도했다가 유치장에 갇히게 됨으로써, 그것이 오히려 전화위복이 되어 몰살당한 배를 타지 않을 수 있게 된 행운이었다는 이야기다. 말하자면 현진건의 「운수 좋은 날」이 '행운과 불행의 반전 교차'[23]가 극명하게 노출되어 있는 작품이라면, 이 소설은 그 정반대 구조의 아이러니형으로 짜여진 작품이라 하겠다.

작품의 말미에는 유치장에서 풀려난 득수가 "내겐 아직 힘이 남아 있

---

23) 이재선, 「교차 전개의 반어적 구조」, 신동욱 편, 『현진건의 소설과 그 시대 인식』, 새문사, 1981, Ⅰ-116쪽.

다. 운이 다하지 않았다. 살자! 꿋꿋이······"24)라고 하여 엄청난 현실의 고난에 대한 극복 의지가 강조되어 있다. 곧 이 작품의 주제이자 작가의 의도다. 전쟁기의 소설이 현실을 절망적, 비극적 상황으로 파악하여 대개 무겁고 어두운 것에 비하면 이 소설은 '어두움 → 밝음', '불행 → 행'의 구조 속에 현실 극복 의지를 드러냄으로써 밝고 희망찬 모습을 보여주고 있다 하겠다. 그러나 이와 같은 작가의 의도가 작품 전체의 서사구조 속에 밀착되어 표출되지 못하고 다분히 의도적으로 설정되어 있음을 볼 수 있다. 먼저 득수가 당하는 고난의 첫 번째 원인은 그가 해방 전 간도성의 어떤 마을의 촌공소 즉 부촌장으로 착취자·가진자였으나 시대의 변화로 몰락하게 된 것에 있다. 말하자면 해방 전의 반민족적 행위로 처단받아야 할 사람이었던 것이다. 그리고 피란살이의 생활고와 그에 따른 수모는 물론 전쟁이라는 시대 상황이 원인으로 작용하기는 하지만 더 직접적으로는 개인의 성격적 결함에 기인한다. 즉 반복되는 아내의 말에서 찾아볼 수 있듯이 무기력하고 멍청하며 소방한 성격이 삶을 어렵게 만든 것이다. 부주의한 탓으로 돈을 잃어버리고 빚을 지게 되었다든가, 돈이 모자라 물건을 떼지 못하면서도 얼마간의 빌린 돈으로 술을 먹고 취하여 자살하려다가 유치장에 갇히게 되었다는 사건들이 그것을 증명한다. 반면 이 작품의 전시와 관련된 주제도 말미에 등장하는 순경의 말을 통해 드러내고 있다.

"영감의 술주정 하는 심경, 이해 못하는 바 아니요 죽구 싶어하는 심정, 모르는 것도 아니요, 그러나 괴롬은 영감 혼자만 당하구 있다구 생각해서는 큰 망발이요. 삼천만이 괴롭소. 그러나 괴롬에 못 이겨 죽어 쓰겠오? 술 먹구 주정해 쓰겠오? 오랑캘 물리치구 남북이 통일될 때까지, 벋딘이구 살아야지요. 싸워야지요. 지금 이 시간 이 시각에도 일선에서는······"25)

24) 안수길, 「쾌청」, 『문화세계』, 1953.7, 134쪽.
25) 위의 작품, 132쪽.

득수를 풀어 주면서 순경이 훈계하는 말이다. 전시하에 후방 국민들이 가져야 할 각오와 태도다. 이때의 순경은 관官이며 작가이고, 득수는 민民이며 독자다. 마치 개화기 신소설의 한 부분과 같은 인상이다. 그리고 득수가 다짐하는 고난 극복 의지도 '불행 → 행'이란 운과 우연에 따른 아이러니에 의해 배태된 것임을 간과할 수도 있다.

그 밖에 『문예』지의 추천 작품인 권처세의 「감」은 산나물을 뜯고 보리 이삭·감 등을 주워 먹고사는 이야기이며, 김광주의 「불효지서」나 조진대의 「6·25」는 피란 체험을 통해 얻은 한 지식인의 정신적 고뇌와 갈등과 더불어 참담한 현실을 그리고 있다. 유주현의 문둥병 환자의 이야기를 다루고 있는 「신기루」, 병든 남편의 장례비를 마련하기 위해 호텔에서 일하는 여성의 이야기인 「슬픈 인연」, 소매치기 소년과 신문팔이 소녀의 이야기인 「불량 소년」도 피란지의 비극적 현실을 그리고 있다.

2) 이산과 가정의 파괴

피란 생활의 고난은 앞서 보았듯이 삶의 가장 기본적인 요소인 안주할 만한 공간을 확보할 수 없다는 점과 물질적 궁핍에 있다. 즉 인간 생활의 기본 요소인 의·식·주 가운데 주로 식食과 주住의 결핍에서 오는 문제다. 말하자면 삶의 기본 요건 가운데 절반 이상을 잃음으로써 고난 속에 헤매게 된다는 이야기다. 전쟁기 소설 중 피란지 배경의 소설에는 이러한 문제가 광범위하게 나타나 있음을 볼 수 있다.

이와 같은 거주 공간의 부재 및 물질적 궁핍과 더불어 피란 생활의 고난을 가중시키고 있는 것은 전쟁으로 인해 가족의 일부가 분리된 채 한 가정이 파괴되어 간다는 점이다. 생활 능력을 가지고 있는 청·장년들은 전쟁에 동원되거나 인민군에 의해 의용군으로 징집되거나 납치 혹은 살해됐거나 그도 아니면 피란 도중 헤어짐으로써 후방에 남겨진 사람들은 대개 노인이나 부녀자 혹은 어린이들이 대부분이다. 따라서 그들은 한 가정의 가장을 잃고 가난 속에 거처 없이 전전하면서 차츰 가정이 파괴되어 가는 비극을 겪게 되는 것이다.

이러한 이산離散의 문제와 가정의 파괴상을 다룬 소설로는 「쥐」·「거리」·「가을 저녁」·「망령」·「항구」 등의 작품을 들 수 있다. 이들 작품은 모두 가장인 남편과의 헤어짐을 모티프로 하고 있다. 「쥐」에서 숙은 남편이 6·25 전 공산군에 피랍되어 아이 둘만 데리고 부산에서 피란살이의 고난을 겪으며, 「망령」의 '나'는 피란 도중 용산서 남편과 헤어져 피란지를 전전하며 찾아 헤맨다. 「가을 저녁」에서의 아내도 남편의 전사 통지서를 받고 절망하고, 「범선에의 길」에도 남편이 입대함으로써 아내와 아이들만 적치에 남겨진다. 「항구」의 옥희는 남편이 인민군에 자수했다가 결국 피랍당하고 말고, 「거리」의 정아 역시 전쟁의 와중에 행방불명된다. 이렇게 하여 생활 능력이 부족한 여자와 아이들만 피란지에 남겨짐으로써 피란살이의 고난은 한층 더 심각해지고 나아가 다른 요인들, 예를 들면 어쩔 수 없이 다른 짝을 만난다든지 하는 문제가 개재되면서 원래의 가정이 파탄지경에 이르게 된다.

손소희의 「쥐」에는 피란살이의 고난 가운데 쥐에 얽힌 사건과 관련하여 납치된 남편이 무사히 돌아오기를 기원하는 마음이 그려져 있다.

공산군에게 남편을 납치당한 숙은 전쟁이 나자 열 살·세 살 난 아들과 함께 부산으로 가 피란살이를 시작한다. 그러나 작품 속의 피란 생활은 동작가의 「향연」이나 황순원의 「곡예사」와 같이 거처나 궁핍의 문제는 크게 부각되어 있지 않다. 그보다는 집안에 가장이 없음으로 해서 겪는 일상적 불편함이 여성적 감각으로 표현되어 있는 작품이다.

세든 방이 8첩 다다미방으로 그런 대로 넓고 햇빛이 잘 들어 세 식구가 살기에는 크게 불편하지 않다. 그런데 밤낮으로 쥐가 들락거리며 음식을 먹거나 쌀자루를 뚫기도 하고, 두루마기 옷고름을 쏠기도 하며 쥐

벼룩이 돌아다니기도 한다. 숙은 쥐가 드나들지 못하도록 판자로 막고 싶으나 망치질 같은 것은 남편이 했던 일이다. 쥐덫을 사 와서 놓기도 해 보았지만 멸치만 없어진다. 그러는 사이에 어느 날 오시이레(옷장) 속에 쥐 한 마리가 갇혀 있는 것을 보고는 온 식구가 잡으려고 해 보았지만 분탕만 칠 뿐이다. 고양이를 데려다 놓기도 하고 막대기로 때려 보기도 하지만 결국 실패하고는 창문을 열어 밖으로 도망가게 한다.

"자아" 하고 창문을 드렁 밀었다.
숙이 손이 밧줄을 건드리자 쥐는 화살처럼 튕겨 나갔다.
옆집 담 붉은 벽돌 위에 돌옷 넝쿨이 햇볕에 반짝이며 잎마다, 바람이 만지고 지나간다. 먼 북쪽 하늘을 바라보고 섰던 숙이는 기왓장 우에 널린 종이 너부랭이 파 껍질 같은 것을 모즈랑 비로 썩썩 쓸고 있다. 기적이…… 남편이 묶인 사슬 우에 일어나라고.26)

숙은 잡혀 있던 쥐를 방면하면서 납치된 남편도 그런 식으로 풀려나기를 기원하고 있다. 이 작품에는 피란살이의 고난이 크게 확대되거나 심각하게 취급되어 있지는 않다. 다만 가장이 없는 가정에서 여성들이 겪는 불편을 통해 전쟁의 비극적 일면과 그 비극적 현실이 타개되기를 바라는 작가의 마음이 그려져 있다 하겠다.

동 작가의 「거리」도 전쟁으로 인해 남편이 행방불명됨으로 해서 겪게 되는 피란살이의 고난을 그리고 있는 작품이다. 주인공 정아는 전쟁 전 모 신문사의 여기자로 인텔리였다. 남편이 전쟁 통에 행방불명되지 않았더라면 행복한 가정을 이루고 살았을 것이다.

윤이 자르르 흐르는 새까만 머리에 덮혀 있던 이마는 전염병을 치르고 난 뒤 같이 머리털이 엷어져 있었다. 돈잎 만큼식한 검은 점이 얼굴에 번성했

---

26) 손소희, 「쥐」, 『문예』, 1952.1, 145쪽.

다. 속된 그리고 낡은 분홍빛 포대기로 아이를 싸서 둘러업었다. 한 해하고 반쯤밖에 안 되는 세월 속에서 그처럼 사람이란 변모할 수 있을 것인가.27)

어린아이와 함께 김해 친정살이를 하며 가난에 쪼들려 무슨 일이든 일자리를 구하기 위해 돌아다니는 주인공의 모습이다. 전쟁과 남편 잃음, 그것을 전후로 하여 숙의 삶에는 메울 수 없는 거리距離가 가로놓이게 된 것이다.

한편 박영준의 「가을 저녁」에서는 전쟁 그리고 남편을 잃음으로 해서 철저하게 한 가정이 파괴되어 가는 모습을 보여준다. 전사했다던 남편이 나타남으로 해서 전남편도 지금의 남편도 모두 떠나가 버리고 아이들과 여자만 남겨진다는 이야기다.

이 소설의 등장인물들은 모두가 피해자다. 여자는 남편 태석의 전사 통지서를 받고 피란지에서 아이들과 죽도 끓이지 못할 정도로 고생을 하다가 중매로 지금의 남편 춘식과 재혼했다. 춘식도 상처를 하고 나서 외롭게 지내다가 여자를 만난 것이다. 결혼하고 나서야 새 아내가 중학교 동창생 태석의 아내였다는 사실을 알게 된 것이다. 그들의 결혼에는 아무런 잘못이 없다. 윤리나 도덕적으로도 그렇다. 그리고 춘식은 남의 아이들이지만 친자식처럼 아끼고 사랑한다. 아이들을 위해 어려우면서도 추석빔으로 비로드 운동화를 사주면서 그것이 혹 자신의 위선적인 행위가 아닌지 되돌아보기도 하는 양심적이고도 선량한 인물이다. 만약 여자의 전 남편이 느닷없이 나타나지만 않았더라면 어려우나마 그런 대로 가정을 이루어 단란한 피란살이가 지속되었을 가능성이 많다.

그런데 추석 전날, 죽은 줄로만 알았던 태석이 그들 앞에 나타난 것이다. 전사 통지서는 잘못된 것으로 행방불명되었다가 귀대했다는 것이다. 그러나 그 순간 두 남자는 모두 여자에게서 떠나 버린다. 태석은 다시 전선에 나가면 언제 죽을지도 모르고, 또 춘식을 의지하며 살아가는

---

27) 손소희, 「거리」, 『전선문학』, 1953.5, 89쪽.

것이 차라리 잘된 일이라 생각하며 떠난다. 또한 춘식은 친구의 아내라는 죄책감뿐만 아니라 이제 그가 살아 돌아온 만큼 자리를 물려주어야 당연하다고 하며 떠난다. 결국은 여자와 아이들만 남겨진다. 혹 떠나 버린 그들 중 어느 누군가 다시 돌아올지도 모른다. 그러나 상황으로 보아 그럴 확률은 아주 적다. 그러니까 비극으로 끝난 것이다. 과거의 가정도 파괴되고 지금의 가정도 파괴된 것이다. 피란지에 버려진 여자와 아이들은 어떻게 살아갈 것인가. 그것은 아무도 대답할 수 없다. 그러나 가해자는 없다. 태석도 춘식도 모두 인간적이며 양심적인 인물이다. 그렇다면 이 가정을 파괴한 가해자는 누구인가. 그것은 말할 나위도 없이 전쟁과 그에 따른 상황인 것이다.

김말봉의 「망령」은 「가을 저녁」과는 반대로 피란길에 헤어진 남편이 죽은 줄로만 여기고 있다가 젊은 여자와 재혼하여 잘 살고 있는 것을 보고는 떠난다는 이야기다.

여기에서 남편은 아내를 버리고 새 여자를 구해 결혼한 것은 아니다. 도강渡江 중 아내가 빠져 죽은 것으로 알고 재혼했다. 그런 점에서 「가을 저녁」의 주인공 여자가 한 행위와 처지가 비슷하다. 결국은 한 가정의 파탄을 가져다 준 장본인은 전쟁이라고 말할 수밖에 없는 일이다.

반면 『문예』지에 추천된 작품 서근배의 「항구」는 남편이 공산군에 의해 납치된 후 피란처에서 옛 애인을 우연히 만나 새로운 삶을 기약한다는 줄거리다. 그런 쪽에서 보면 앞의 작품들과는 달리 해피 엔드 형이라고 할 수 있다. 그러나 결코 전화위복은 아니다. 이 작품을 추천했던 김동리가 "발랄한 산문조가 있다"[28]고 칭찬한 바 있지만, 전쟁의 비극을 그리는 쪽에나 혹은 그 극복 의지를 그리는 쪽에서나 모두 실패한 작품으로 보인다.

피란길에 갓 낳은 딸이 죽은 것은 잠자는 사이에 큰아들 건수의 몸에

---

28) 김동리, 「소설 천후」, 『문예』, 1952.1, 47쪽.

깔렸기 때문이다. 그리고 옛 애인을 다시 만나 새로운 삶을 기약하게 된 것도 남편의 행방을 알기 위하여 점을 보러 다니던 중 우연히 만남으로써 가능하게 된 것이다. 남편이 피랍되고 딸이 죽은 것은 물론 전쟁으로 인한 가정 파괴의 비극이다. 그러나 그것이 행운이라 할 만한 일로 치유의 길을 제시함으로써 현실인식 방법이나 역사적 물음에 둔했다는 점이 지적되지 않을 수 없는 일이다.

위의 작품 속에는 모두 가장 잃음의 모티프로부터 시작되는 비극이 그려져 있다. 「가을 저녁」에서와 같이 새로운 가정이 꾸며질 수도 있을 것이라는 예가 보이기는 하지만, 희소한 경우라 할 만큼 모두가 비극이다. 그러니까 전쟁의 비극은 일차적으로 인간 삶의 기본 단위인 가족공동체를 무참히 와해시킨다는 사실을 증거하고 있는 셈이다.

2. 전도된 가치관

1) 뒤틀린 인간상과 굴절된 삶

피란민의 삶을 그리고 있는 또 다른 유형의 소설로는 안수길의 「제삼인간형」이나 「제비」, 김이석의 「분별」 등과 같이 뒤틀린 인간상을 부각시켜 주거나 굴절된 삶을 살아가고 있는 모습을 보여 주는 작품들이 있다.

전쟁이라는 상황이 인간 삶의 과정에서 마주치는 심각한 도전이라면 그것에 대한 개인적 응전 태세와 방법에는 여러 가지가 있을 수 있다. 박용구의 「칠면조」에서 원식은 상황에 따라 기회주의적 변신을 거듭하면서 개인적 삶을 도모하는 현실과적응형이라 할 수 있다. 반면 정비석의 「간호장교」 속의 건호와 선주는 개인적 희생을 각오하고 문제에 부딪쳐 헤쳐 나가고자 하는 적극적이며 희생적인 현실타개형이다. 그리고 최인욱의 「저류」에서 영재는 제이국민병 징집을 피하기 위해 뜻에도 없던 순경의 길을 택한 현실도피형이라면, 김송의 「불사신」에서 혼란기를 틈타 오히려 치부하고자 하는 형兄은 시류편승형이라 할 수 있다.

그런가 하면 「제삼인간형」이나 「제비」・「분별」 등의 작품 속에는 변질 내지는 굴절형, 혹은 뒤틀린 인간상이 그려져 있다. 이들 작품의 주인공들은 대개 문인이나 교사 등 지식인으로 전쟁, 그리고 피란이라는 비참한 현실 속에서 부정적인 쪽으로 굴절된 삶을 살아가거나, 현실의 중압감으로 본래 자신의 모습을 잃고 갈등을 겪거나 한다.

이와 같은 여러 가지 유형의 인물들은 비단 소설 속에 묘사된 허구적 인물만이 아니라 당대 현실적 인물의 하나라고 말할 수 있다. 주지하다시피 전쟁의 와중에 일어난 국민방위군 사건에 연루된 인물들이 있었던가 하면, 낙동강 방어선에서 군번도 계급도 없이 백의종군하다가 무수히 죽어 간 대한학도의용대29)들도 있었다. 이러한 여러 인물들이 동시대, 같은 환경 속에 공존하고 있는 것이다. 그것이 세상이며 그러한 모습을 그리는 것이 바로 소설이란 문학 장르라고 이해할 수도 있다.

1954년 제2회 자유문학상 수상 작품인 「제삼인간형」은 전쟁기 소설 중 여러 논자들의 주목을 받은 작품 중의 하나로 여기에는 세 가지의 인물형이 그려져 있다.

첫째는 조운照雲으로 대변되는 변질 내지는 굴절형의 인물이다. 그는 사변 전 병적일 정도로 문학만을 고집했던 고고한 작가였다. 철학적 명제, 난해한 문체로 독자적인 영역을 구축하여 문단인들의 존경을 받았다. 그러면서 과작寡作이라 할 만큼 생활을 위하여 매문賣文은 결코 하지 않음으로써 초라한 몰골에다 생활은 늘 궁핍하였다. 이처럼 문학에 대한 일종의 결벽성까지 가졌던 조운은 전쟁을 겪으면서 속물적인 인간으로 변신한다. 즉 전쟁의 와중에 문학에 대한 소신과 이념을 버리고 운수업으로 떼돈을 벌게 되면서 세속적 향락에 몸을 맡겨 버린다.

---

29) 전쟁기념사업회, 앞의 책, 231쪽.

일이 바쁘기도 하려니와 돈 버는 재미는 또 지금까지 생각지도 못했던 새로운 경지인지라 나는 저도 모르는 사이에 그 세계에 디끄러져 들어갔네. 얼굴을 찡그리고, 무얼 생각하고, 값싼 담배를 하루에 오십 여대씩이나 연달아 피워 가며, 좁은 방에서 떠드는 아이들에게 신경질을 부리면서 원고지 빈 칸을 메꾸는 그런 생활이 고리타분하게 여겨지네. 일절 생각을 하지 않으니 몸이 나고, 마음을 즐겁게 가지니 이맛살이 펴지고, 잘 먹고 잘 자니 얼굴이 붉어지고. 처음 얼마 동안은 이런 생활이 올바른 것일까? 일종의 가책도 있었으나 에라 내가 한국에서 글을 썼댔자「푸로벨」이 되겠나,「지이드」가 되겠나, 한푼 어치 값도 못가는 것을 글이랍쇼 신문 잡지에 인쇄하여 이름이 알려졌다는 것으로 괴뢰적당의 박해의 대상이 된 것밖에 더 있었느냐?30)

위 구절로 보아 작가 조운의 변모 과정에는 두 가지 요인이 발견된다. 첫째는 아무리 글을 써보았자 플로베르나 지드와 같은 작가가 될 수 없다는 자기 한계에 부딪혀 체념 상태에 이르고 말았다는 점이다. 둘째는 문학적으로 유명 인사가 된 것이 오히려 전쟁 중 생명의 위협으로 작용했다는 점이다. 전자가 내적 요인이라면 후자는 외적 요인이라 하겠다. 물론 두 가지의 선행 요인으로는 전쟁의 충격으로 인한 인생관의 변화라는 점을 지적하지 않을 수 없다. 조운은 적치 90일 동안 숨어 지내면서 인간이 지을 수 있는 온갖 죄악과 삶의 터전이 폐허화하는 것을 목격하면서 그가 보물처럼 간직해 왔던 문학적 이념, 인생에의 고민 등이 부질없는 것이라 판단한 것이다. 그리하여 그는 진실한 가치를 포기하고 세속적 가치를 택한 것이다. 조운 스스로도 이 같은 삶이 결코 참삶의 방법이 아니며, 시대나 사회가 요청하는 삶의 방법은 더더욱 아님을 안다.

미이가 말하는 그 사명을 찾는 길, 사명을 다하는 일을 나는 사변이라는 외적인 격동 때문에 포기하고 만 것일세. 가장 잘 생각하는 척하던 나는 가

---

30) 안수길,「제삼인간형」, 국방부 정훈국,『전시한국문학선』, 1955, 164~165쪽.

장 바보같이 생각했고, 부박하다고 세상을 모른다고 여기었던 미이는 사변에서 키워졌고 굳세여졌고, 올바른 사람이 된 것일세. 이렇게 생각하자 나는 천야만야 낭떨어지를 구을러 떨어지는 듯했네.31)

이처럼 작가는 전시에 조운이 선택한 삶의 길, 즉 일반 지식인들이 드러내기 쉬운 소시민적 속물근성과 위기의 상황에 응전력은 고사하고 의지도 갖지 못하고 변질 혹은 굴절하고 마는 것은 옳은 삶의 방법이 아님을 강조하고 있다.

두 번째의 인물형으로는 조운의 반대쪽에 서 있는 미이라는 문학소녀다. 그녀는 「간호장교」의 선주나, 「선물」의 간호부장 또는 오은희와 매우 흡사한 인물로 적극적인 현실참여형 내지는 현실타개형이다.

미이는 모 회사 중역의 딸로 부유한 가정에서 자라난 명랑하고 활달한 성격의 소녀다. 여의대에 다니다가 그만두고 작가 조운을 흠모하여 따라다니던 문학 지망생이었다. 그러나 그녀의 가정은 전쟁으로 무참히 파괴되어 간다. 폭격과 파산, 오빠의 행방불명과 아버지의 반신불수, 모녀의 생활고 등 전쟁의 모진 체험을 통해 현실에 대한 인식 전환과 더불어 보다 강한 응전력을 갖추게 된다. 피란지 부산에서 어머니의 목탄 장사로 끼니를 이어 가면서 취직 자리를 구하러 다니다가 조운을 만난다. 조운이 다방을 차려 주겠다고 제의하지만 미이는 오히려 속물적 인간으로 변모해 버린 그에게 크게 실망하고는 간호장교의 길을 지원하여 떠난다. 이는 곧 시대적 사명에 충실하고자 한 것이다.

한편 세 번째 인물형 즉 제삼의 인간형으로는 조운과 미이의 중간에 서 있는 석으로 대표되는 갈등형의 인물이다. 석은 전쟁 전 문인으로 K신문사 기자였다. 그는 피란 생활의 고난 속에 이상과 현실을 돌아보며 갈등하고 고민한다.

---

31) 위의 작품, 168~169쪽.

이십 년 마음의 지주였고, 생활의 목표였던 그 길을 이제 일조에 분필로 바꾼다는 것이 자신을 배반하는 일밖에 되지 않았다. 더욱이 제 자신에 충실하여 학교를 그만 둔다면, 또 그나마도 생활의 방편이 막히는 것이었다. 직업에도 충실하지 못하고, 자신에도 엉거주춤하고, 이러한 자책의 채찍을 맞으면서, 석은 점심 밥그릇과 원고지권이 함께 들어 있는 무거운 가방을 들고, 벌써 십여 개월, 날마다 삭막한 통근 코오스를 흐리터분한 분위기 속에 학교를 왔다 갔다 하였다.[32]

피란지에서 호구지책으로 간신히 Y학교 교사로 취직하여 다니면서 그의 이상 세계인 문학과 현실적 생활 사이의 거리를 조정하지 못하고 자책과 자괴감에 빠져 있는 모습을 읽을 수가 있다. 그리하여 성격조차 변해 간다. 술이 늘고 허언虛言에다 다변으로 주정이 심해지며, 울기도 하고 피투성이가 되어 돌아오기도 한다. 현실적 중압감이 그가 본시 지녔던 인간성조차 뒤틀리도록 만든 것이다. 제라파는 인물 창조 과정의 유의사항으로 주인공은 이상과 현실 사이의 분열 및 괴리 현상이 빚어낸 희생물임을 인식해야 할 것[33]이라고 한 점에 비춰 보면 석의 경우가 그에 합당한 인물이라고 볼 수 있다.

비록 이 작품에서 석을 통해 이러한 심약한 심성이 단호한 행위의 소유자보다도 작가가 처해 있고 그려내고자 하는 시대적 정황에 훨씬 민감하게 반응할 수 있는 인물[34]이라는 점이 이해된다 하더라도, 결국 그로부터는 현실적 무능을 읽을 수밖에 없고, 따라서 역사의 뒷전으로 물러날 수밖에 없는 낙오자의 한 사람으로 인식될 뿐이다.

도전에 대하여 거꾸로 가는 조운, 마주 선 미이, 그리고 주저앉아 버린 석 등 작가는 이러한 인물이 전쟁기를 살아가는 대표적인 인물임을 제

---

32) 위의 작품, 152~153쪽.
33) Michel Zeraffa, 『Fictions』, translated by Catherine Burns and Tom Burns, Penguin Books, 1976, p.46.
34) 송상일, 「안수길의 제3인간형」, 『한국 현대소설 작품론』, 문장, 1981, 281쪽.

시하면서, 현실의 고난을 극복하고자 하는 미이와 같은 인물을 찾았던 것이다. 그리고 석을 통해서 당시 피란살이에 급급했던 대다수의 문인들이 처했던 심경과, 다음 대목처럼 문학이 자리했던 척박한 현실적 토양도 함께 드러내고자 했던 것이다.

> 문화는 그 독자성을 포기했다. 활자와 활자, 그림과 그림, 노래와 노래가 '메가폰'으로 변하였다. 민의와 민의가 불똥을 티우고 부디쳤다.35)

당시 문학이 자리했던 현주소를 직접적으로 알려 주고 있다.

여러 논자들에 의해 전시문화정책론 내지 문화전선구축론 그리고 도구로서 전쟁문학론 등이 널리 제기되었음을 앞서 살펴보았듯이, 이러한 문학론과 관련되어 전쟁기 문학이 개인적 정서와 상상력을 존중하는 문학으로서의 그 발목이 시대와 상황이란 끈에 의해 묶여 있음을 말하고 있는 것이다. 또한 과거의 초연주의보다 효용성 회복이 시대적 임무36)라는 대의에 따르고자 노력하면서도 작가적 이상과 양심에 갈등을 겪어야 했던 작가 안수길 자신을 비롯한 당대 문인들의 심경을 대변하고 싶어 했던 것이다.

동 작가의 「제비」 역시 피란살이의 고난과 더불어 뒤틀린 인간상을 보여 주고 있는 작품이다.

부산으로 피란 온 주인공은 생계가 막연해지자 '담배 오락', 즉 숫자판 위에 담배를 올려놓고 하는 도박판을 벌이다가 결국 그 자신이 제비뽑기에 말려들어 가진 돈을 모두 잃는다는 얘기로 인간의 사행심과, 작가가 피력한 바 있었던 운명론적 인생관37)을 드러내고 있다.

---

35) 안수길, 앞의 작품, 151쪽.
36) 구상, 「종군작가단 2년」, 『전선문학』, 1953.2, 59쪽.
37) 안수길은 개인을 둘러싸고 있는 종족과 환경, 인생과 결론, 성격과 재능 등이 모두 제비뽑기 같은 것이라고 한 바 있다. 「추첨」, 『문예』, 1952.1, 65~66쪽 참조.

윤호가 본래 사행심이 컸던 인물은 아니다. 어떤 회사에 취직했다가 경영난으로 문을 닫게 되면서 조석 끼니가 다급해지자 생계를 궁리하던 끝에 적은 밑천으로 시작한 일이다. 때로 얼마간의 돈은 벌기도 하지만 마음은 편치 못하다. "멀쩡한 사내자식이 이런 것으로 밥을 먹다니……"38) 하면서 자책하기도 하고, 어린 학생이 담배 오락판에 끼어들자 타일러 보낼 생각도 하며, 또 그 학생에게 돈을 잃게 되자 상대가 소년이라는 생각도 잃어버리고 투전판에 몰입하기도 한다. 이처럼 이 작품도 현실과 양심 사이에서 갈등을 겪기도 하지만, 환경과 삶의 고난이 한 인간을 부정적인 방향으로 굴절시키고 있음을 말하고 있는 것이라 할 수 있다.

김이석의 「분별」에서는 한 지식인이 「제삼인간형」의 조운이나 「저류」의 영재처럼 속물적 인간으로 변신을 거듭하다가 끝내 파멸하고 마는 과정을 보여주고 있다.

서울서 교원 생활을 하던 박응섭은 피란지 부산에서 속고 속이는 장사꾼으로 변신한다. 피란살이에 모두들 고생이 심하지만 응섭은 교원 생활을 할 때보다 오히려 더 많은 돈을 벌고 넉넉한 생활을 한다. 교원으로서의 양심이나 지식인으로서의 사회 혹은 시대 의식을 망각한 채 속물적 인간으로 전락해 가던 응섭은 남을 속이면서까지 치부하려 했던 비인간적 행위가 결국 자신의 몫으로 되돌아와 돈을 잃고, 인격적 모멸까지 받음으로써 파멸지경에 이르고 만다.

이상의 작품에 등장되는 인물들 중 현실에 마주 서서 곧바로 대응하고자 했던 미이를 제외하면 모두들 뒤틀린 인간상 내지는 굴절된 삶의 모습을 보여 주고 있는 인물이다. 현실적 고난에 대하여 개인적 영달의 기회로 역이용하거나, 그 중압감에 짓눌려 굴복 혹은 변질되거나, 어정쩡한 자세로 갈등하지만 무능함을 의미하는 것에 지나지 않거나 한다. 그들의 행위나 성격적 변모에는 어떤 형식으로서든 주체와 객체, 즉 환

---

38) 안수길, 「제비」, 『문예』, 1952.5 · 6, 105쪽.

경 사이에 조정 관계의 일환으로 보아 사회적 활동으로 파악될 수도 있다. 그러나 면밀히 따져 보면 그들 앞에는 단지 배고픈 현실만이 놓여 있을 뿐이다. 결국 그들의 사회적 활동이란 시대나 역사와 유기적 관계를 맺지 못하고 개인적 생존의 차원에 머물러 있음이 확인된다. 이것이 이들 작품에서 창조된 허구적 인물로서의 한계인 동시에 전쟁기 소설로서 단순히 세태묘사에 그치고 말게 된 한계인 것이다.

2) 먹고살기 방도와 윤리적 파탄상

김우종은 한국전쟁이 몰고 온 정신사적 변화의 하나로 한국의 전통적인 가치관이 결정적으로 바뀌어 버린[39] 점을 들고 있다. 즉 전쟁은 기존의 사회구조를 해체시킴과 더불어 전통적인 가치 개념을 근본적으로 흔들어 놓았다는 것이다.

물질적 궁핍 속에 안주할 공간을 잃고 헤매게 되면서 배금주의 사상이 팽배해졌다. 일반 시민은 물론 양가良家에서도 남녀노소를 불문하고 직업 전선에 뛰어들지 않을 수 없었고, 거기에는 직업에 대한 귀천을 챙길 여유도 없었다. 특히 아버지나 남편 등 한 가정의 가장은 일선에 가 있거나 인민군에 의해 납치 혹은 행방불명되고, 후방의 피란지에는 대부분 노인이나 여자 그리고 어린아이들만 남겨졌던 당시의 상황을 상기해 보면, 그들은 경제적 활동 능력도 부족했을 뿐만 아니라 할 수 있는 일조차 극히 제한될 수밖에 없었다.

따라서 생계를 이어 갈 수 있는 일이라면 어디서든 무엇이든 해야 했다. 그러나 노인과 어린이 등 많은 식솔을 데리고 피란살이의 생계를 떠맡은 아녀자들이 할 수 있는 일이란 대체 무엇일까. 전쟁기의 많은 소설들은 이런 도식을 제공한다. 처음에는 가진 것을 하나하나 내다 팔면서

---

[39] 김우종, 『한국 현대소설사』, 성문각, 1989, 317쪽.

끼니를 이어간다. 그러나 그것도 잠깐, 얼마간 남은 돈으로 행상이나 좌판을 벌인다. 그것마저 생계 수단이 못 되어 하루 이틀 굶다가 끝에 가서는 결국 자신의 몸뚱아리를 내다 판다. 도식적인 전락의 과정이다.

인간의 가장 기본적인 욕구는 경험에 의해서 이루어진 문제라기보다는 생존 유지와 연관된 문제[40]라고 한다. 인간은 누구나 원시적 충동 혹은 생존의 본능을 가지고 있다. 그것이 채워지지 않을 때 작게는 욕구불만을 가지게 되고 크게는 생명 유지가 불가능하게 되는 것으로 모든 갈등은 여기에서 비롯된다.

작중인물들의 사고와 행위의 갖가지 양태를 통해 드러나는 갈등은 전쟁이라는 극한적 상황을 맞아 일차적으로는 어느 개인이든 가질 수밖에 없는 절망감과 패배의식으로부터 시작된다. 다음으로는 그러한 현실적 환경을 타개하기 위한 개인 나름대로의 몸부림이나 대응 태세가 강구될 것이다. 한 개인의 생존을 위한 본능적 의식이나 행위가 다른 개인 혹은 공동체와 공존이 불가능할 때 필연적으로 갈등 관계에 놓이게 된다. 거기에 개인적으로는 이기심과 양심 혹은 윤리·도덕의 문제로 갈등을 겪을 것이며, 타자와는 삶을 위한 자리다툼으로 번져 나갈 것이다.

따라서 아무리 노력과 방도가 불허되는 상황이라 하더라도 먹고산다는 문제는 어떻게든 해결되어야 한다. 그러므로 정당한 노력이나 방도가 아닌 경우도 모색될 수밖에 없다. 거기에 윤리나 도덕의 문제가 개입될 것이며 갈등이 수반될 것이다. 가령 얻어먹기·훔쳐먹기·빼앗아먹기를 생각해 보면 욕구 충족을 위한 공격성의 강도에 따라 사회적 규범이나 도덕성도 비례하여 파괴됨을 알 수 있다. 그리고 전쟁기 소설에 흔히 찾아볼 수 있는 몸을 팔아서 먹고살기는 훔쳐먹기나 빼앗아먹기 정도의 규범이나 도덕 파괴는 아니다. 즉 먹고살기의 방도가 막힌 상황에서 적어도 빼앗아먹기 정도의 사회 규범과 윤리 도덕적 파탄이 아닌 길

---

40) 서사연 옮김, 앞의 책, 98쪽.

의 하나로 매음 행위가 선택된 것임을 이해할 수도 있다.
　전쟁기 소설로, 피란지 배경에다 여주인공의 소설은 매음 모티프가 주축을 이루고 있는 작품이 대부분이라고 보아도 좋다. 이는 비단 소설 속의 이야기만은 아니다. "생활 수단을 얻기 위하여 유부녀나 여학생까지도 정조를 팔기 시작했다"[41]고 한 것처럼 성윤리에 관한 한 매우 보수적 성향을 띠었던 민족이 전쟁을 거치면서 매음 행위가 사회의 곳곳에 만연하게 된 것이다.
　그것에는 물질적 원인뿐만 아니라 다국적 유엔군이 한반도에 진주하면서 서구의 자유주의적 사상이 광범위하게 유입되었고, 그들의 성적 욕구와 달러의 유혹이 부추겼던 것이다. 그리하여 대도시의 피란지나 기지촌 주변에는 소위 양공주들이 독버섯처럼 번성해 갔던 것임을 안다. 이러한 문제에는 반드시 먹고살기와 윤리나 도덕 또는 양심과의 충돌이 빚어지기 마련이다. 그러나 이 양자의 충돌에는 항시 먹고살기가 우선임을 전쟁기의 소설은 보여 준다. 결국 윤리·도덕의 타락상이며 정신적 황폐화를 말하고 있음이다.
　이와 같이 피란민의 전락하는 삶의 모습이나 먹고살기 위한 몸부림에 따라 전도되어 가는 성윤리 의식을 다루고 있는 소설로는 「거품」·「해 지는 보금자리 풍경」·「대가 외 삼제」·「고요한 밤」·「안개는 아직도」·「속물」·「퇴폐의 장」·「빙화」·「자매 계보」·「절정」·「심화」·「나는 너를 싫어한다」·「처녀 애장」·「골목집」·「전환의 역정」·「비가」·「혼선」·「죄와 벌」·「그 모녀」·「하늘은 오늘도 푸르러」·「나체상」·「전락의 기록」·「자매」·「패배자」·「양심」·「감」 등 상당히 많은 작품이 있음을 볼 수 있다.
　이 작품들은 두 가지 측면에서 고찰될 수 있다. 하나는 삶의 전락의 요인을 확인하는 문제이고, 다른 하나는 삶의 전락 과정 혹은 먹고살기 위

---

41) 김우종, 앞의 책, 318쪽.

한 몸부림의 과정에서 부딪히는 윤리·도덕과의 충돌 양상을 확인하는 문제다.

이들 작품에 그려진 전락 과정이나 그 전락의 끝자리인 매음 행위에 이르기까지의 배경은 물론 앞서 논급한 것처럼 전쟁과 피란이라는 환경적 요인이 광범하게 깔려 있다. 그 원인이 환경적 요인에서만 찾아질 때에는 소위 환경 무한책임론42)이 적용될 것이다. 그러나 위의 작품들은 환경 무한책임론으로만 돌리고 있는 작품은 아주 적다. 크든 작든 개개인의 내재적 요인 즉 성격적 결함·허영심·부정·안이한 선택 등이 개재되어 있다. 결국 작가는 인간의 삶은 개인과 환경의 조화 활동이며, 개인적 각성 없이 환경과의 조정이란 지난至難한 것임을 환기시키고 있다고 하겠다.

한편 이와 같이 성 문제를 다룬 소설을 두고 임긍재는 "양아주머님들의 교양부 역할을 면치 못할 정도의 통속 영역을 벗어나지 못한 채 매음굴을 배회하고 있는 듯한 감을 주는 것"43)이라 하면서 통속문학으로 몰아붙였다. 물론 당시 일부 대중소설 작가들의 신문 연재소설이나 단행본으로 출간된 통속적 대중소설들과 함께 싸잡아 폄하했던 것이겠지만, 이런 유형의 작품들이 적지 않고 실제로 많이 읽혔을 뿐 아니라44) 세대의 중요한 일 부면을 파악할 수 있다는 점에서 가볍게 보아 넘길 일은 아니라고 생각한다.

위의 작품들은 전락이나 윤락의 원인 면에서 내재적 요인이 보다 큰 경우와, 환경적 요인이 보다 큰 경우로 나누어 볼 수 있고, 윤리 문제가 거세되고 먹고살기 위한 유락가의 모습이 그려진 경우와, 그 반대로

---

42) 조남현,『한국 현대소설의 해부』, 문예출판사, 1993, 30쪽.
43) 육군종군작가단,『전선문학』: 임긍재,「전시하의 한국 문학자의 책무」, 1952.4, 10쪽.
44) 구상은 신문이나 잡지 등 출판 기관마다 종군작가들의 종군이나 전선을 취재한 작품은 경원 기피하고 관능적 연애물만 독자들에게 영합 출판한다는 문학적 풍토에 대한 불만을 토로한 바 있다.
  구상,「종군작가단 2년」,『전선문학』, 1953.5, 58쪽 참조.

먹고살기와는 무관한 윤리 자체의 타락상을 그린 경우로 나누어 볼 수 있다.

첫째, 내재적 요인이 보다 큰 원인으로 나타나 있는 작품으로는 「해 지는 보금자리 풍경」·「거품」·「그 모녀」·「안개는 아직도」를 들 수 있다.

염상섭의 「해 지는 보금자리 풍경」은 어느 자매의 부산 피란살이를 그린 소설로 소위 먹고산다는 문제를 다루고 있다. 이들 자매의 먹고살기 방식은 내놓고 하는 매음은 아니지만 육체를 담보로 하는 것으로 먹고살기가 윤리나 도덕에 앞서고 있음을 보여 주고 있는 것이라 하겠다.

시집에서 쫓겨난 정원은 1·4후퇴 때 부산으로 단신 피란, 과부가 된 언니 순원과 국민학교 2학년생인 조카와 셋이서 단칸방을 얻어 피란살이를 한다. 여학교를 갓 나온 후 삼남 일대에서는 손꼽는 집안이라는 곳으로 시집을 갔던 정원과 학생들로부터 사모님 소리를 듣고 살았던 순원이 피란지 부산에서 겪는 고난은 전쟁이라는 거대한 환경이 그 원인임은 물론이다. 그러나 이들 자매에게는 전쟁 그리고 피란 이전에, 보다 일차적이고도 내재적인 원인이 자리 잡고 있음을 알 수 있다. 정원은 사귀고 있던 애인을 두고 살림살이가 넉넉하고 명문가라며 우기는 바람에 못 이겨 별 마음에도 없는 결혼을 한 것이 불행을 초래하게 된 첫 번째 잘못이라면, 결혼 후에도 옛 애인과 다시 만난 일이 시집 식구에게 들켜서 쫓겨나지 않을 수 없게 된 것이 두 번째 잘못이다. 언니 순원의 경우는 골골하던 남편이 코흘리개 아들을 두고 죽어 버린 것이 불행의 단초다. 정원의 경우는 내재적 요인이 크다면 순원의 경우는 보다 운명적 비극이다. 어느 쪽이건 전쟁 이전에 이미 이들 자매의 불행은 시작된 것이었다. 거기에다 전쟁으로 인한 피란은 그 고난을 한층 가중시켰으며 전락의 길로 몰고 간 중대한 계기가 되었던 것이다.

이 작품에서 정원 자매의 먹고살기는 「골목집」의 명이나 그 언니, 「속물」의 지 서방 아내의 경우처럼 절박한 먹고살기는 아니다. 정원의 경우

당장 걱정거리는 어떻게 하면 좋은 겨울 외투를 사 입을 수 있을까 하는 것이다. 그녀는 지난 밤 댄스홀에서 만났던 청년을 다시 만나러 가는 길에 걸치고 있는 철 지난 스프링코트가 초라해 보일까 봐 조바심한다. 순원도 마찬가지다. 누가 밑천만 대어 준다면 벗고 나서서 술장사라도 하겠다는 그녀의 생각처럼 피란살이가 궁하기는 하지만 그녀가 사귀고 있는 한 선생으로부터 받은 용돈으로 선뜻 양담배를 사서 동생 부부에게 던져 줄 만큼 한두 끼 밥의 문제는 아니다. 이들 자매의 먹고살기는 피란민의 절박하고 극한적인 생존의 모습이 아니라 잘 먹고살기 위한 세속적인 욕구와, 그 욕구를 충족하지 못하는 데서 오는 불만을 의미하는 것이다.

그리고 이들의 먹고살기는 육체를 담보로 한 거래를 통해서 해결한다. 정원은 댄스홀에서 만난 유만영과 교제하면서 물질적 문제를 해결한다. 겨울 외투도 다시 합솔하자고 하는 전남편에게 어정쩡한 대답으로 기대를 갖게 하고는 얻어 입는다. 순원도 피란지에서 만난 가정이 있는 한 선생과 사귀면서 도움을 받는다. 또 때로는 집 앞 가겟집으로 가서 주인 노총각과 적당히 놀아 주고는 아들의 군것질을 해결하기도 하고, 물건의 셈을 흐지부지하기도 한다. 이들은 사창가를 무대로 드러내 놓고 하는 매음은 아니지만 남자와 남자들 사이에서 줄타기를 하면서 육체적 거래를 통해 생활을 해결한다. 이렇듯 그들의 의식과 행동에는 현실 삶의 원리가 전면에 나서 있는 반면 윤리나 도덕이 가리어져 있음을 확인할 수 있다.

정원 자매뿐만 아니라 이 소설에 등장하는 인물 중 도덕적인 인물은 하나도 없다. 유만영은 군수물자로 들어오는 약품이나 메리야스를 훔쳐내거나 밀수를 한다. 또 부정하게 번 돈으로 얼마간의 생활비를 보태 주면서 정원을 애인으로 삼는다. 한 선생도 유부남이지만 적당히 순원의 방을 들락거린다. 정원의 전남편도 필요에 따라 정원과의 거래를 시도

한다. 가겟집 노총각도 음험한 사람이다. 그러나 여기에 등장하는 인물들이 전체적으로 비도덕적인 인물로 그려져 있기는 하지만 어느 일방이 기생寄生하는 철면피한 인물은 아니다. 정원은 형편이 나빠진 유만영에게 외투를 사 달라고 떼쓰지 않고 일찍 포기한다. 그리고 전남편과 함께 국제 시장 통을 걸어가면서 유만영을 만날까 봐 조바심하기도 하고, 전남편이 외투를 사주는 교환 조건이 무엇일까 하는 걱정으로 차茶맛도 모르고 마시기도 한다. 무엇인가 받으면 무엇인가 주어야 한다는 생각이다. 최소한의 양심의 흔적이 발견된다. 이들은 서로간의 필요, 즉 애욕의 충족과 물질의 충족이라는 것을 조건으로 하는 거래 관계이지 어느 한 쪽의 지배 관계나 기생 관계는 아니다. 그런 면에서 이 소설 속의 인물들은 극단적이며 단선적 인물이 아니라 환경에 따라 변화 발전하는 일상적인 인물인 동시에, 매우 세속적이며 먹고살기가 힘들었던 당대 음지 삶의 모습을 체현하고 있는 인물이라 할 수 있다.

동 작가의 「거품」이나 강신재의 「그 모녀」도 내재적 요인과 전쟁이란 환경적 요인이 결부되어 전락하는 삶의 과정을 보여 주고 있는 작품이다.

강신재의 「그 모녀」에서도 모녀의 삶의 전락 과정에는 내적·외적 요인이 함께 작용하고 있음을 찾아볼 수 있다. 어머니의 과보호와 딸의 허영심은 잘못된 삶의 길로 떨어지게 된 한 내재적 요인이라면, 전쟁과 남편의 피랍, 그로 인한 가정의 파괴 등은 환경적 요인이라 할 수 있다.

인간 삶의 과정에서 때로 힘든 시련을 만날 수 있다. 그 중 전쟁만큼 총체적이고도 극단적인 시련도 드물다 할 것이다. 그러나 과거 수많은 전쟁에도 불구하고 그것을 훌륭히 극복하고 발전적이며 진보적인 삶을 구축해 왔음은 인류의 지난 역사를 통해서 충분히 증명된다. 위의 작품에는 전쟁이라는 위기 상황에서 국가와 민족을 위한 그 무엇은커녕 개인적 삶의 문제까지도 적절하게 대응하지 못하는 인간의 모습을 그리고 있다. 또 그들이 겪는 고난과 비극의 배후에는 환경적 요인뿐만 아니라 내재적 요인이 크게 결부되어 있음을 말하고 있다. 인간은 환경의 영향권 내에 있기는 하지만 그것을 극복할 수 있는 존재인 동시에, 극복하려는 의지와 노력이 인간 삶의 중요한 가치임을 인식한 작가들은, 환경 무한책임론에 선을 긋고 제동을 걸었던 것이다.

박용구의 「안개는 아직도」에서도 역시 전락한 여성을 그리고 있는데, 주인공이 매춘을 하게 되기까지의 과정에는 전란이 중대한 원인이 됨은 물론이지만, 그 이전 그녀를 사랑하던 성실한 남자를 버리고 피란해야 할 다급한 상황에 처하게 되자, 생활의 안정을 도모하여 피란지에서 가정이 있는 남자와 살림을 차린 것이 보다 심각한 원인이었다.

둘째로 「나체상」·「속물」·「처녀 애장」·「전락의 기록」·「퇴폐의 장」 등은 환경적 요인이 보다 큰 전락의 원인으로 나타나 있는 작품들이다.

김송의 「나체상」은 현숙했던 여인이 창녀로 전락하기까지의 과정을 그린 작품이다. 비교적 넉넉하고 안정된 가정을 가졌던 주인공 여인이 피란지에서 겪는 고난은 화가였던 남편이 인민군에게 납북되면서 시작된다. 말하자면 전쟁 이전의 내재적 요인을 안고 전쟁을 맞이한 것이 아니라 전쟁으로부터 시작된 것이다. 그녀는 네 살 된 아들을 데리고 피란지 부산에서 먹고살기 위해 온갖 몸부림을 한다. 그러나 그러한 노력에도 불구하고 실패를 거듭함으로써 전락의 나락으로 빠져들게 된다.

처음에는 가재도구를 내다 팔았다. 하지만 '곶감 빼먹듯이' 팔아먹고만 산 것이 아니라 그것을 밑천으로 하여 양키 물건 장사를 시작한다. 그러나 어느 정도 성공을 거두어 물건도 불어나고 가게도 확장될 즈음 단속반에 걸려 몰수당하고 알몸만 남게 된다. 첫 번째 실패의 원인은 불법 물건을 취급했다는 것과, 유독 그녀가 단속반에 걸려들었다는 개인적 불운에 있다. 전자가 불법을 저지른 개인적 잘못이라면, 후자는 환경적 힘에 불행하게도 개인이 함몰하게 된 것이라 볼 수 있다. 결국 그녀의 실패에도 환경적 요인에다 내적 요인이 결부되어 일어난 것이다.

먹고살기 위한 두 번째의 노력은 달러 장사다. 남은 가재를 팔아 모험이란 것을 알면서도 시작한다. 그러나 이마저 실패한다. 적은 원금으로 상당한 돈을 벌었으나 극히 비밀리에 진행된 달러 개혁으로 그 동안 번 수천만 원의 돈이 몽땅 휴지가 되어 버린 것이다. 두 번째의 실패 역시 개인의 내적 요인과 환경이란 외적 요인이 결합되어 있다. 그녀도 모르게 단행된 화폐 개혁은 외적 요인이다. 반면 돈을 모아 두고도 적절히 운용하지 못한 점은 개인적 잘못이다. 그녀는 "달러를 모으는 데만 눈이 돌았을 뿐"45) 가재를 장만한다든가 집을 마련한다는 일은 공상만으로 그쳐 결과적으로 달러를 휴지가 되도록 방치한 셈이다.

이와 같이 두 차례에 걸친 파산으로 완전히 알몸만 남게 된다. 좌절과 절망 속에 일수 돈을 얻어 하루하루를 버티어 가던 그녀는, 마침내 먹고살기 위해서는 최후의 길을 선택하지 않을 수 없게 된다.

> 중년 부인의 말과 같이 모자 두 목숨이 한꺼번에 꺼져 버리지 못하는 이상, 내일 죽을지 모래 죽을지, 한 달 혹은 두 달 뒤에 어떻게 처참한 사태가 벌어질지 예측할 수 없는 전쟁판에 생활의 청탁(淸濁)을 논할 게 무엇이냐-하고 역경과 정면으로 부닥칠 심사도 복바쳤다.
> …(중략)…
> 그날 밤부터 새로운 사태가 벌어졌다. …… 달과 별에게서도 저바림을 받은 그 여자는 밤마다 그 문을 열어 놓고 골목의 풍속대로 모르는 그림자들을 흡수하며 호흡하고 살아왔다.46)

그녀가 선택한 최후의 먹고살기 방도는 자신의 몸을 내다 파는 것이다. 이토록 전락하기까지에는 앞서 살펴보았듯이 노력이 없었던 것도 아니고, 또 양심이나 도덕적 갈등이 없었던 것도 아니다. 남편의 최후의

---

45) 김송, 「나체상」, 『문예』, 1953.2, 117쪽.
46) 위의 작품, 120~121쪽.

유작遺作, 그녀를 모델로 그린 나체상裸體像을 보며 뭇 남성들의 유혹을 견뎌 왔고 흔들리는 몸을 추슬러 왔던 것이다. 그러나 '달과 별에게서도 저버림을 받은' 그녀에게는 세상에 대한 원망과 전락한 자신에 대한 저주만이 남아 있을 뿐이다.

> 그 여자는 마치 원수한테 덤벼들 듯 이를 악물고 칼을 집어 들었다. 화폭을 푹 찔렀다. 잔인하게도 이리 저리 함부로 내리그었다. 그것은 자기의 옛 몸둥아리를 찔으는 것으로 스스로 아픔을 느끼고 또 거기서 솟아나는 비명 통곡을 왼 세상에다 퍼트려 보자는 심정에서였다.47)

어느 날 거울에 비친 자신의 일그러진 모습을 보고는 남편처럼 소중히 간직해 왔던 나체상을 난자하는 장면이다. 원망과 절망감이 혼재된 극단적 몸부림이다.

이 작품 역시 주인공 여자가 전락의 끝자락까지 이른 데에는 전쟁이란 환경적 요인과, 스스로의 잘못으로 돌릴 수밖에 없는 내적 요인이 개재되어 있음을 살펴보았다. 그러나 양키 물건 판매가 당시에는 귀한 일이 아니었고, 달러 모으는 일도 한치 앞을 내다볼 수 없는 시절이었음을 감안한다면 전적으로 그녀의 탓만으로 돌릴 수는 없다. 따라서 그녀 역시 시대의 희생물이었던 것이다.

최인욱의 「속물」은 가난에 견디다 못한 여자가 돈 있는 남자를 따라 가버리고 남자 또한 그런 아내를 팔아 버린다는 이야기로, 고난을 극복하지 못하고 파멸하는 삶과 더불어 인간의 속악성을 드러내고 있는 작품이다.

주인공 지 서방池書房이 겪는 고난은 궁핍에 기인한다. 사변 전 서울서 인력거를 끌었던 그는 전쟁 통에 의용군으로 끌려가던 중 유엔군의 공습을 틈타 탈출하여 가족과 함께 대구로 피란, 지게꾼 노릇을 하며 지극히 어렵게 살아간다. 가족들을 먹여 살리기 위해 안간힘을 써 보지만

---

47) 위의 작품, 122쪽.

생활은 점점 어려워질 뿐이다. 피란민이 흩어지면서 벌이는 신통찮고, 물가와 방세는 천정부지로 치솟는다. 열 두 살 난 큰아들이 아파 누워 있지만 병원에도 갈 수 없다. 뿌리 없고 가진 것 없는 노동자의 비극이다.

지 서방네 가정이 파탄에 이르게 된 결정적 계기는 그의 아내가 가난을 못 이겨 돈 있는 남자를 따라 가출한 데에 있다. 지 서방의 아내 역시 살기 위한 노력을 안 한 것은 아니다. 날품 팔아 푼푼이 모은 돈으로 화장품 장사를 시작한다. 그러나 외제 화장품에 밀려 밑천만 날리고 만다. 더욱 장사랍시고 돌아다니는 통에 일곱 달도 채 안 된 딸마저 감기로 앓다가 죽는다. 거듭되는 불운과 고난으로 마침내 지 서방의 아내는 가정을 벗어나기 시작한다. 그녀의 전락 내지 탈선의 과정은 단계적으로 도를 더해 간다. 처음에는 분단장을 짙게 하고는 밖으로 나돌아다닌다. 다음에는 술을 마시고 늦게 들어오기도 한다. 드디어 외박을 하다가 끝내 가출하고 만다. 양키 시장에서 옷 장사를 한다는, 같은 집 아랫방에 세든 홀아비 박朴가를 따라 도망간 것이다. 가난이 가족 간의 윤리 의식, 남녀 간의 도덕성마저 빼앗아 간 셈이다.

지 서방의 아내가 이렇게 되기까지에는 일차적으로 가난, 즉 환경 탓이라는 점이 이해되기는 하지만 그녀 자신에게도 상당 부분 책임이 있다. 매우 힘들기는 하겠지만 지게꾼 벌이로 최소한의 생활은 지속될 수 있다. 거기에다 가족을 위한 희생이나 노력보다는 쉽게 저 혼자 도생의 길을 택했다. 그 길은 바로 윤리나 도덕을 망각한 성적 타락상으로 나타난다. 전쟁의 어떠한 비극적 상황에서라도 대다수의 당대 여인들이 시대의 질곡을 딛고 어머니와 아내로서 꿋꿋이 대를 이어 왔음을 상기해 볼 때 분명 지 서방의 아내와 같은 사람은 시대의 패배자이자 삶의 낙오자가 아닐 수 없다.

지 서방에게도 인간적 타락상은 발견된다. 아내를 찾아 헤매던 지 서방은 박가의 집에 있는 아내를 발견한다. 아내를 가운데 두고 싸우던 지

서방은 타협한다. 박가의 "이왕 이렇게 된 것 삼십만 원을 줄 테니 넘기라"는 박가의 말에 지 서방은 더럽다며 포기하고 아내를 팔아 버린다. 제자리로 돌리기 위한 노력보다는 쉽게 돈과 바꾸어 버릴 수 있는 지 서방의 윤리·도덕적 의식도 아내의 그것과 오십보백보다. 따라서 이 작품 역시 삶의 전락 내지 타락 과정에는 전쟁이란 환경적 요인에 크든 작든 내재적 요인이 함께 하고 있음을 보여 주고 있다고 하겠다.

그 밖에도 돈에 욕심을 내다가 텐(10) 달러를 갚지 못해 나이 오십이 다 된 명숙 어머니가 몸을 팔기 위해 길거리에 나선다는 이야기인 「퇴폐의 장」, 전쟁으로 상이군인이 된 약혼자를 떠나보내고 윤락녀로 전락한 어느 처녀의 이야기인 「처녀 애장」, 전쟁 후 1·4후퇴를 거치는 동안 부모를 잃고 어느 부잣집에 가정교사로 들어갔다가 주인에게 정조를 잃고 양공주로 전락한 여자 대학생의 이야기인 「전락의 기록」 등도 '전쟁—피란'으로 인한 삶의 전락 과정을 그리고 있는 작품이다. 이들 작품들도 다 그 전락의 원인 면에서 고찰해 볼 때 전쟁이라는 환경적 요인에다 크고 작은 개개인의 내재적 요인이 결부되어 있음을 발견할 수 있다.

셋째로 먹고살기 위해 윤락녀가 된 여인들의 비참한 삶의 모습을 보여 주고 있는 작품으로 「빙화」·「하늘도 오늘도 푸르러」·「골목집」 등이 있으며, 「고요한 밤」에는 창녀촌을 무대로 물질만능주의가 지배하는 삶을 그리고 있다.

박용구의 「고요한 밤」은 소년의 눈에 비친 윤락가의 이야기다. 이 소설의 주인공이자 화자인 포주의 아들 승호는 자기네 집 양공주들에게 손님을 끌어다 주고 돈을 버는 소위 팸프 소년이다. 승호를 비롯해 그의 집을 드나들며 팸프 일을 하는 소년들은 모두 국민학교 2~3학년생으로 열 살 내외의 어린 소년들이지만 그들을 지배하고 있는 것은 돈이다.

승호는 여러 누나들 중 파란 지전을 척척 잘 주는 숙자 누나를 제일 좋아하며 가장 예쁘다고 생각한다. 반면 제일 싼 담배만 찾고 기껏해야 백

원짜리나 주는 옥분 누나는 별로 좋아하지 않는다. 한 번은 옥분 누나가 성병으로 병원에 다니는 것을 눈치 챈 미군이 화가 나서 총을 쏘며 소란을 부릴 때에, 자신은 정작 옥분 누나가 병원에 다니는 줄도 모르는데 신통하게도 그 군인이 아는 것을 보고는, "지전이 듬북듬북 나올 수 있는 주머니는 그런 것도 잘 아는 것"48)이라고까지 생각한다. 육체가 돈으로 환산되는 윤락가에서 자라는 소년의 웃자란 물질 의식, 즉 돈으로 인간을 가늠하고 있음을 말한다. 또래의 아이들도 마찬가지다. 길수는 쌈패 대장이지만 승호에게는 고분고분하다. 고무신을 신은 명길, 나무 권총의 길수, 종이 권총의 인수 등 모두가 번쩍번쩍하고 소리가 나는 권총을 가지고 있는 승호를 부러워하며 한패가 되고 싶어 하고 그의 말에 순종한다. 아이들의 소꿉놀이에서조차 부모의 직업이나 가정 형편에 따라 알게 모르게 위계 질서가 서 있음을 볼 수 있다.

양공주들도 모두 돈벌이를 위해 동물적으로 움직인다. 얼굴과 몸매는 벌이와 직접적으로 연계된다. 이곳에서는 몸뚱아리가 밑천이자 모든 가치다. 거기에는 애초부터 윤리나 도덕은 부재 상태다.

> 지금도 낄낄거리고 있을 빨간 입술이, 헐더기는 가슴이 생각난다. 파란 지전이 스무 장. 헤트라이트같이 흐르는 파란 지전, 참 숙자 누나는 예뻐……. 그러기에 지전이 자꾸만 자꾸만 흐르지.49)

한두 마디씩 지껄이는 소년들의 영어, 소년의 꽁무니를 뒤좇아가는 술 취한 외국 병사, 웃음을 파는 양공주들, 모두 한국전쟁 이후 유엔군이 참전하면서 이 땅의 그늘진 곳에 새로이 돋아난 풍속도라 할 것이다.

독자들은 이 작품을 읽으면서 승호나 그 또래의 아이들의 장래를 생각해 보지 않을 수 없을 것이다. 윤락가라는 성장기의 환경, 일찍부터 자

---

48) 박용구, 「고요한 밤」, 『신천지』, 1952.3, 167쪽.
49) 위의 작품, 167쪽.

리 잡은 물질만능주의 정신, 궁핍과 노동 등 그들 주변을 둘러싸고 있는 모든 것들은 때로 각성의 요인이 되기도 하겠지만, 외상(trauma)의 조건들도 될 것이다. 그들의 장래를 단정할 수는 없는 일이지만 음지의 시절이었음은 분명하다. 이런 의미에서 이 작품은 성장소설(Bildungsroman)의 하나로 파악될 수도 있다.

이 밖에 곽하신의 「골목집」·「전환의 역정」·「비가(悲歌)」 등 매춘부의 삶을 다룬 작품과 동 작가의 「혼선」·「죄와 벌」 등 피란민의 삶 가운데 여인들의 전락 내지는 수난을 다룬 작품들도 있다.

넷째로, 위의 작품들 속에 나타난 성윤리의 파탄은 모두 먹고살기의 문제와 관련되어 있는 반면, 이무영의 「일야」, 유주현의 「자매 계보」·「심화」, 김광주의 「나는 너를 싫어한다」는 성윤리의 파탄이 인간의 성 본능과 향락에서 비롯된 경우로, 성윤리 그 자체의 타락상을 보여 준다. 이 경우 윤리적 파괴 문제가 한층 심각한 모습으로 부각된다.

「일야」에는 모녀간에 서로 다른 성윤리 의식과 태도를 대비시킴으로써 타락해 가는 세태에 대한 비판을 하고 있다. 중학교 미술 선생이었던 남편이 반동 학교에서 교육을 했다는 이유로 납치당한 뒤 1·4후퇴로 현숙은 두 딸과 함께 부산으로 내려가서 피란살이를 한다. 현숙이의 갈등과 고민은 남편이 없어진 상황에서 겪는 궁핍의 문제가 아니라 집안의 대들보가 없어진 지금, 장성한 큰딸이 밖으로만 나돌고 남자 관계가 복잡하지만 어떻게 하지 못한다는 데에 있다. 큰딸 영이는 대학 영문과에 적을 두고 있으나 며칠에 한 번씩 나갈 뿐 밤늦도록 남자들과 휩쓸려 다니며, 그것도 몇 달에 한 번씩 남자를 바꾼다. 근래 교제하고 있는 조한복이라는 청년과 성관계를 맺고 있기도 하고, 그 청년 또한 결혼할 의사가 있는 것 같아 딸에게 은근히 권유해 보지만, 그가 소학교 교사로 장래성이 없다며 거절한다. 결혼은 생활이며 선택은 현실적 가치에 있다는 것이다. 결혼을 전제로 하지 않는 영이의 남자 교제는 쾌락이다. 거기에는 모럴이 증발되고 없다.

> 조금도 부끄러워하는 티가 없었다. 뉘우치는 것 같지도 않았다. 코오티 분을 속아서 산 것은 두고두고 분개하면서도 조와의 잘못은 잘못값에도 안 가는지 일언반사가 없다.50)

이와 같은 딸의 태도에 그저 막막할 뿐이다. 현숙은 여자전문학교를 졸업한 인텔리로 성을 터부시하거나 완고한 의식을 보이지는 않는다. 다만 나가 잔다든지 남자 관계가 복잡한 딸을 걱정스러워 하며 "세대가 다른가?" 하고 반문하기도 한다.

딸의 문제로 우울한 나날을 보내고 있던 현숙은 길거리에서 우연히 남편과 동창이기도 하고, 결혼 전 자신과 서로 좋아했으나 문벌을 따지기 좋아했던 아버지의 반대로 헤어진 준구를 만난다. 남편을 납치당한 현숙과 아내와 헤어진 준구는 서로 외로운 처지에서 자주 만나게 되고 준구가 열병으로 누워 있는 동안 간호해 주면서 정이 깊어진다. 어느 날 현숙과 준구는 서로 성적 결합에 대한 갈등과 고민을 하다가 사회 윤리적으로 큰 죄가 될 것이 없다고 판단하고 동래 온천으로 놀러 가 하룻밤 묵게 된다. 그러나 끝내 현숙은 몸을 허락하지 못하고 밤을 지새운다.

> "인저 전 손들었습니다. 역시 전 고대에 속하는 여성인가 보아요. 골동품이어요. 골동품! 인저 절, 선생님 박물관에 갖다 진열해 놓아 주세요. 그러구 <고대의 여성> 이라구 까만 패에다 흰 글씨루 써 세우구요. 네 선생님! 그래 주시죠?"51)

박물관 사무장 준구 또한 잘했다고 생각한다. 현숙은 돌아오면서 그 하룻밤의 이야기를 딸에게 들려주어야 하겠다고 함으로써 성적으로 타

---

50) 이무영, 「일야」, 『수도평론』, 1953.6, 120쪽.
51) 위의 작품, 130쪽.

락해 가는 사회 일반의 각성을 촉구하고 있다. 현숙의 성문제와 관련된 사고는 물론 구세대 의식에 속할 것이나, 이것을 두고 현대적이 아니라는 말은 동서양을 막론하고 옳은 지적이 아니다. 난륜亂倫이 신세대 성 윤리가 아니듯이 인간의 보편적 도덕을 표상하고 있기 때문이다.

유주현의 「자매 계보」나 「심화」도 먹고사는 문제와는 무관한 성적 윤리 그 자체의 타락상을 그리고 있는 작품이다.

「자매 계보」에는 한 처녀가 형부에 대한 애욕 문제로 갈등을 겪는다는 이야기가 담겨져 있으며, 「심화」에는 남편이 피랍된 후 혼전에 자신을 사랑하던 남자와의 애욕 문제가 그려져 있다. 그러나 「일야」에 현숙의 결심과 같이 「자매 계보」의 영란英蘭은 질투심이 극에 달해 언니가 죽어 없어졌으면 하는 생각까지 하지만 형부를 차지하지는 않고, 「심화」의 안安 여사도 박 교수敎授에 대한 애욕에 빠져 갈등하기는 하지만 되돌아섬으로써 이성과 윤리를 찾은 것이지만 그 과정에는 현실 감정에 내맡기고 있는 충동적 태도 및 향락적이며 반윤리적인 성의식이 크게 노출되어 있다.

「자매 계보」를 두고 이 작품을 난륜亂倫이라고 한다면 창작 활동을 단념할 수밖에 없다는 작가의 변[52]이 있지만 전체적으로 윤리·도덕성의 회복에 의도가 있었던 것이 아니라, 현실 감정과 욕구에 충실하고자 하는 인간의 나상裸像을 그리고자 했던 작품이라 판단된다.

한편 김광주의 「나는 너를 싫어한다」는 정부 고관의 부인이 어느 궁핍 속에 피란 생활을 하는 음악가를 돈과 권력으로 유혹하지만 그는 그녀를 윤리·도덕의 파탄자로 경멸하면서 절연장을 보낸다는 줄거리로 사회 지도층 인사의 향락주의적 태도 윤리적 타락상을 비판적 시각으로 그린 작품이다.

먹고살기 위한 몸부림의 과정에서 부딪치는 윤리나 도덕적 문제와의

---

[52] 유주현, 「후기」, 『자매 계보』, 1953, 214쪽.

충돌 양상은 대체로 세 가지의 유형으로 나누어 생각해 볼 수 있다. 첫째는 지극한 고난을 겪지만 윤리나 도덕을 지켜 나가는 경우로, 인간성의 각성 내지 회복을 의미한다. 둘째로는 먹고살기의 방도 잘못은 곧 윤리나 도덕의 파괴이며, 종래에는 인간 자체의 파멸로 이어지는 경우다. 셋째로는 먹고살기가 우선임을 말하는 경우로, 윤리나 도덕이 가리어져 있으며, 여기에는 환경이라는 악조건이 합리화의 논리가 된다.

첫째 유형의 작품으로는 유주현 「패배자」(『문예』, 1953.6), 최독견의 「양심」(『신천지』, 1952.5) 등을 들 수 있다. 이 작품들은 피란살이의 궁핍과 고난 가운데에서 먹고살기 본능과 양심이나 도덕 또는 이성과의 갈등, 양심 지키기와 현실 원리의 거리 등을 포착하고 있다.

「패배자」에는 두 갈래의 갈등이 얽혀서 전개된다. 개인감정이나 이성과 지성 또는 도덕까지라도 버리고 살기 위해 몸부림치는 주인공 정심貞心이 내적으로 겪는 갈등과 함께, 패배의식과 체념 상태에 빠져 있으면서도 지성이나 이성을 죽이고 본능적 욕구에 따라 살아가기를 거부하는 남편 현수賢洙와의 갈등이 복합적으로 얽혀 있다.

남부럽지 않은 환경에서 대학을 나온 문학 지망생 정심과 신문기자로 순수문학에 대한 독자적 경지를 펼쳐 보였던 현수의 행복했던 가정이 무참히 파괴된 것은 전쟁 때문이다. 정심의 친정집 식구들은 모두 함몰되었고 남편은 병들어 누워 있다. 정심은 피란지 대구 빈민촌에서 옷가지를 팔아 가면서 하루하루를 때워 나간다. 마지막 옷가지조차 팔아 버리고 나자 막막해진 그녀는 무엇인가 근본적인 해결책을 찾지 않으면 안 된다고 생각하며 어떤 방식으로든 현실 문제를 타개하려고 노력한다. 반면 현수는 병든 몸에 생활력까지 상실함으로써 체념과 패배감에 휩싸여 있다. 그러면서 지성과 이성만은 살아 번뜩인다. 갈등은 여기에서 발생한다.

① "본능으루 사는 것은 동물야. 가치 의식이 있어야 해. 설령 자기 지성을 죽이고 비록 발광을 해서 1년을 더 산다고 합시다. 결과적으로 무슨 가치가 있겠오? 결국 1년을 더 살았다는 사실이 개인적으로나 사회적으로 무슨 의의가 있느냐 말야?"53)

② －서뿔른 체면만 버린다면 먹고 살 수 있을는지도 몰라－.54)

③ "안 될걸. 당신이나 나는 그런 점으론 병신이야. 뭐 고상하게 살기 위해서가 아니라 서뿔리 배워서 병신이 됐어. 배운 것을 미천으로 밥도 먹고, 옷도 입고, 그밖의 하고 싶은 짓을 다 하는 사람들도 있지만, 우리는 그 반대야. 어쭉잖은 지성 때문에 빤－히 내다뵈는 길을 얌전하게 타박타박 걸어가고 있는 거야. 우리 같은 존재들은 적어도 20세기에선 어느 사회에서든지 매장 당하고 있어. 붉은 사회에선 발길과 챗직과 그리고 총검으로 휘몰아 우리간에 집어넣고, 또 한 사회에선 표면으로는 어꺼를 두드리며 귀여워하면서도 돌려놓고는 손가락질을 하며 비웃거든. 우리가 살어온 길을 생각해 보구려. 남의 조롱과 비웃음이 두려워 얼마나 많은 의욕을 겪어 왔나? 그리고 그 결과가 무엇인가. 당신 요새 밖으로 많이 나댕겼는데 그렇지 않습니까? 지성이 자꾸 가루 걸려 의욕과 행동을 맘대루 할 수 없지 않더냐 말이요?"55)

④ "난 나대로 생각한 바가 있어요. 나도 이젠 내 감정이나 지성쯤은 개돼지에게 먹일 수도 있어요. 마지막 얘긴지는 모르지만 귀도 눈도 가리고 오직 정면에 있는 초점 하나만 볼 수 있게 두 구멍 뚫어진 가면을 쓰고 그러고 외골수로 한 번 달려 보겠어요."56)

위의 ①, ③은 현수의 말이고, ②, ④는 정심의 생각과 말이다. 현수의 의식에는 염세·체념·패배감이 혼재되어 있음이 확인된다. 그러면서

---

53) 유주현,「패배자」,『문예』, 1953.6, 149쪽.
54) 위의 작품, 154쪽.
55) 위의 작품, 157쪽.
56) 위의 작품, 158쪽.

인간 존재의 고유한 가치이자 인식 및 이해의 능력인 지성을 포기하는 삶은 한사코 거부한다. 한편 지성이란 본능적 삶에는 걸림돌이 된다. 현수도 그러한 사실을 잘 알고 있다. 포르트만과 겔렌은 생물학적 연구를 통해 인간과 동물의 차이를 밝힌 바에 따르면 인간은 다른 동물에 비해 비교적 미완성 존재로 태어나며, 미약한 본능을 가지고 있고, 신체적 조건이 비전문화되어 있다[57]고 한다. 즉 인간은 출생 후 완성되어 가는 성장 기간이 길 뿐 아니라 본능만으로 살아갈 수도 없으며, 다른 초식 혹은 육식동물에 비해 신체가 어느 한쪽으로 전문적인 발달도 하지 못했다. 그런데 인간은 이러한 조건 때문에 문화 창조가 가능했던 것이며, 동물적 본능만으로 살아가는 데 불편했기 때문에 사고·상상력·문명의 이기가 발달했다[58]는 것이다. 현수의 말 속에는 이러한 의미가 담겨 있다. 그리고 ③을 통해서 보면 와병이란 개인적 불행뿐만 아니라 시대 역시 삶의 굴레로 작용했다는 것을 알 수 있다. 공산주의 사회는 폭력으로 개인의 삶을 파괴시키고, 민주적 자본주의 사회 역시 지성과 정의가 매장당하고 있다고 하여 양비론적 시각을 가지고 있다.

 반면 정심에게는 현실 타개의 강한 의지가 보인다. 그 속에는 현수가 말하는 지성이나 윤리·도덕까지 포기할 수 있다는 뜻이 담겨져 있다. 정심은 체면을 억눌러 가면서 창녀인 창수 어머니에게 돈을 빌려 남편을 살리기 위해 약을 사기도 하고, 굶주린 식구들의 배를 채우기 위해 시장가의 쓰레기통을 뒤져 푸성귀나 멸치 꽁대기를 줍기도 한다. 그렇다고 해결될 기미는 조금도 보이지 않는다. 마지막 궁지에 몰린 그녀는 마침내 창수 어머니의 권유대로 화장을 하고 담배 피우는 흉내를 내면서 남자를 받아들인다.

 그러나 「빙화」의 한인순처럼 인간임을 포기하지는 못한다.

---

57) 이수용 외, 『인간 이해』, 형설출판사, 1948, 16쪽.
58) 위의 책, 16쪽 참조.

이것으로써 정심의 정지했다고 믿었던 오관의 기능은 부활하기 시작했
다. 아니 기능의 부활이 아니라 존속을 인식한 것이었다.
정심은 먼저, 남편과 자식을 두고 이 무슨 죄를 짓고 있는 것인가고 생
각했다. 그러자 사념(思念)은 일시에 수십 수백의 방사 상태로 제각기 다른
방향을 향해 사출(射出)되는 것이었다.[59]

몸을 맡기고 있던 정심이가 남자에게서 받은 돈을 다시 집어던지고는 집으로 달려온다. 그렇지만 그 대가는 가혹한 것이었다. 남편은 마지막 숨을 몰아쉬고 있고 한없이 계속될 궁핍만 남겨진다.

「양심」에서도 궁핍으로 갈등을 겪지만 양심을 지켜 낸다는 얘기로 꾸며져 있다. 경찰의 작은 월급으로 가난을 면치 못하지만 양심을 지키며 살고자 하는 한중의韓重義와, '양심 주머니를 떼버리고 다른 사람들처럼 적당히 처신해서 배고픔을 면하자'는 아내 사이에 갈등과 싸움은 거듭된다. 견디다 못한 아내가 집을 나가려고 하자 뱃속에 있는 아이는 두고 가라는 한중의의 말에 화해를 하고 눌러 앉기는 하지만 갈등이 근본적으로 해결된 것은 아니다. 궁핍은 계속될 것이고 아내의 보따리 싸고 풀기는 거듭될 것임을 시사하고 있다. 그만큼 「패배자」나 「양심」에서는 어려운 시대적 조건과 궁핍 속에 양심과 도덕을 지켜 내기가 어려운 일인가를 보여 주고 있는 것이다.

둘째 경우로는 최태응의 「자매」(『신천지』, 1953.7·8), 유주현의 「절정」(『영문』, 1952.11) 등이 있다. 여기에는 '궁핍 → 잘못 된 먹고살기 방식 → 인간 파멸'이라는 과정을 보여 준다.

「자매」는 피란살이의 고난을 견디다 못한 어느 자매가 잘못을 저지르다 파멸한다는 이야기로 도덕·죄의식에 얽힌 갈등이 그려져 있다.

채경과 채옥 자매의 불행 역시 전쟁이 그 원인이다. 중류 이상의 행복한 가정에서 여자대학과 여학교에 다니던 이들 자매는 전쟁으로 아버지

---

[59] 유주현, 앞의 작품, 160쪽.

는 피랍되고 집안은 풍비박산이 나자 외삼촌댁으로 피란 간다. 외삼촌의 행상으로 수수죽이나 수제비로 때우며 그날그날 이어 가다가 '하도 쪼들리고 안타깝다 보니 죽는 일만이 현실에 속할 것 같다'는 절망감에 빠져 있던 그들은 서울이 재수복되자 되올라간다. 어떻게든 먹고살 방도를 찾고 공부를 계속해야겠다는 생각에서다. 언니 채경은 옷가지를 팔아 생계를 이어가면서 채옥부터 등록시키고 직업을 구하기 위해 거리로 나선다. 그러나 학교 동창을 만나 보았으나 그녀들도 그동안 양갈보가 되어 있거나 외면한다. 먹을 것이 떨어진 데다가 찬값 외상은 쌓이며, 채옥의 학비조차 밀리고, 이틀이나 굶고 버티던 어느 날 양갈보가 된 동창을 만났다가 그녀의 핸드백에서 돈을 훔친다. 그러나 이와 같은 행위에는 갈등이 뒤따른다.

    —이대로 죽어 버렸으면……!
    일우 헤아릴 수 없는 부끄러움과 가책들이 정말 정신이라도 뽑아 버릴 듯이 끓어올랐다가 나려 앉을 것 같았다.
    "용서해라 덕실아 용서해 다우."
    그 자리에 푹 꺽꾸러지는 환상을 물리치면서 채경이는 거반 곁의 사람이 들을 만큼 중얼거렸다.
    "제발 용서해 줘, 내 이댐에 꼭 갚을께."60)

  양가의 딸로, 고등교육을 받은 지식인으로, 전쟁과 궁핍이 아니었다면 고운 처녀로 성숙해 갔을 것이다.
  한 번 죄악에 빠진 자매는 점점 대담한 도둑질과 사기 행각을 벌인다. 동생 채옥도 친구의 시계를 훔칠 뿐 아니라 자매가 짜고 목욕탕으로 돌아다니며 귀금속이 없어졌다고 난리를 피워대면서 돈을 뜯어내기도 한다. 그러나 그들의 범죄 행각은 그리 오래 가지 못한다. 마침내 채옥은 1년의

---

60) 최태웅, 「자매」, 『신천지』, 1953.7 · 8, 280쪽.

징역형을 언도받고 감옥으로 간다. 오히려 갈등은 여기서 해소된다.

> "감옥의 일년이 어떤 것인지 모르겠다만은 차라리 오늘부터 죄를 짓지 않아도 먹고, 쌀걱정, 숯걱정을 조아리지 않아도 된다는 것이 후련하고도 태평한 것 같다."61)

그러나 "실수는 깨달아도 회복되지 않는다"62)고 한다. 그처럼 채경은 평생을 그 갈등과 죄의식과 얼룩진 상처로부터 헤어나지 못할 것이다.

「절정」은 굶주림에 견디다 못한 여인이 갈등과 번민 끝에 몸을 팔았다가 그에 대한 죄의식으로 자살하고 만다는 이야기를 담고 있는 소설이다.

일선에 간 남편으로부터 1년 반 동안 소식이 없어 생사를 모르는 데에다 굶주리고 있던 영애榮愛는 윤락 행위를 하고 있는 학교 동창 명숙明淑을 찾아간다. 길가는 사람들의 시선이 자기에게로 쏠리는 듯한 따가움과 함께 '윤락'이라는 글자를 떠올리면서도 배고픔은 그녀의 사고를 마비시킨다. "서 푼짜리도 안 되는 정조마저 지켜야 한다고 생배를 골코 있다"63)며, 양심이나 윤리 의식을 버리고 우선 먹고살아야 하지 않겠느냐는 명숙의 따가운 질책에 영애는 혼란스러워진다. 명숙의 자립적이고 실리적인 생활 방식이 오히려 진실인 것 같기도 하다. 그런가 하면 욕 앞에 굴복하면 욕보다 더 추한 것이 아닌가 하는 생각이 들기도 한다.

이들은 여학교를 나온 소위 인텔리로 여류 작가나 성악가가 되겠다는 지식인들이다. 그러나 전쟁의 포성 뒤에 남겨진 여인들일 뿐 삶의 방도는 막혀 있다. 더욱이 영애의 남편은 육군 소위로 전선에 가 있다. 최태웅의 「무지개」의 윤 중사는 후방에 그의 아버지와 아내가 튼튼하게

---

61) 위의 작품, 285쪽.
62) 박희라 역, 콜린 맥컬로우, 『가시나무새』, 도서출판 청송, 1988, 244쪽.
63) 유주현, 「절정」, 『자매 계보』, 1953, 90쪽.

버티고 있기 때문에 전선에서 용감히 싸울 수 있었다. 반면 여기에는 나라를 위해 싸우고 있는데 그의 아내는 굶주림밖에 남은 것이 없다. 당시 윤 중사의 아내 같은 사람은 소설 속의 허구적 인물이라면, 영애와 같은 여자는 당대 현실이 만들어 낸 실제 인물에 더 가깝다. 이 작품에서 영애는 몸을 판 이튿날 아침 신문에 난 포로 명부 속에 있는 남편의 이름을 발견하고는, 차라리 죽어 없었으면 덜 했을 죄책감으로 결국은 자살하고 만다.

그 다음 셋째의 경우로 박연희의 「빙화」나 권처세의 「감」(『문예』, 1953.2)은 두 번째의 경우와는 상대적으로 도덕이나 윤리의식보다 중요한 것은 본능적인 '밥 채우기 먼저'라는 부득이한 현실 수용의 태도를 그리고 있다.

「빙화」는 어느 소설가가 본 양공주의 삶을 그리고 있는 작품이다. 여기에는 양공주의 윤리·도덕적 갈등도 그려져 있고, 양공주를 보고 있는 화자인 소설가의 갈등도 그려져 있다.

소설가 경재는 어느 날 밤, 골목길에서 미군과 양장한 여인을 목격한다. 그 여자는 뜻밖에도 한때 아내가 있는 경재를 사랑했으며, 지금은 전쟁으로 행방불명이 된 강희수의 부인 한인순이다. 그녀가 이끄는 대로 그녀의 방으로 들어간다. 양공주가 된 한인순을 보며 경재는 절망한다. 그러나 인순은 이미 도덕과 윤리와 인격이 소멸된 시대라고 강변한다.

> "선생님, 밝은 태양 밑에서만 썩어지는 인격을 말씀하시는 거지요? 전 참말 이해 곤란이에요."
> …(중략)…
> "선생님, 선생님이 가지신 세계란 이미 버림받은 지 오랜 줄 아세요? 벌써 또 하나 다른 사회에선 통용되지가 않아요."[64]

---

64) 박연희, 「빙화」, 『문예』, 1952.5·6, 152~153쪽.

숱한 갈등과 고난을 겪으면서 쌓인 냉소주의다. 인순은 야무진 모습과 말투를 보이려고 하지만 입술은 떨리고 눈에는 눈물마저 고인다. 갈등의 심연에 갇혀 허우적거리고 있음이다. 이러한 인순을 보고 있는 경재는 다만 시대의 아픔을 인식하지만 목격자요 동정자일 뿐이다. 구제자는 어디에도 없다. 그것이 작가의 시대인식일 것이다.

『문예』지에 추천된 작품 권처세權處世의 「감」도 먹고살기 방식과 도덕에 얽힌 갈등이 그려진 작품이다. 이 작품에서의 갈등은 접합점을 찾음으로써 갈등이 해결된다. 갈등의 해결 방안으로 합리적 정신에 호소하는 것, 서로의 사상과 이념을 교환하는 것이 있을 수 있다면,[65] 이 소설에서는 도덕보다는 먹고살기가 앞선다는 공통된 인식으로 해결점을 찾았다는 데에 있다.

인희는 두 번의 피란으로 값진 것은 모두 팔아 버리고 산나물을 뜯고 보리 이삭을 주워 가며 모녀가 연명한다. 점순네 곁방에 세를 든 인희네는 여름철이 다가오자 새벽마다 풋감을 주워 장에 내다 팔아 식량을 구한다. 어느 날 어머니가 콩밭 속에 누군가가 감추어 놓은 것을 주워 온 것이 화근이 되어 동네 사람들과 주인네의 의심을 받는다. 드디어 점순네는 인희 모녀에게 방을 비워 달라고 한다. 인희조차 어머니를 의심하기도 하고 그 때문에 번민도 한다. 그러나 정작 남의 감을 따서 콩밭에 숨겨 놓은 장본인은 주인집 딸 점순이었다. 어느 날 밤 인희가 변소 가는 길에 남의 감을 따고 있는 점순이를 발견한 것이다. 점순이는 자기가 한 짓이라고 고백하며 용서해 달라고 하지만, 인희는 어머니가 그동안 도둑년으로 몰렸던 것이 억울하다. 그러나 인희는 '오로지 먹고살아야 하겠다는 일념에서 그런 짓'을 한 점순을 이해한다. 누구보다 그녀 자신이 궁핍에 허덕이고 있는 처지거늘.

---

65) 조남현, 앞의 책, 1993, 27쪽.

인생의 괴로움이니, 슬픔의 진실이니, 이런—까다로운 말과 감정을 모르고 자란 점순이인지라 그에게는 이 자리의 지금보다 더 두렵고 괴로웠던 적은 없었을 것임에.
　인희는 무슨 말로 점순이를 다시는 그런 짓을 말라고 타이르거나, 위로 같은 말도 하기 싫었다.
　이 자리의 점순이를 무어라 하기에는 너무도 잔인할 것도 같았다.
　"점순아, 그만 드러가."66)

　어린 나이의 소녀지만 현실적 상황과 그에 따른 삶의 처지를 이해한다.
　이상의 작품들은 그 갈등이 어디에서 시작되고, 어떤 식으로 전개되었다가, 어느 방향으로 끝을 맺든, 전체적으로 암울한 느낌을 준다. 그것은 어떤 경우든 생계의 근본 문제가 해결되지 않은 상태이기 때문이며, 양심이나 윤리·도덕을 희생하고서라도 해결될 가능성마저 보이지 않는다는 데에 있다. 전쟁기의 이러한 궁핍의 문제에는 어쩌면 작가들이 어느 정도 해결 불능 상태임을 의식하고 있었던지 모르며, 더불어 인간의 윤리·도덕적 가치까지 덤으로 잃는다는 것을 말하고 싶어 했던 것인지도 모른다.
　이상으로 피란민의 삶을 다룬 작품 중 전락하는 과정을 그린 작품이나 먹고살기와 전도된 성윤리 의식을 그리고 있는 많은 작품들을 살펴보았다. 검토된 것을 다음과 같이 요약할 수 있다.
　첫째, 거의가 여자들의 전락 과정이나 수난을 다루고 있는데, 이는 전쟁으로 인해 부모나 남편 등 가장을 잃고 피란지에 내몰려 궁핍 속에 헤매게 된 것이 주요인으로 나타난다.
　둘째, 그러나 대부분의 작품에는 전쟁이란 환경적 요인에다 크고 작은 내재적 요인이 결부되어 있음을 볼 수 있다. 이는 어떠한 비극이라도 환경 무한책임론만으로 돌릴 수는 없다는 것을 의미한다.

---

66) 권처세, 「감」, 『문예』, 1953.2, 163쪽.

셋째, 극한 상황에 처한 여인들의 먹고살기 방식의 하나로 매음이 그려지고 있는데, 대개의 경우 윤리나 도덕보다 먹고살기가 우선임을 보여 주고 있다. 이는 전쟁의 비극인 동시에 그로 인한 배금주의 사상과 정신적 황폐화를 드러내는 것이다.

넷째, 성윤리 자체의 타락상을 그리고 있는 작품들은 당대 일반적 사회 문제의 한 현상을 말하는 것이라 볼 수 있으며, 윤리·도덕성의 각성 내지 그 회복을 촉구하고 있다.

그리고 이 유형의 작품에 그려진 것 가운데 특기할 만한 일은 미군에 대한 묘사 태도다.

전쟁기 소설 중 미군이 주인공으로 설정된 소설은 없다. 거의가 양공주의 상대자로 등장하는데, 이기적이고 버릇없으며, 술과 육체만을 탐하는 부정적인 인물로 그려지고 있다. 이는 당시 유엔군의 주축 군으로 한국전쟁을 통해 많은 희생을 했을 뿐 아니라 정치·경제적으로 주요 우방으로서의 역할을 담당했던 미군에 대한 의외의 소설적 인물 형상화 태도라 볼 수 있다.

뿐만 아니라 당대 북한 문학에서 소련이나 중공군을 친선 사상을 근본 테마로 하여 그린 것[67]과도 상이한 시각인 것이다. 윤시철의 단편 「나의 옛 친우」에는 조선과 중공이 혈맹적 동지 관계로 뭉쳐 조국해방전쟁에 동참함으로써 승리를 위한 적군 격멸 투지와 신념을 제고한다는 이야기가 담겨 있다. 반면 한설야의 「승냥이」(1951)에서는 미국인을 기만적이고도 포악하며 악랄한 승냥이의 무리로 그리고 있고, 천세봉의 「싸우는 마을 사람들」(1953)에서도 미국을 침탈의 원흉으로 매도하면서 강한 적개심과 투쟁의지를 고취하고 있다.

그러나 남한의 소설에서는 소련이나 중공군에 대한 개인의 감정적 적개심이 부분적으로 드러나 있는 작품은 보이지만, 하나의 테마로 설정

---

67) 안함광,『조선문학사』, 연변교육출판사, 1956, 492쪽 참조.

된 작품은 없다. 그리고 미국에 대한 시각도 긍정적이기보다는 부정적이다. 오히려 「승냥이」에서 계득 어머니가 "왜놈들만 사람을 죽이는 줄 알았더니, 미국놈도……"68)라는 중얼거림이나, 이무영의 「암야 행로, 속 ㄷ씨 행장기」(1953)에서 "까뗌!과 빠가·고라는 어덴지 통하는 것 같다"는 ㄷ씨의 말 속에는 오히려 비슷한 인식이 깔려 있다 하겠다. 술값을 치러 달라며 애원하는 할머니에게 주먹을 날리고, 비명을 지르며 울부짖는 그 행상 할머니의 소리를 마치 재즈송을 듣는 기분으로 발장난치고 있던 술 취한 모습을 보고는, 우리 현실을 슬퍼하지 않을 수 없었다고 했던 어느 작가69)의 말처럼, 후방에 나온 다수의 미군들의 부정적 작태와 더불어 종족상의 이질감 등이 관련된 것이 아니었던가 한다.

---

68) 한설야, 「승냥이」(1951), 송호숙 편, 『귀향』, 동광출판사, 1990, 335쪽.
69) 윤금숙, 「대구의 하루」, 『전시문학 독본』, 1951, 89쪽.

제7부. 전쟁 밖의 세계

한국전쟁기 소설은 한국전쟁 취급 여부에 따라 크게 두 가지로 구분된다고 한 바 있다.

하나는 시·공간적 배경 면이나 소재적인 면에서 한국전쟁을 직·간접적으로 다루고 있는 작품, 즉 전시의식을 담고 있는 소설이다. 이는 앞 장까지에서 일선의 전투상황을 직접적으로 취급한 경우, 인민군 치하의 삶을 다룬 경우, 전선과 후방이 교차적으로 취급된 경우, 피란민의 삶을 다룬 경우 등의 네 가지 유형으로 나누어 살펴보았다.

다른 하나는 전시의식을 전혀 담지 않고 있는 소설들이다. 과거의 역사를 소재로 한 소설, 일제 강점기나 해방기 배경의 소설, 혹은 기타 소위 순수소설 등 다양한 배경과 소재 또는 주제를 담고 있는 소설들로, 대개 어느 시대나 지속되고 또 지속될 수 있는 유형의 작품이다.

한국전쟁기 소설을 이 두 가지의 유형으로 크게 나누어 볼 때 전자의 경우가 월등히 많다. 이는 당시 문학에 대한 시대적 요청에 비교적 충실했던 점을 반증하는 것일 뿐 아니라, 작가들의 의식이 한국전쟁에 크게 지배되고 있었음을 의미하는 것이기도 하다.

한편 이 두 유형의 소설은 당시에 서로 대척적 관계로 파악되었으며 논자들에 의해 주요 논의거리로 떠올랐던 문제다. 당시의 문학론자들은 대개 전자의 문학을 요구했으며, 후자의 문학은 통시적으로 역사의식과 공시적으로 현실의식을 외면하고 있다 하여 부정적인 시각에서 비평했다. 임긍재는 전쟁기 소설을 순수·대중·통속으로 나누고, 순수소설까지도 '산골짜기에서 달과 해와 사슴을 부르는 처치處置'라 하여 부정적인 쪽으로 내몰면서 체험에서 체험으로 이어지는 문학, 펜 끝을 총탄으로 바꾸어 드는 전쟁문학[1]을 요구했다. 박기준도 동란과 함께 부여된 과제를 처리하기 위해서는 순수의 껍질에서 용감히 뛰어나와야 할 것[2]이라고 주장했으며 방기환과 곽종원도 같은 견해를 피력했다. 방기환은 황순원의 「소나기」와 같은 작품을 예로 들어, 가혹한 현실에서 눈을 돌려 구원의 길을 찾으려 한 것으로 비록 완벽한 수법과 풍부한 서정을 보여 주는 것이기는 하지만, 현실을 토대로 하고 있지 않으므로 불만을 준다[3]고 했다. 곽종원도 황순원의 「과부」, 오영수의 「노파와 소년과 닭」, 손소희의 「닳아진 나사」 등의 두 번째 유형의 작품을 두고 예술지상주의 작품이라 부르면서, 묘사력이나 구성력에 있어서 우월함을 인정하지 않을 수 없지만 현실 문제와 유리되어 있어 절실함이 덜하다[4]고 했다. 이와 같은 문학론은 당대의 문학이 시대적 사명에 충실해 주기를 바랐던 결과인 것이다.

위의 논의에서 짐작할 수 있듯이 전쟁기에 두 유형의 문학은 당대의 문학적 의미로 각기 양면적 가치를 가지고 있었던 것이다. 전자의 경우는 현실 참여 논리에 충실했던 것이지만 교육적·계몽적 목적의식에 치우쳤던 나머지 항상 문학성 문제가 거론되었으며, 오늘날까지 전쟁기

---

[1] 임긍재, 「전시하의 한국 문학자의 책무」, 『전선문학』, 1952.4, 32쪽 참조.
[2] 박기준, 「한국 작가의 반성」, 『전선문학』, 1952.4, 14쪽.
[3] 방기환, 「진통기의 소산」, 『전선문학』, 1953.8, 69~70쪽 참조.
[4] 곽종원, 「상반기 작단 총평」, 『문예』, 1953.9, 156~157쪽 참조.

문학이 한국현대문학사에서 소외되었던 소이가 되는 요인으로 작용한 것이다. 종군작가라면 흔히 어용작가로 여기고 또 그 작품은 으레 비예술작품시하는 일부 문단의 통념을 묵과할 수 없다5)며 흥분했던 구상 역시 이 양면의 문제로 갈등했던 것이다. 반면 후자의 경우 비록 문학 작품 내적으로 성공을 거두기는 했지만 시대를 위증하고 현실로부터 도피했다는 비난을 면치 못했다.

최재서는 T. C. 윈체스터가 제시한 바 있던 문학의 특성 세 가지, 즉 항구성(permanence)·보편성(universality)·개성(individuality)을 들고 이것을 결합하는 이념이 고전(classic)6)이라고 했다. 이에 따르면 좋은 문학이란 어느 한 시대나 지역에만 유용한 것은 아니라는 의미다. 한국전쟁기 소설로 전자의 경우 한국전쟁으로부터 시작된 소설 유형이자 한국전쟁이 끝남과 거의 동시에 그 가치는 크게 감쇠되거나 변이 형태로 전후에 지속되거나 했음을 볼 때, 대체로 한 시대에 주로 유용했던 유형이라 보아 큰 무리가 없을 것이다. 반면 후자의 경우 전쟁 전·후기를 통해 보편적으로 지속된 유형의 작품이다. 아무리 가혹한 전쟁 현실이라지만 작가의 문학적 상상력에는 얼마든지 당대 현실적 문제(social issue)를 떠나 작용된 작품 역시 적지 않은 부분을 차지하고 있으며, 그것은 그것대로의 의미망을 구축하고 있음도 사실이다.

한국전쟁기 소설로 전쟁이 단순한 배경적 요소로만 간략히 언급되거나 전시의식을 전혀 담지 않은 경우의 소설로는 다음과 같은 작품들이 있다.

김동리의 「상면」(『귀환 장정』, 1951), 한무숙의 「아버지」(『문예』, 1952.1)·「노인」(『문예』, 1953.6), 장용학의 「미련 소묘」(『문예』, 1952.1), 이무영의 「기우제」(『농민소설 선집』, 1952), 염상섭의 「새 설계」(『농민소설 선집』, 1952), 황순원의 「솔메 마을 사람들」(『농민소설 선집』,

---

5) 구상, 「종군작가단 2년」, 앞의 책, 1953.5, 58쪽 참조.
6) 최재서, 『문학 원론』, 춘조사, 1957, 9쪽.

1952), 김말봉의 「바퀴 소리」(『문예』, 1953.2), 손소희의 「닳아진 나사」(『문예』, 1953.6), 이주홍의 「철조망」(『수도평론』, 1953.7) 등은 전시 배경임을 언급은 하고 있지만 주제가 다른 곳에 있는 작품들이다. 그리고 최정희의 「바람 속에서」(『신천지』, 1952.3), 김동리의 「한내 마을의 전설」(『농민소설 선집』, 1952), 손창섭의 「공휴일」(『문예』, 1952.5·6), 박용구의 「부마 고려국왕」(『문예』, 1953.5·6)·「제물」(『안개는 아직도』, 수도문화사, 1953), 손소희의 「그 날에 있은 일」(『전선문학』, 1952.12), 황순원의 「과부」(『문예』, 1953.2)·「소나기」(『신문학』, 1953.5), 이무영의 「암야 행로, −속 ㄷ씨 행장기−」(『문예』, 1953.2·6·9)·「O형의 인간」(『신천지』, 1953.6), 오영수의 「노파와 소년과 닭」(『문예』, 1953.2), 서근배의 「홍부네 형제」(『신천지』, 1953.5)·「성격」(『문예』, 1953.6), 한무숙의 「허무러진 환영」(『신천지』, 1953.6) 등은 역사적 소재 및 일제 강점기나 해방기 배경의 소설 또는 소위 순수 서정소설이다. 이들 작품은 어느 쪽이나 전시의식을 담고 있지 않은 소설이란 점에서 구분 없이 논의하고자 한다.

1. 시대의 음영

1) 민족의식과 반민족의식

이무영의 「암야 행로, −속 ㄷ씨 행장기−」·「O형의 인간」, 한무숙의 「허무러진 환영」, 서근배의 「성격」, 박용구의 「부마 고려국왕」·「제물」 등은 다 같이 민족의식을 고취하는 방향으로 쓰여진 작품들이다.

「암야 행로」와 「허무러진 환영」은 일제 강점기와 해방을 거치는 동안 한 민족주의자의 삶을 몰락 과정을, 「O형의 인간」은 반민족주의적 인물에 대한 비판을, 「성격」은 동족의식을, 「부마 고려국왕」·「제물」은

원元의 지배에서 벗어날 수 없었던 고려 시대의 비극적 역사가 그려져 있는 작품들이다. 전체적으로 민족주의자로 설정된 주인공들의 수난에 초점이 맞추어져 있는데, 이는 난세에 양심과 정의 혹은 민족의식과 지조 지키기가 얼마나 어려운 것인가를 말하고 있음이다.

그리고 민족주의자들의 몰락 과정에는 첫째 반민족적 외세의 탄압, 둘째 시대에의 부적응, 셋째 개인의 삶을 돌보지 않음 등이 그 원인으로 나타나 있음도 확인할 수 있다.

한국전쟁기에 전쟁 현실을 직접적으로 취급하면서 애국애족 의식을 고취하는 방향으로 씌어진 문학을 두루 민족문학[7]이라 했다. 대체로 민족문학이란 민족으로서 가능한 온갖 문학 활동 가운데서 특히 그 민족의 주체적 생존과 인간적 발전이 요구되는 문학,[8] 혹은 구인환의 견해대로 한민족의 문학이며, 한국의 역사와 현실에서 내일을 추구하며 살았고, 살아 있으며, 또 살아갈 인간상을 그린 문학[9]이라고 본다면 위의 작품들도 그 범주로서 논의할 만한 것들이라 하겠다.

한국현대문학의 시작과 더불어 일제 강점기의 부자유 속에서도 민족문학은 논의되었고, 해방 후에도 좌·우가 이념을 달리하여 각기 민족문학을 논의했다. 그리고 전쟁을 거치면서 분단 현실과 민족적 재통합이라는 역사적 과제와, 정치 및 문화적 외세의 질곡 속에 진정한 민족문학의 의의와 필요성이 제기되어 왔음도 기억한다. 특히 한국전쟁기에 거의 모든 문학론자들이 자유 민주 이데올로기를 바탕으로 한 민족문학이 전쟁 극복 의지와 더불어 구현되기를 소망했던 것이다. 이와 같은 의미에서 위의 작품들은 비록 직접 전시의식을 담고 있지는 않지만 민족의식 고취라는 의미에서 그것과 긴밀히 연결되어 산출된 것이라고도 볼 수 있다.

---

[7] 김기완, 「전쟁과 문학」, 『문예』, 1950.12, 26쪽 참조.
[8] 백낙청, 『민족문학과 세계문학』, 창작과 비평사, 1978, 124~125쪽.
[9] 윤병로, 『민족문학의 모색』, 범우사, 1989, 32쪽.

「암야 행로」는 『문예』지에 3회 연재되다가 미완으로 그친 중편 정도 분량의 작품으로 부제가 가리키고 있듯이, 주인공 민족주의자 ㄷ씨의 수난과 삶의 몰락 과정을 그리는 가운데 반일사상을 드러내고, 미군정기 현실을 풍자하면서 주체적 민족의식을 고취하고 있다.

고명한 어학자 ㄷ씨는 "쳇수는 작아도 서서 똥을 누듯 꼬장꼬장하고 까치 뱃바닥처럼 흰 체만 하고 살아온" 주체의식이 강하고 민족의식이 투철한 사람이다. 사상적으로는 보수적이며 생리적으로 공산주의를 싫어한다. 그러나 개인의 생활면에서는 아주 무관심하기도 하고 무능하기도 하다. 따라서 일제 치하와 해방 후 미군정의 역사적 격량기를 거치면서 그와 그의 가족은 삶의 몰락을 거듭한다.

ㄷ씨 삶의 몰락 과정에는 몇 가지의 이유가 발견된다. 첫째는 외세에 대한 저항 과정에서 발생한 문제다.

> 해방 전의 ㄷ씨의 생을 치욕의 생이었다고 한다면 해방 후의 그의 생은 굴욕의 그것이라 하여도 과언이 아니었다. ㄷ씨는 적치 동안 깨끗이 살겠노라 가진 애를 써 왔었다. 아니 이렇게 말한다면 오히려 ㄷ씨를 모욕하는 말이 될지도 모른다. ㄷ씨가 그런 것을 의식하고 살아왔던 것도 기실은 아니다. 생리가 요구하는 대로 그는 살아왔을 뿐이다. 일인한테 머리를 숙이지 않고 치욕의 녹을 먹지 않고 산다는 것 그것은 그의 생리였다.[10]

그의 민족의식과 주체의식은 본래적인 것으로 여겨질 정도로 투철했던 것이다. 민족적 자존과 양심을 지키고자 했던 그에게 돌아온 것은 극도의 궁핍이다. 생활은 아내의 몫이다. 바느질 품 · 맷돌질 · 빨래 · 봉투 붙이기 등 늙고 병든 아내의 노동으로 겨우 끼니를 이어 간다. 8 · 15해방으로 조국과 민족을 되찾았다지만 ㄷ씨의 삶은 점점 전락해 갈 뿐이다. 해방 전의 조국과 해방 후의 그것은 조금도 달라진 것이 없다. "까

---

10) 이무영,「암야 행로」,『문예』, 1953.2, 167쪽.

뗌!-과 빠가‧고라는 어덴지 통하는 것 같다"11)고 한 것처럼 ㄷ씨에게는 우방이라는 미군은 일제를 대신하여 한반도에 들어 온 또 다른 외세일 뿐이며, 친일파들은 어느새 미군정의 앞잡이로 탈바꿈했다. 세든 집주인의 사주를 받아 ㄷ씨 일가를 폭력을 행사하며 길거리로 내몰던 미군, 국어독본을 편찬하고자 했으나 '교제交際'로 결정짓는 군정청과 그 앞잡이들, 이처럼 해방된 조국이 아니라 새로운 외세에 의한 굴욕적 시절의 시작이었던 것이다. 그가 일제에 타협하지 않고 고난을 겪었듯이, 미군정에 아부하지 않는 한 몰락의 길을 걸을 수밖에 없는 것이다.

둘째로는 외세와 결탁하고 있는 동족에 의한 탄압 및 부패한 현실과 타협하지 않은 탓이다. 내지인을 등에 업고 동족의 피를 빨아먹는 고리대금업자, 군정청에 아부하며 사리사욕을 채우는 관료, 5‧10선거로 민중이야 어떠하듯 흥청망청해진 서울 거리, 도탄에 빠진 국민들을 위해서라고 하면서도 표 매수에 혈안이 된 국회의원에 출마한 어느 제자, 좌우 대립의 혼란기에 공산주의자가 되어 버린 아들 등 어느 경우나 나라를 도탄에 빠지게 하는 것인 동시에 ㄷ씨의 삶을 어둡게 하는 것이 아닐 수 없다.

시대나 현실과 적절한 타협을 모색했더라면 ㄷ씨의 형편이 좀 더 나아졌을지도 모른다. 그러나 자존심과 주체성이 결부된 그의 민족의식이 결코 그것을 허락하지 않는다. 형편이 딱한 그에게 권 노인이 구호물자라도 타서 사는 게 어떠냐고 했을 때, "제나라 옷 입구 거지짓 하는 것도 원통한데 미국 거지가 되란 말이지?"12)라며 단호히 거절한다. 또 권 노인 동생의 진갑 잔치에 가자는 말에 그 동생이 미군 부대 쓰레기 처리 사업으로 돈을 벌었다는 것을 알고는 역시 거절한다. 굶어 죽어도 자존심이나 주체의식과 바꾸지는 않겠다는 말이다.

---

11) 위의 작품, 172쪽.
12) 위의 작품, 64쪽.

셋째로는 ㄷ씨 자신의 무관심 내지는 무능의 문제다. 그가 일제 치하로부터 미군정기에 이르는 동안 구두에서 검정 운동화로, 다시 검정 고무신으로 전락하고, 가족마저 거처 없이 굶주림 속에 전전하게 된 것은 위의 두 요인뿐만 아니라 그 자신이 스스로의 삶을 돌보지 않았다는 탓도 크다. 그것은 무관심이기도 하고 무능이기도 하며, 때로 시대에 대한 자포자기이기도 하다. 한번은 ㄷ씨가 어느 출판사의 교열 부원으로 취직한다. 그러나 월급으로 받은 돈을 살림에 보태지는 않고 술 먹는 데 써 버리고 만다. 그러다가 그것마저 석 달만에 그만 둔다. 또 어느 제자의 주선으로 방송국에 교양 강좌 프로그램을 맡게 되었으나, 그것도 술 때문에 방송 시간에 늦은 데다가 방송 중 코를 골며 자다가 쫓겨난다. 드디어는 가솔이 우로를 피할 하꼬방마저 팔아 몽땅 술을 먹고는 "어제까지도 자기가 들어가서 살던 집이 오늘부터는 내 뱃속에 들어갔거니"[13]하며 오히려 통쾌하게 생각한다. 이처럼 기행奇行이라 보일 정도로 무관심하기도 하고 무능을 드러내 보이기도 한다. 그것은 또 술과 연관되어 있다. 그러한 행동의 안쪽을 좀 더 들여다보면 시대에 대한 울분과 체념이 자리하고 있음도 알 수 있다. 그러나 지식인으로서 그러한 행위는 자신은 물론 국가나 민족에게도 현실적 도움은 크게 되지 않는다. 말하자면 시대나 환경에 대한 적극적인 극복 의지나 행동보다, 실망과 좌절 그리고 울분에 갇혀 주저앉아 버린 비극적 초상肖像만 강조되어 있을 뿐이다.

　동 작가의 「O형의 인간」(『신천지』, 1953.6)은 출세주의나 탐욕에 눈이 먼 한 지식인의 반민족적·비인간적 모습을 부각시키면서 민족의식에 대한 각성과 재인식을 촉구하기 위한 방향으로 쓰여진 작품이다.

　중학교 때 이미 월사금을 면제받기 위해 동맹 휴학을 결의하고도 동지를 밀고 했던 오영근은 힘없는 사람은 멸시하고 짓밟으며, 상급자에

---

13) 위의 작품, 165쪽.

게는 아부하거나 모함하여 제거함으로써 개인적 영달을 도모하는 이기적이고 비인간적인 인물이다. 뿐만 아니라 해방 후에는 미군정의 앞잡이가 되어 동족을 공산당으로 몰아 고발하고 "이 땅의 철없는 딸들을 깡통 몇 개에 팔아먹으며" 출세가도를 달린다. 이러한 인물에 대해 인간적 실망과 갈등으로 고민하던 그의 아내가 O형의 인간, 즉 혈액형이 O형이나 성姓이 O씨가 아니라, 인간성 내지 진실성이 0(零)인 인간이라며 과감히 이혼을 결심함으로써 반민족적이고 비인간적 행위에 칼을 댄 것이다.

한무숙의 「허무러진 환영」도 일제치하의 한 민족운동가와 그를 도와주었던 여인의 수난과 삶의 몰락 과정을 그리고 있는 작품이다.

아버지가 일정日政 하의 지방 관리로, 지체가 높고 넉넉한 집안의 독자 혁구는 ××고보 시절부터 민족운동에 헌신한다. 그러나 일제의 지배가 끝나고 해방과 한국전쟁을 거치면서 그에게 남겨진 것은 개천 위의 허름한 판잣집과 궁핍에 찌든 아내와 4남매뿐이다. 그 자신도 과거 민족운동을 하던 때의 정열과 이상은 사라지고 거의 폐인이 되다시피 하여 다방 구석 자리에서 하릴없이 소일한다. 이처럼 혁구가 몰락하게 된 것은 「암야 행로」와 마찬가지로 외세의 탄압과, 그것을 등에 업은 세력과의 대립에서 비롯된 것임은 물론이지만, 또 다른 원인도 발견된다.

> …(전략)
> 폐인이 된 혁명가 그는 '고문을 너무 받아 천치가 된 것'이 아니고 의미를 잃어버린 자기 존재에 넘어진 것 같았다.[14]

이 대목을 통해서 보면 일제의 쇠사슬로부터 해방된 조국에서 그 자신 존재 의미를 상실했다는 것이다. 한편 혁구네 집안과 먼 외척으로 어

---

14) 한무숙, 「허무러진 환영」, 『신천지』, 1953.6, 298쪽.

릴 때부터 알고 지냈던 영희도 그의 민족운동을 도와주었던 대가로 역시 몰락한다. 영희의 남편은 제대帝大 출신으로 일제하의 출세가 보장되었던 사법관이다. 말하자면 그녀에게는 세속적인 안락이 보장되었던 것이다. 그러나 그녀는 세속적 안주를 거부하고 혁구의 요청으로 민족운동 관련 서류를 마침 담당 검사였던 남편에게서 빼내 불태움으로써 많은 민족운동가를 구한다. 그 때문에 7개월 된 태아를 사산하고 남편도 구금·수난·질병 끝에 죽는다. 그녀는 이제 다방을 운영하며 혁구에게 따뜻한 차 대접을 하기도 하고, 과거를 반추하기도 하면서 살아간다.

이 작품에서 혁구의 몰락 과정에 존재 의미 상실이란 모호한 요인 설정이 주제의식을 다소 흐리게 하고 있지만, 전체적으로 민족주의자의 수난에 초점이 맞추어져 있음으로 하여 시대와 민족의식을 되짚어 보게 하는 작품이라 하겠다.

그리고 서근배의 「성격」은 낙제생이며 성격이 매우 불량한 학생이지만 위기에 처한 동급생을 일본 학생으로부터 구해 준다는 이야기로 동족의 의미를 생각게 하는 작품이다. 그러나 전쟁기에 등단한 신인으로서 신선함이나 작가적 성실함도 찾아보기 어려운 미완의 작품이다.

한편 고려 시대의 역사적 소재에 남다른 관심을 보였던 박용구의 작품 「부마 고려국왕(駙馬高麗國王)」은 전쟁기 소설로는 드문, 역사적 소재의 작품으로 원나라에 예속되어 있었던 고려 충숙왕 때의 이야기다. 공녀貢女 50인을 뽑아 보내야 하는 굴욕감, 왕비가 된 원 공주 및 원사元使의 오만함, 사대사상과 사리사욕에 눈이 어두운 신하들에 대한 실망과 허탈감 등으로 국가 운명에 대한 충숙왕의 한탄과 절망감이 잘 나타나 있으며, 「제물」도 충렬왕 때의 이야기로 민족의식에 이어지는 주제를 담고 있다.

그 외에도 전쟁기에 발표한 역사소설로 신라의 통일 과정을 배경으로 한 「패장 안미」(『안개는 아직도』, 수도문화사, 1953), 태평양전쟁 말

버마 프롬시의 함락과 일본군이 패주하기까지의 이야기인「함락 직전」
(『안개는 아직도』, 수도문화사, 1953)이 있으나 논외로 돌린다.

위의 작품들은 비록 전쟁기 배경의 소설도 아니고 또 전시의식을 담고 있지도 않지만, 일제 치하에서 말할 수 없었던 부분들 중, 해방되고 나서야 비로소 직접적으로 표출할 수 있었던 것으로, 전시 하에 국민 정서를 하나로 묶기 위한 방향으로 쓰여진 작품이라 볼 수 있다.

2) 1950년대 삶의 내면 풍경

구세대 작가들이 종군작가가 되어 문학의 무기화를 증명해 보이거나, 피란민의 비참한 삶의 모습에 대해 과잉 감정을 드러내거나 할 때, 8·15 이후의 혼란을 지켜보았고, 한국전쟁의 참화를 겪으면서 전쟁기에 등단한 소위 신세대 작가들은 시대의 비극을 또 다른 각도에서 표출했다. 그것은 불안 심리와 무기력, 또는 염세와 현실 부적응 등으로 나타난다.

손창섭의「공휴일」이나 장용학의「미련 소묘」는 다 같이『문예』지에 추천된 작품으로, 전쟁 배경 또는 전시의식을 직접 담고 있는 소설은 아니지만, 시대적 비극을 자의식의 분열 혹은 내면적 혼란상으로 받아들이고 있는 작품들이다.

조남현이 손창섭의 초기 소설을 '병자'와 '병신'의 생태학15)이라 규정한 바 있듯이「공휴일」에도 권태감과 무기력 속에 허우적거리는 한 지식인의 모습을 그리고 있다.

"오래간만에 맞이하는 휴일休日이라서 별로이 좋은 일도 없지만 그렇다고 또한 안 좋을 것도 없었다"16)라며 일상에 의욕과 의미를 잃고, 권태와 무기력 속에 빠져 있는 도일道─은 사방 여섯 자 방, 그의 소굴에서

---

15) 조남현,『한국 현대소설의 해부』, 문예출판사, 1993, 106쪽.
16) 손창섭,「공휴일」,『문예』, 1952.5·6, 192쪽.

좀처럼 벗어나려 하지 않는다. 그에게 일상이 없는 것은 아니다. 근 십년 간 은행원으로 근무한다. 그러나 그것은 습관적인 움직임에 지나지 않을 뿐 별다른 의미나 흥미 · 의욕조차 느끼지 못한다. 오랜만에 갖는 휴일도 그저 무관심 속에 방구석에 들어 박혀 글을 끄적여 보거나, 책을 꺼내 구경하거나, 그것도 지치면 어항 속의 미꾸라지나 붕어 새끼를 희롱하거나 한다.

손창섭의 소설에는 닫힌 공간이 흔히 설정되어 있음을 볼 수 있다. 「사선기」(『문예』, 1953.6), 「미해결의 장」(『현대문학』, 1955.6), 「포말의 의지」(『현대문학』, 1959.11) 등의 동굴 같은 방, 「비 오는 날」(『문예』, 1953.11)의 굴속 같은 방, 「생활적」(『현대공론』, 1954.11)의 거적때기를 깔아 놓은 판잣집 방, 「인간동물원 초」(『문학예술』, 1955.8)의 감방 등은 모두 어둡고 밀폐된 공간 속에 비정상적인 인간들이 자리 잡고 있는 작품들이다. 이때의 닫힌 공간은 비정상적인 인물들과 함께 당대의 절망적인 삶의 양상을 표출하고 있는 것[17]이라 볼 수 있다.

도일도 그의 작은 방에 문을 닫고 혼자 있을 때 편안해진다. 그러면서 일상적 생활에 대한 의욕이나 의미조차 잃어 가며 내면으로만 침잠한다. 나아가서 여동생의 여학교 동창생으로, 한때 약혼 말이 있었던 아미 娥美로부터 날아 온 청첩장을 보고는 청춘을 묻어 버리는 장송문葬送文이라고 보고, 결혼을 무덤이라고까지 생각하면서 청첩장에다 흑색 테두리를 그려 넣고, '사嗣' 자를 써넣을 만큼 염세적이기도 하다.

자신의 금순과의 약혼도 의지나 흥미나 사랑이 있어서 이루어진 것도 아니었다.

피차 내용을 빤드림하니 아는 처지라 정식으로 혼담이 오고가게 되자,

---

[17] 이기인, 「손창섭 소설의 구조」, 서종택 · 정덕준 엮음, 『한국 현대소설 연구』, 새문사, 1990, 585쪽 참조.

양쪽 어른들이며 금순이 편에서 의외로 결정적인 태도로 나오게 되었을 때, 도일은 별로 구미가 댕기는 것도 아니었지만, 그렇다고 꼬집어 거절할 조건도 용기도 미처 발견하지 못하고 우물쭈물하는 사이에—이를테면 전차 같은 것을 타고 가다가 사소한 일로 이 정류장에서 내릴까 말까 머뭇거리는 동안에 전차는 그만 떠나 버리고 말듯이 그 뽄새로 약혼이랍시고 이루어졌던 것이다.[18]

약혼녀에 대한 관심은커녕 약혼 후에는 수줍어하던 태도는 어느덧 사라지고, 점점 대담해져 가는 금순에 대해서 오히려 겁을 먹고 있는 중이다. 도일은 결혼 후 같이 살면 "솔가지를 꺾어 때듯 우적우적 자기의 신경을 분질러 버릴지도 모른다"고 하며 파혼을 생각해 보기도 하지만 시끄러워질 것 같아 덮어 둔다. 만사가 심드렁하며 무관심의 연속이다. 다만 아들로서나, 친구 또는 은행원, 나아가서 국민으로서의 임무만 수동적·기계적으로 감당해 나갈 뿐이다. 때로 부모 자식간이라는 가족 관계나 결혼도 어떤 의무 이상의 사랑을 요구하는 것이기에 부담스럽게만 다가온다.

이와 같은 주인공의 무기력과 일상성의 상실, 권태와 자의식의 침잠, 가치관의 상실과 염세 등은 무엇으로 해석할 있을 것인가? 도일의 가정은 안락하고 단란한 편이다. 그 자신 고등교육을 받고 안정된 직업을 가지고 있으며, 경제적으로도 돈벌이에 애쓰지 않아도 좋을 만큼 넉넉하다. 그리고 부모와 여동생이 있어 별반 외롭지 않은 처지이며 약혼녀도 있다. 그렇다면 도일의 비정상적인 의식과 태도는 생래적인 것이 아니면 가정 밖을 둘러싸고 있는 환경 탓일 수밖에 없다. 그러나 이 경우 생래적인 것으로는 설명할 수 없는 것들이다. 그리고 정신적인 면에서 엄밀히 생래적인 것이란 존재하지도 않는다. 따라서 도일을 둘러싸고 있는 시대적 환경으로 설명할 수밖에 없는 일이다. 즉 한 개인의 정신을 구

---

[18] 손창섭, 앞의 작품, 198쪽.

속하며 삶의 왜곡시키고 있는 당대의 시대적 절망감을 그리고자 한 작품이라 하겠다.

그러나 이 작품에서는 닫힌 시대를 그리는 것으로 끝나지는 않는다. 아미의 결혼식에 가자고 조르던 약혼녀를 보내고 나서 어항을 들여다보고 있던 도일은, 붕어 새끼는 항상 물의 위쪽에서 놀고 미꾸라지는 밑바닥에서만 놀고 있는 것을 발견한다. 문득 서로 다른 고기들이 한 항아리에 있으면서 연애를 하고 결혼을 한다면 그것은 비극이 될 것이라며 걱정을 하다가, 마침내 도일은 약혼녀와의 관계를 붕어 새끼와 미꾸라지의 관계로 파악하고는 파혼을 선언하기 위해 대문을 나선다.

침잠된 자의식의 껍질을 깨고 밝은 일상의 가치를 찾아 나아감을 의미한다. 말하자면 현실의 중압감을 떨치고 새로운 자아실현을 위한 모색이 시작된 것이다. 작품의 이러한 구조로 인해 "손창섭의 초기 작품에는 현실에 대한 냉소적인 태도가 있다 하더라도 본질적으로 인간에 대한 휴머니즘적 신뢰가 작품의 저변에 자리하고 있다"[19]는 한 증명이 될 수 있는 것이다.

장용학의 「미련 소묘」는 어느 소설가와 두꺼비 사이에 얽힌 이야기를 통해 현실 부적응으로 인한 실직과 가난 속에 헤매는 회화戱畵적 모습을 그린 작품이다.

주인공 상주尙柱는 무명이기는 하나 모더니스트로 알려진 소설가다. 일정한 직업도 없이 어머니와 함께 가난하게 산다. 어머니는 어느 날 우연히 집으로 기어들어 온 두꺼비를 복두꺼비라 하며, 이제 상주도 큰 인물이 될 것이고 집안도 흥할 것이라 한다. 상주는 어머니의 미신과 같은 말을 믿기는커녕 흉물스럽게 생각한다. 그러나 며칠 동안 노천 부엌의 궤짝 밑에 들어앉아 있는 두꺼비를 보면서 차츰 어머니의 말을 믿고자

---

[19] 한수영, 「1950년대 한국 소설 연구」, 한국문학연구회 편, 『1950년대 남북한 문학』, 평민사, 1991, 56쪽.

하는 비논리적 망상에 빠져든다. 드디어는 어린이들이 가지고 놀던 그 두꺼비를 빼앗아 오기도 하고, 한밤중에 일어나 없어진 두꺼비를 찾아 숲속을 헤매기도 한다.

> 아무리 세월이 세월이기로 좀, 두꺼비 파리 잡아먹듯, 처신하였다면 그는 이런 회화 속에서 꿈질거리지는 않아도 좋았을 것이다.[20]

어머니보다도 더 복두꺼비라는 미신을 믿고 싶어했던 상주는 현실적 삶의 패배자다. 그가 가난 속에 이와 같은 회화를 연출한 것은 현실 부적응 탓이다. 그러나 현실 부적응의 반은 두꺼비의 생리를 배우지 못한 상주의 잘못이라 하더라도 그 나머지 절반은 시대가 답해야 할 몫인 것이다.

이 작품을 추천했던 김동리는 천후평을 통해 함축·암시·관념으로 압축된 언어, 유니크한 작풍作風, 개성적 스타일 등의 찬사와 함께, 소설 장르로서 서사시의 세계가 아닌 서정시의 세계라는 비평도 덧붙이고 있다.[21] 그의 말대로 관념적 언어와 모호한 표현 등 스타일 자체로 보자면 구세대 작가들에 비해 얼마간 유니크한 면이 있다고 볼 수도 있다. 그러나 지나치게 의식적인 언어 선택이나 언어의 연결이 문장 표현의 숙련성과 결부되지 못한 결과 오히려 작품 전체의 구성적인 면까지도 서툴다는 느낌을 준다.

1950년대 신세대 대표적 작가로 알려진 장용학도 일제강점기에 자라나고 교육을 받았기 때문에 모국어 능력에서 심각한 문제점을 지니고 있었다[22]고 한다. 이와 같은 점은 당시 장용학만의 문제는 물론 아니었다. 1950년대는 오문誤文과 악문惡文의 범람 시대[23]라는 지적과 같이 전

---

20) 장용학, 「미련 소묘」, 『문예』, 1952.1, 160쪽.
21) 김동리, 「소설 천후」, 『문예』, 1952.1, 47쪽 참조.
22) 정호웅, 「50년대 소설론」, 문학사와 비평연구회 편, 『1950년대 문학 연구』, 예하, 1991, 42쪽.
23) 유종호, 「소외와 허무」, 『한국 현대문학 전집』 26, 삼성출판사, 1981, 450쪽.

쟁기 소설을 일별해 보면 일차적으로 문장 표현이 거칠 뿐만 아니라 표준어 사용상의 문제, 어법상의 오류가 비일비재함을 쉽게 확인할 수 있다. 잘 써야 한다는 것은 좋은 문학으로 가는 선행조건이다. 전쟁기 소설의 이러한 면도 미적 가치에 손상을 주는 커다란 요인으로 작용되고 있는 것이다.

「미련 소묘」의 내용도 실존적이라든가 형이상학적[24]이라는 말로 설명되기보다는 한 지식인의 현실 부적응과 가난, 그것을 둘러싸고 있는 1950년대 초라는 시대 상황이 함축되어 있는 것으로, 전후의 「요한 시집」(『현대문학』, 1955.7)과 같은 작품을 성급하게 예단해 볼 만한 정도의 작품은 아니라고 판단된다. 단지 이들 작품 속에 나타나 있는 가치관의 상실·무기력·자의식에의 침잠·현실 부적응 등의 문제 역시 전망 부재의 비극적 현실의 한 파문으로 보아야 할 것이다.

2. 전통 정서와 세태

1) 혈육의 정 및 뿌리지키기 의식

「상면」·「그 날에 있은 일」·「아버지」·「바람 속에서」 등은 혈육의 정을 중심으로 한 이야기다. 대개 부모나 조부모가 자식 혹은 손자에 대한 사랑이 그려져 있는데 이는 한국의 전통적 윤리 감각을 바탕으로 한 무상無償의 사랑이며 때로는 맹목적인 사랑으로 나타나기도 한다. 그리고 이것이 바탕이 되어 이웃 혹은 동족 간의 인정세계로 확산되고 있음을 확인할 수 있다.

김동리의 「상면」[25]에는 군에 간 아들에 대한 부정父情 및 부모, 가난

---

[24] 이은자, 『1950년대 한국 지식인소설 연구』, 태학사, 143쪽 참조.
[25] 이 작품은 후에 소설집 『꽃이 지는 이야기』(1978, 태창문화사)와 『김동리 전집』 2(민

한 살림살이, 어린 동생 등을 걱정하는 아들의 깊은 마음이 그려져 있다.

작가 김동리는 전쟁 전후에 왕성했던 그의 작품 활동에 비하면 전쟁기에는 크게 위축되어 있음을 볼 수 있다. 공군종군문인단의 역원으로서 별 뚜렷한 활동도 없었고, 그 흔한 종군기도 한두 편 남긴 것도 보이지 않으며, 인민군 치하 3개월간 여류작가 손소희의 집 벽장에서 숨어 지냈던 터이지만[26] 적치 체험과 관련된 작품 한 편 남기지 않았다. 그의 경우는 전쟁이라는 소재가 거북하기도 했고 생리적으로 맞지도 않았던 것 같다. 제2부에서 논의된 바 있지만, 그는 「전쟁과 문학의 근본 문제」라는 평론을 통해 전쟁도 인간생활의 한 부면으로 문학적 소재가 되기도 하지만 최상의 것은 아니라고 하여 조연현 · 박목월 · 김종길 등이 전쟁을 문학의 거대한 소재라고 보았던 것과는 견해를 달리했다.

김동리가 전쟁기에 발표했던 네댓 편의 작품 중 제이국민병의 문제를 다룬 「귀환 장정」, 상이군인 문제를 다룬 「순정기」(「서울신문」, 1952.1.6~14) 등은 전쟁의 후경을 그리고 있는 정도이며, 전후에도 「흥남 철수」(『현대문학』, 1955.1), 「밀다원 시대」(『현대문학』, 1955.4)로 이어지기는 했지만 그 파장은 길지 않았다.

「상면」은 전시 배경에다 난리 속에 군에 입대한 인물이 등장하지만 전시 의식과는 멀리, 작가 김동리가 그의 작품 세계에서 꾸준히 추구했던 가족의 유대에 대한 관심에 초점이 모아져 있다.

경상도 함안에 살고 있는 석규晳圭는 마흔 네댓쯤 된 농사꾼으로 전쟁 후 아들 봉호鳳浩를 군에 보낸 지 반년이 넘도록 소식조차 모르고, 밤마다 눈물을 짜는 아내와 더불어 연사年事도 반 폐농하다시피 한숨으로 보낸다. 그러던 중 함안읍에서 대장간을 하고 있는 양 생원으로부터 아들이 광주의 어느 부대에 있다는 소식을 듣고는, 없는 살림에 삼만 원의 여

음사, 1995)에 「어떤 상봉」으로 게재되어 수록됨.
26) 고은, 앞의 책, 35쪽 참조.

비를 빌려서 쌀 서 되를 들고 길도 잘 모르는 광주 O부대를 찾아간다. 먼 길을 묻고 물어서 며칠간에 걸쳐 해소병으로 쇠약해진 몸을 이끌고 겨우 찾아가서 부자父子가 상봉한다. 오던 길에 산 엿이며 떡이랑 배를 얼굴이 반쪽이 된 아들 앞에 내놓으며 권한다. 그러나 봉호는 괜찮다며 굶주리고 있을 동생들에게나 갖다 주라고 한다.

그들 부자는 오랜만에 어렵사리 만났지만 따뜻한 정이 담긴 말 한 마디나 자상한 행동은 무척 절제되어 있다.

> "떡을 묵든지 배를 묵든지 좀 묵어라."
> 석규가 이렇게 말하면 봉호는 그것을 도로 석규 앞에 밀어 놓으며,
> "아이들이나 갖다 주이소."
> 한다. 그밖에는 아무런 할 말도 없다.
> "언제 새나 집에 돌아오겠나?"
> 오래 생각해서 석규가 이렇게 한마디 물으니까,
> "잘 모르겠심더."
> 봉호의 답은 지극히 간단하다. 그러고도 또 할 말이 없다
> 한참만에 또 석규가
> "난리가 끝나야 돌아오겠나?"
> 하니까 봉호의 대답은 역시
> "잘 모르겠심더."
> 할 뿐이다. 그러고는 또 할 말이 없었다.[27]

어찌 부자간의 애틋한 정이 없을까마는, 겉으로는 무뚝뚝한 아버지와 아들 서로 시선을 마주하기조차 머쓱하고, 누구에게 무엇이 미안한지도 모르게 그저 미안할 뿐이다.

인용문에 드러나 있듯이 이 작품에는 한국인의 심성이 잘 그려져 있다. 즉 감정은 풍부하게 발달되어 있지만 그것을 밖으로 표현하는 데에

---

[27] 김동리, 「어떤 상봉」, 『김동리 전집』 2, 민음사, 1995, 250~251쪽.

는 오히려 서툴기 짝이 없는 한국인의 전형적 성격이 그대로 드러나 있음을 볼 수 있다. 그것을 흔히 '깊은 정'이라든지 '속 정'이라고 말한다. 이러한 표현이 적절하다면 이 작품은 부자간의 '속 정' 혹은 '깊은 정'을 그리고 있는 작품이라 할 수 있다. 이 작품은 전체가 스품 같은 것으로, 작가의 작품 세계 내에서 전쟁 전후前後를 이을 수 있는 특별히 정리된 인식은 더 이상 찾아보기 어려운 작품이다.

이에 비하면 손소희의 「그 날에 있은 일」은 고난 속에 피어나는 인정 세계와 혈육의 정이 원근법적 조화를 이루고 있는 작품이다.

어느 공일날, 거지를 동정하기보다는 혐오해 왔던 은숙은 밥 동냥을 온 초라한 노인에게 밥을 퍼 주어 보내고는 짠한 마음이 가셔지지 않아 무우말랭이 무침을 들고 뒤좇아간다. 동냥 그릇도 없이 하얀 헝겊에 밥을 싸 들고는 열없어 하고, 서툴며 겸손하기조차 한 그 노인에게 반찬이라도 주어야 할 것 같아서였다. 노인은 학교 담장의 그늘진 곳에서 밥을 펼쳐 놓고는 네댓 살 된 핏기 한 점 없는 사내아이를 달래고 있다.

노인 내외가 낙을 붙이고 살아 온, 부모 없이 자란 손자다. 그런데 지난 봄 소잔등에서 떨어진 것이 화근이 되어 다리가 자꾸 곪아 간다. 가난한 살림에 어찌하든 고쳐 보려고 봄 내내 지은 푸새 농지를 밭째로 팔아 서울로 오던 길에 돈을 몽땅 잃어 버렸다고 한다. 울음이라도 터져 나올 듯한 노인의 웃음에 은숙은 무말랭이를 내놓을 동정조차 무안한 생각이 든다. 은숙은 다시 집으로 돌아 가 돈 이천 원과 생선 토막을 가지고 와서 노인에게 내민다.

멀쩡한 모습을 하고 있는 거지들의 행패나 나쁜 습성을 통해 평소에 가졌던 그들에 대한 좋지 않은 관념을 깨고 은숙이가 노인에게 보였던 것은 동정 의식의 발로다. 그 동정 의식은 비록 노인과 손자에게 근본적인 해결책은 되지 못한다 하더라도 인정 세계로 확대될 수 있다. 은숙의 동정 의식 속에는, 노인과 손자 사이에 맺어져 있는 어틋한 혈육의 정이

또렷하게 부조浮彫되어 있으며, 거기에는 가진자의 오만함은 물론 조그마한 시혜施惠 의식도 없다.

그러나 이 작품은 이와 같은 따뜻한 인정세계를 독자들에게 보여 주어 '고요한 휴식'을 주려고 하지는 않는다. 무엇인가 더 해야 할 것 같은 말을 참고 돌아오는 길에 은숙은 느닷없이 '북한 괴뢰군 남한 침입'이란 삐라를 본다. 「그 날에 있은 일」의 '그 날'은 바로 6·25가 발발한 날이었던 것이다. 이 작품은 여기서 끝난다. 그 이후의 동정자였던 은숙, 특히 노인과 소년은 어떻게 될 것인가. 이 부분은 작가가 말할 수도 없고, 또 말하지 않아도 좋을 것이다.

한무숙의 「아버지」나 최정희의 「바람 속에서」도 역시 자식에 대한 사랑이 그려져 있다.

「아버지」는 구한말 명문가에서 태어난 한 영감이 비록 당대에 와서 몰락하기는 했으나 사대부 정신을 잃지 않고 평생을 살아온 영감이 갖은 굴욕을 무릅쓰면서 딸을 위한다는 이야기로, 몰락한 양반의 초상과 더불어 부녀父女 간의 사랑이 그려져 있는 작품이다.

그리고 「바람 속에서」도 딸에 대한 사랑이 그려져 있으나 다소 왜곡된 모습의 사랑을 보여 준다. 젊어서 이혼한 선주의 어머니가 외동딸에 대해 갖는 사랑은 과보호적·방어 본능적·비정상적인 사랑이다. 선주가 커 가면서 이성에 눈뜨게 되는 자연스러운 성장 과정을 이해하지 못하고 남자들로부터 차단시키기 위해 기를 쓴다. 항상 의심하고 감시하며 집을 자주 옮겨 다닌다. 이는 젊어서 이혼하고 딸마저 그 아버지에게 빼앗길 뻔했던 경험으로 형성된 남성 기피증처럼 보이기도 한다. 그리고 에필로그에 "—바람 속에서 아이들은 커 가고 어른은 늙어 간다"는 자연적 순리가 그 자신의 문제로 지나치게 가까이 있을 때는 정작 깨닫지 못할 수도 있음을 말하고 있는 것이기도 하다.

한편 「한내 마을의 전설」·「기우제」·「새 설계」·「솔메 마을에 생긴

일」 등은 농촌을 배경으로 농민들의 뿌리지키기 의식이나 흙에 대한 애착심 및 순박한 삶의 모습을 그리면서 인정주의를 지향하고 있는 작품이다. 이 작품들은 모두 『농민소설 선집』(대한금융조합연합회, 1952)에 수록되어 있는 것으로 문맹 퇴치와 문화 수준의 향상, 서책의 대중화와 농민의 계몽이라는 편집 의도[28])에 따른 듯, 농촌 계몽과 관련된 농민소설류라 할 수 있는 작품군이다. 이는 1930년대 '수직, 수평적으로 문학적 관심의 영역이 다변화되는'[29]) 가운데 많이 등장된 농민소설의 모습과 다를 바 없는 작품들이며, 역사소설류와 더불어 민족의식의 결집이라는 방향과도 무관하지 않았던 것이다.

김동리의 「한내 마을의 전설」은 농민의 뿌리지키 의식이 강하게 나타나 있는 작품이다.

낙동강 지류의 다평강多萍江 가의 한내 마을, 정 진사 댁 종가에는 올해로 일흔 한 살의 정 의관鄭議官이 집을 지키고 있다. 앞들과 뒷산이 모두 그 집안의 것이었을 만큼 대지주였고, 윗대에 진사가 넷이나 나왔던 뼈대 있는 양반 가문이었다. 이러한 정 진사 댁이 몰락하게 된 것은 현대사의 굴곡과 맥락을 같이 한다.

맏아들 정익상鄭翊相이 경술 이래 독립운동이니 사회주의 운동이니 하면서 만주, 시베리아로 돌아다니다가 여순 감옥서 옥사하면서 몰락한다. 그러나 8·15해방 후 친일파 처단 때나 좌우 대립 시, 그런 큰아들 덕에 환란을 면할 수 있었고, 혁명가의 가족이란 이름으로 둘째 아들 정의상鄭義相은 인민면장으로 추대되고, 맏손자 정성환鄭成煥은 청년동맹의 간부가 된다. 그러나 그것도 잠시 미군정 실시로 대세가 전환되자 둘째 아들은 어디론가 피신해 버리고, 맏손자는 산으로 달아나 빨치산이 된다. 그리하여 칠순의 노인 정 의관과 맏며느리, 옅여덟 살 난 손녀 명

---

28) 대한금융조합연합회, 「간행사」, 『농민소설 선집』, 1952, 179~180쪽.
29) 이강언, 『한국 현대소설의 전개』, 형설출판사, 1992, 163쪽.

숙만이 남게 되고 땅도 스무 마지기 정도의 농사거리만 남는다.

설상가상으로 마침 들어온 머슴 상수가 근실하여 농사일에 한시름 놓지만 손녀 명숙과 붙어 다니며 서로 좋아하다가 마침내 손녀가 임신하기에 이른다. 가문을 생각하며 고심하던 며느리는 친정 동생을 불러 낙태시키고자 애쓰면서 먼 곳에 혼처를 구하는 한편 머슴을 내보내려 한다. 그러나 명숙은 낙태를 거부하고 정 의관은 먼 곳으로 난 혼처를 허락지 아니한다. 결국 며느리는 시아버지께 사실대로 말하고 집안 먹칠을 한 명숙을 멀리 내쫓아 달라고 한다.

며칠 동안 미음만 먹으면서 앓아누웠던 정 의관은 마침내 내쫓으려던 상수를 데려오라고 한다. 그리고는 명숙과 혼인시켜 이 집과 농토를 지키며 살게 하라고 한다. 정 의관이 명숙의 외삼촌에게 하는 말이다.

"자네도 이렇게 가끔 와 주니 우리가 서로 보고 사는 거지. 어디로 멀리 가 버리고 없으면 못볼 것 아닌가? 어디로 멀리 가 버리고 못 보는 건 없는 거나 꼭 같으네…… 내 아들은 밖에서 죽고, 내 큰 손주 놈은 또 제 애비 모양으로 밖에서 죽을라고 나갔지만, 나한테는, 밖에 나가 죽어 없어진 그놈들보다 내눈으로 볼 수 있는 자네나 내 이웃 사람들이 차라리 낫네……. 조상들이 오래 살던 곳에 우리 자손들이 살면야 오직 좋겠나마는, 이왕 버리고 나갈 판에야 외손이라도 들어와 사는게 얼마나 낫겠는가……. 외손이래도 묏등의 풀은 베어줄 거 아닌가……. 그리고 상수는 늙어 죽을 때까지 여기서 살 놈이야!"30)

주제는 여기에 있다. 농민의 뿌리 지키기의 의지다. 소설 속에서 가문의 몰락에는 한국 현대사의 격랑과 깊은 관련을 가지고 있어 그 역사의식을 가늠할 수도 있지만, 무게 중심은 농민으로서 농토 지키기와, 고기古基의 뿌리 지키기에 크게 기울어져 있다. 그 밑바닥에는 정 의관의 며

---

30) 김동리, 「한내 마을의 전설」, 김동리 외, 『농민소설 선집』, 대한금융조합연합회, 1952, 35쪽.

느리와 손녀를 향한 자애慈愛와, 며느리의 한국 전통적 정서와 한이 깔려 있는 것이다.

또 이무영의 「기우제」도 한해旱害 극복을 위해 노심초사하는 농민들의 모습을 통해 흙에 대한 애착심을 부각시키고 있는 작품이다.

6·25전쟁 중 가뭄이 심한 어느 해 여름을 시간적 배경으로 하고 있고, 주인공 칠보 영감 큰아들이 빨갱이에게 붙잡혀 갔다가 갈비뼈가 부러져 돌아왔다는 것과, 둘째 아들이 해병대에 입대했다는 정도의 언급을 제외하면, 전쟁 및 전시의식과 크게 관련된 부분은 없다. 성격상 이 작품은 이무영이 해방 전까지 꾸준히 추구해 왔던 농민소설의 연장선상에 있는 작품이라 볼 수 있다.

이 소설은 구성상 액자 형태를 취하고 있는 작품이다. 기우제에 초청 받은 해군 장교가 당신(나)도 농민 작가이니 같이 가 보자는 권유에 따라 갔다가 그곳 박 면장으로부터 들은 이야기를 독자에게 전달하는 형식을 취하고 있다. 이때의 박 면장은 속 이야기의 관찰자로서 제1의 화자이며, 나는 박 면장으로부터 들은 이야기를 독자에게 전달하는 제2의 화자인 셈이다. 화자의 설정 면에서 「무녀도」의 구조와 유사하다. 「무녀도」의 경우 불확실한 속 이야기를 인증하고 독자에게 확신시키기 위한 한 방법[31]으로 액자의 틀을 짠 반면, 이 작품의 경우는 그럴 만한 특별한 이유는 없다. 도입 액자에서 '농민 작가인 나'라는 말에 짐작할 수 있듯이 '나'는 작가 이무영 자신을 지칭하는 것이며, 속 이야기는 그의 직접적인 체험 세계가 아니라는 점을 자연스럽게 말하기 위한 방법으로 설정된 액자라고 판단된다.

이 작품의 속 이야기에는 한해旱害 극복 과정을 통해 농민들의 농토에 대한 강한 집념을 그리고 있다. 상앗골의 늙은 농부 칠보 영감은 60년래의 지독한 가뭄으로 말라 가는 천수답의 벼를 살리기 위해 주야 우물을

---

[31] 이재선, 『한국 단편소설 연구』, 일조각, 1975, 96쪽.

판다. 큰아들 장복은, 허리가 아프다는 핑계로 도와주지도 않고, 대처로만 굴러다녀 약아빠진 친구의 꼬임에 빠져 농촌을 떠날 궁리만 하고 있다. 군에 간 둘째 아들 역시 제대 후 농촌으로 다시 돌아올지 하는 것도 알 수 없는 일이다. 농촌의 힘든 일은 영감의 몫인 것이다.

갖은 고생으로 오줌 줄기 같은 물을 찾아내지만 그 사이에 큰아들 내외는 도망가 버리고 심보가 바르지 못한 이웃의 덕만은 자기 논으로 물을 빼돌린다. 칠보 영감은 욕하면서 고함질러 보지만, 덕만은 농사꾼이 이토록 가문 마당에 물 탐내는 것이 뭐가 나쁘냐며 대든다. 농사일로 잔뼈가 굵어진 칠보 영감은, 천수답을 안고 허덕여 왔던 자신의 한평생을 돌아보며, 덕만을 용서하고 화해한다.

　…(전략)
　"농군이 물 탐하는 게 뭐 나쁘냐구 그랬지? 옳은 말일세. 지당한 말야. 제손으로 갈고 제손으로 모를 부어서 제손으로 꽃은 벼폭이 저렇게 말라 죽는걸 보구서두 빈대떡 장사합네 하고 달아난 장복이 놈한테다 어찌 자네 같은 농군을 비할까만 세상 사람이 다 뭬라구 그래두 자넨 장하네! 장해! 자 들어가세. 나하고 으물을 파세. 자네가 대면 대수요 내가 대면 대순가. 자, 이리오게ㅡ."32)

칠보 영감이 용서하고 화해한 것은 덕만의 소행이 아니라, 그 소행 속에 담겨 있는 농토와 농사에 대한 애착심이라는, 농민으로서의 공통된 의식을 발견한 때문이다. 뿐만 아니라 죽을 때에는 천수답을 자식에게 물려주어 묵히느니보다 덕만에게 물려주겠다고 약속한다. 그러면서 "농군의 마음을 버려서는 안 된다"는 다짐을 해 둔다. 이 소설의 주제가 드러나는 대목이다.

칠보 영감의 흙과 농사에 대한 애착심은 보다 극적인 사건으로 발전

---

32) 이무영, 「기우제」, 김동리 외, 앞의 책, 107쪽.

된다. 어느 날 밤 우물을 파던 영감은 물줄기가 굵어지자 밤이 새는 줄도, 힘이 부치는 줄도 모르고 우물을 판다. 그러던 중 흙짐을 지고 일어서다가 뒤로 넘어져 정신을 잃고 밤새 차 오른 물에 익사한다. 비록 자연적 재해와의 대결에서 패배하지만 여덟 살에 꼴지게를 진 이래 오십여 년 간 농사만 지어 온 주인공 칠보 영감은 전형적인 농사꾼이자 흙을 끔찍이도 사랑하는 사람이다. 칠보 영감에게 농사는 이해타산이나 먹고산다는 의미 이상의 것이다. 그것은 흙에 대한 애착, 생명(곡식)에 대한 사랑이다.

사건의 전개 과정에서 칠보 영감과 덕만의 화해 과정과 칠보 영감의 죽음은 다소 돌발적인 느낌을 주기도 하며, 주제의식을 드러내고 있는 칠보 영감의 말은 농사꾼 칠보 영감의 말이 아니라 화자 곧 작가의 말이라는 점 등이 흠으로 지적될 수 있는 것들이다.

한편 황순원의 「솔메 마을에 생긴 일」[33]은 농민들의 꾸밈없고 순박한 마음씨를 그린 작품이고, 염상섭의 「새 설계」는 농촌을 위한 삶과 상부상조하는 인정세계를 그린 작품이다. 전자가 성격 창조에 초점이 맞추어져 있다면, 후자는 농촌 계몽과 관련된 주제의식에 초점이 맞추어진 작품이라 하겠다.

이 두 작품도 다 시간적으로 전시 배경의 소설이지만 전쟁을 담고 있는 작품은 아니다. 「솔메 마을에 생긴 일」에는 외모와 성격 면에서 극히 대조적인 두 인물이 일상의 생활 속에서 겪게 되는 갈등과 화해의 과정을 통해서 농민들의 순박한 마음과 인정이 그려져 있다.

이웃에서 서로 돕고 농사지으며 형제처럼 친하게 지내던 송 첨지와 최 첨지가 사소한 일로 대립·갈등한다. 추석 때 송 첨지가 배탈로 뒷간 출입이 잦을 때 성가시게 구는 최 첨지네 개에게 돌을 던져, 개가 일어서

---

33) 단편집 『곡예사』에 「솔메 마을에 생긴 일」로 게재되었던 것을 『농민소설 선집』에 「솔메 마을 사람들」로 개제(改題), 재수록되어 있다.

지 못하게 한 일이 원인이다. 이처럼 일상생활에서 부딪치는 사소한 사건이나 생활 감정에 의해 갈등이 생기게 되고, 평생을 형제처럼 지내 온 이웃끼리 소중할 것도 없는 자존심과 대단할 것도 없는 오기가 합쳐져 갈등은 고조된다. 그러나 그들의 아들들이 나란히 전쟁터로 떠나는 다정한 모습을 보면서 자기네들이 그랬던 것처럼 서로 도와주고 위할 것이라 믿는다. 이제 그들은 자연스럽게 제자리로 돌아 갈 수 있게 된다. 그러면서 그들은 한층 더 두터운 정을 쌓아 가는 것이다. 작가가 작품 속의 인물을 "내 사랑하는 부류의 인간들"[34]이라 표명했듯이, 현실의 고난이나 각박함을 극복하고 인정 세계를 회복할 수 있는 인간을 형상화하고자 했던 것이다. 그런 면에서 「학」이 가지고 있는 정서적 바탕과 유사한 작품이라 할 수 있다.

「새 설계」는 6·25전쟁 중 부상으로 제대한 두 농촌 청년을 주인공으로 하여 농촌의 문제를 진단하고 그 해결책을 제시하며, 상부상조하는 인정세계를 그리고 있는 작품이다.

한 마을에서 자라 난 준택과 의열은 같은 부대에 입대, 참전했다가 다 같이 부상으로 제대하고 돌아온다. 준택은 그 아버지가 동네 구장으로 비교적 넉넉하지만 의열이네는 많은 식구에 극히 빈한하다. 농촌의 현실을 진단하고 그 해결책을 모색하는 것은 주로 준택의 의식과 행동을 통해서 보여 준다. 의열이네가 겪는 갈등과 고난은 궁핍에 있다. 당장 입에 풀칠할 거리조차 없는 의열이네는 빚을 얻어 쓰지 않을 수 없다. 그것도 도시로 나가 돈을 번 한백호가 처자식을 두고 있으면서도 얼굴이 예쁜 의열의 여동생을 탐내 두 살림을 차리고자 하는 음험한 속셈을 알면서도 달리 빌릴 데도 없다. 그러나 이와 같은 의열이네로 대표되는 농촌 문제의 해결은 그 근본적인 해결책으로 접근하고 있는 것이 아니라, 동정의식 내지는 인정이 바탕이 된 급한 불끄기 방식에 머물고 있다. 빚을

---

34) 황순원, 『곡예사』, 1952, 185쪽.

갚기는커녕 여동생조차 빼앗길 위기에 처한 의열이에게 준택은 아버지로부터 받은 의족義足을 찾을 돈 오십 만원을 건네주며 빚을 갚고 남는 돈으로 무엇이든 호구지책을 찾아보라고 한다.

준택과 의열은 농촌을 위한 삶을 입에 담고 있지만 농촌의 근본적인 문제를 찾아가고 있는 것이 아니라, 같은 상이군인이라는 동료의식이 깔린 인정세계를 보여 주는 데 그치고 있다. 또한 피폐해진 농촌이 안고 있는 문제와 그 해결을 위해 준택은 농계農契의 조직, 고리高利 문제의 선결, 새로운 지식과 활용, 세대 교체 등을 제시하고 있지만 언어言語의 상태에 머물러 있다. 오히려 다리 하나 잃은 병신으로 장가도 갈 수 없을 것이며 가족을 먹여 살릴 능력도 없다는 체념과 자조에 빠져 있다. 소설의 제목 그대로 하나의 설계設計일 뿐, 정작 그 자신은 「흙」의 허숭처럼 발 벗고 살여울을 향한 떠남은 없다.

위 작품들은 전쟁 혹은 군이라는 몇 마디의 말을 빼면 전시의식이 담겨 있는 부분은 없다. 그 내용이나 주제 면에서도 이전에 우리 소설 중 흔히 찾아볼 수 있는 것들의 하나다.

2) 서정세계와 세태

「소나기」·「아이들」·「골목 안 아이」·「과부」·「화산댁이」·「노인」·「노파와 소년과 닭」·「부부 서정」·「바퀴 소리」·「홍부네 형제」·「닳아진 나사」·「철조망」·「청색 안경」·「동첩」 등은 순수한 서정 세계를 보여주거나, 다양한 성격 창조 혹은 세태 묘사에 치중하고 있는 작품들이다. 이 작품들은 모두가 어떤 동질성을 바탕으로 하여 유형 분류된 작품군이 아니나 군소 작품이라는 측면에서 편의상 묶어 논의하기로 한다.

첫째, 순수 서정세계 혹은 전통의식이나 정서와 관련된 작품으로 「소나기」·「아이들」·「골목 안 아이」·「과부」·「화산댁이」 등이 있다.

「소나기」는 작가 황순원의 작품 세계의 진면목을 나타내 보이는 대표적인 작품의 하나로 그 동안 일반 독자에게 널리 회자되었을 뿐 아니라 연구자들에 의해 많은 주목을 받아 왔던 작품이다. 이 작품은 발표 당시에 방기환·곽종원 등의 지적과 같이 미학적인 면에서는 그 우수성을 인정받아 왔고, 서사문학으로서의 역사의식이나 현실과의 조응 관계에서는 비판을 받아 왔다.

작가 황순원의 소설에는 성장 과정에 있는 어린이나 소년·소녀를 주인공으로 하여 그들의 아름다운 꿈이나 상상의 세계를 펼쳐 보인 작품들이 많다. 해방 전의 「별」·「산골 아이」·「늪」·「갈대」·「저녁놀」·「닭제」 등이 그 예가 될 수 있고, 해방 후의 「왕모래」·「안개구름 끼다」·「황소들」·「매」·「피」 등으로 이어진다. 이로 판단해 보면 어린이와 서정 세계는 그의 작품세계의 본질을 이루고 있는 커다란 줄기의 하나라고 할 수 있다.

「소나기」는 이와 같은 그의 작품세계에서도 가장 대표가 될 만한 작품이라 할 수 있는데 그것이 전쟁의 와중에 쓰였다는 사실은 매우 놀랄 만한 일이다. 휴전을 얼마 앞두고 전쟁이 소강 상태에 빠진 시기에 쓰인 것이라지만, 전쟁 현실에서 그토록 고요하고 평화스러우며 한가하기조차 할 수 있었던 작가의 의식이 놀랍다는 것이다.

이 작품을 사랑이라고 하기에는 너무도 여리고 순결한 소년 소녀 사이의 마음의 교류를 그린 것35)이라거나, 탈세속적이고 순수한 남녀 관계의 원초적 형태36)라 한 것처럼 이런 유형의 작품은 그 자체로 고운 색감色感의 풍경화는 될 수 있을지 몰라도, 현실이 증발되어 버리고 역사의식이 부재하는 곳에 독자들의 사고력을 요구하면서 깊은 감동을 주기는 어려운 것도 사실이라는 점을 인정하지 않을 수 없다. 전쟁기에 발표

---

35) 천이두, 「황순원의 소나기」, 『한국 현대소설 작품론』, 문장사, 1981, 294쪽.
36) 김영화, 『분단 상황과 문학』, 국학자료원, 1992, 262쪽.

된 동 작가의 소설로 어린이의 순진무구한 모습을 그리고 있는 「아이들」이나 「골목 안 아이」도 이와 유사한 정서적 바탕과 작가의식이 동원된 작품들이다.

소년·소녀를 등장시키고 있는 황순원 소설의 다른 한쪽에는 노인을 등장시켜 그들의 삶의 애환을 그리고 있는 작품들이 있다. 전쟁 전에 발표된 「병든 나비」·「황 노인」·「맹산 할머니」·「독 짓는 늙은이」 등이 그것이며, 「과부」도 그 연장선에서 파악될 수 있는 작품이다.

「과부」에는 한 소년 과부의 기구한 삶과 한이 그려져 있다.

소년 과부 박씨 부인이 평생토록 한을 삭여 가며 기구한 삶을 살게 된 배경에는 대체로 세 가지의 원인이 얽혀 있다. 그 하나는 박씨 부인의 불가항력적 운명이었다는 점이고, 다른 하나는 한국의 전통적 윤리나 인습의 희생자였다는 점이며, 마지막으로는 전통 윤리나 도덕을 자의반 타의반으로 깨뜨렸다는 점이다. 첫째와 둘째 원인은 자기 외적 요인이며, 셋째의 경우는 어느 정도 자신의 몫으로 감당해야 할 것이지만, 그것조차 자기 외적 요인이 훨씬 더 컸던 사실로 보아 박씨 부인은 어쩔 수 없이 비극의 무대로 떠밀려 갔다고 표현해야 옳을 것이다.

박씨 부인은 열일곱의 나이에 열두 살 난 신랑에게 시집을 갔다. 신랑의 구실은 못했지만 글씨를 잘 썼던 신랑의 장지壯紙를 모으는 것으로 낙을 삼아 살았다. 그러나 2년 만에 신랑은 열병으로, 박씨 부인의 단지斷指에도 불구하고 죽고 만다. 이것이 첫 번째의 원인으로 불가항력적 외인外因이다. 인간 삶의 행로에 맞닥뜨릴 수 있는 이러한 불가항력적 요인이 인생의 많은 부분을 결정짓게 한다는 의미로 받아들일 수도 있겠다. 박씨 부인은 그것이 팔자거니 생각하며 살아간다. 시부모를 도와 제법 큰 자작농을 꾸려 나가던 중 어느 여름날 밤, 일꾼으로 들어온 먼 시형뻘 되는 청년에게 몸을 버린다. 죽으려고 했으나 쉽게 목숨을 끊지 못하고 시간이 흘러가는 사이에 차츰 어두운 밤을 기다리게 되며 마침내 임신까지 한다. 시부모가 알까 봐 전전긍긍하며 지내다가 청년의 권유대로 도망 가 살 것을 결심하고 어느 한밤을 택해 문밖으로 나선다. 그러나 자신의 일을 알고 있던 시부모가 나누는 말을 엿듣고는 포기한다.

> 소년 과부는 문득 깨닫는다. 실로 자기는 무슨 행복 같은 것을 알고 찾아 떠날 몸이 아니라, 여기 남아서 시아버지의 처분을 기다려야 할 몸이란 것을. 자기 방으로 돌아 온 소년 과부의 가슴은 오히려 여지껏보다 가라앉은 편이었다. 사내만 떠나보내자.37)

가문과 체면 그리고 수절이라는 전통 윤리가 그녀의 발을 묶은 것이다. 청년과의 관계에서 그 시초는 타의와 강압에 의해 시작되었다 하더라도 밤을 기다리고 임신까지 하게 된 데에는 그녀의 책임도 있다. 두 번째 원인과 세 번째 원인이 확인되는 대목이다.

시아버지는 비록 전대의 의식세계에 살고 있는 사람이지만 소년 과부의 삶을 지탱시켜 주는 버팀목이 된다. 그것은 윤리나 도덕까지도 초월하는 어버이로서의 사랑이다. 식구들에게 모두 입을 다물게 하고 며느리에게는 나들이를 못하게 한다. 이듬해 여름 소년 과부는 몸을 푼다. 하지만 아이는 낳는 대로 죽여, 갖다 버리기로 되어 있다. 청년의 손이 아기의 얼굴로 가자 밀쳐 내고는 남편이 남긴 장지를 꺼내 주면서 핏덩이에게 싸 주라고 한다. 모성 본능이다. 이때에도 시아버지는 큰 그늘이 된다. 안고 나가는 청년을 불러 세우고는 편지를 건네며 써 있는 대로 아기를 데려 가라고 한다. 외조카딸이 해산을 했으나 아이를 잃었다며 그곳에서 키우게 하라고 한다. 그리고 시아버지는 며느리에게 누우라고 하고는 방에 불을 지핀다.

그로부터 이십여 년 후, 시아버지는 죽기 며칠 전 소년 과부를 불러 앉힌다.

---

37) 황순원, 「과부」, 『문예』, 1953.2, 113쪽.

"내 너헌테 큰 죄를 지었다. 그때 나는 집안 체면만 생각했다. 후에 내 잘못을 깨닫구, 애 아비의 행방을 탐문두 해 봤지만 통 알 길이 없구나. 앞으루 네 살아 있는 동안 얼마나 가슴이 아프겠느냐!"
시아버지가 지긋이 눈을 감았다. 움푹 꿇은 눈시울에 이슬방울이 내돋쳤다. 아닙니다! 소년 과부는, 이 늙은 시아버지를 그처럼 괴롭힌 것은 다른 누가 아닌 자기였다는 생각에, 그만 들먹이는 고개를 시아버지 옆구리에 묻고 말았다.
소년 과부는 오른손 무명지마저 단지하였다.38)

전통 윤리에 얽매여 살아야 했으면서 그것을 당연시했던 소년 과부의 맺힌 한과, 어려서 죽은 아들의 몫까지 합쳐 살아와야 했던 시아버지의 업業과 자애가 응축된 감동적인 장면이다.
그 후에 중년이 되어 찾아 온 아들을 만나기는 하지만 그가 찾는 어머니는 이미 죽었다고 하며 그냥 돌려보낸다. 아들이라 불러보고 싶고, 손자 손녀의 꿈도 꾸어 보지만, 그것은 자기 삶이 아니라는 것을 지난 세월 동안 배웠던 것이리라. 시간적 구조로 보자면 장편소설적인 모습을 가지고 있는 이 작품에는 많은 사건들이 파노라마같이 스쳐 가지만, 황순원의 소설에서 흔히 찾아지듯 고난을 극복하는 큰길은 인간과 인간 사이의 따뜻한 사랑과 화해라는 것으로 뭉뚱그려 받아들일 수 있을 것이다.
「과부」가 유교적 윤리가 지배하는 전통사회의 한 희생자를 그린 작품이라면, 오영수의 「화산댁이」는 전통적 인정사회에로의 회귀의식 내지 향수에 맴돌고 있는 작품이다. 오영수의 작품세계에 대해서는 대개 '서정과 온정'39)으로 설명되면서 역사적 과제에는 무관심했다는 지적과 같이, 비록 집필은 전쟁 전에 한 것으로 되어 있으나40) 전쟁기에 발표된

---

38) 위의 작품, 115쪽.
39) 이어령, 「따뜻한 인정의 세계」, 『한국 현대문학 전집』, 신구문화사, 1980, 465쪽.
40) 작품 말미에 1950년 4월 작이라 기록되어 있다.

이 소설도 동시대 의식과는 상당한 거리를 유지하고 있는 작품이다. 이 작품에는 두메산골에 사는 시골 노인 화산댁이, 서울 막내 아들네 집을 찾아갔다가 보고 겪는 이야기로, 농촌의 전통적 인정 사회와 도시의 개인적·문명적 이익사회와의 괴리감이 그려져 있다. 그렇게 보고 싶어했던 아들이 잘 살고 있지만 사람 사는 정을 못 느끼고, 쓰레기통에 버려진 꿀밤떡과 짚신을 되찾아 황급히 두메로 향하는 화산댁의 발길에서, 메마른 도시의 세태와 삶을 거부하고 전통적 인정 사회에 대한 향수와 회귀 의식을 찾을 수 있다.

둘째, 다양한 성격을 창조해서 보여 주는 작품으로는 「노인」·「바퀴 소리」·「노파와 소년과 닭」·「홍부네 형제」 등이 있다.

「노인」은 희생과 극기로 살아 온 한 노인의 삶을 그리고 있다. 6·25가 나기 이틀 전 서울서 대학에 다니는 딸에게 학비로 부친 십만 원이 사변 통에 흐지부지되자 그것을 찾기 위해 관계 요로에 다니다가 길거리에 쓰러져 눕게 되지만, 죽기 직전까지도 그것을 찾기 위해 애쓰는 노인의 모습을 그리고 있다. 이러한 절제와 노력으로 사남매를 훌륭히 키우고 남부럽지 않게 살아 왔던 것이다. 노인은 때로 구두쇠 같은 모습을 보이기도 하지만 추한 모습은 아니다. 오히려 인색함이 아니라 투철함이며 근검절약이 삶의 방도임을 말해 준다.

한편 「바퀴 소리」와 「노파와 소년과 닭」에는 부정적인 인간상을 그리고 있다. 「바퀴 소리」는 외국 여자에 대해 품었던 헛된 연정戀情과 오해로 비극을 불러일으킨 한 관료의 모습이 그려져 있고, 「노파와 소년과 닭」은 노욕老慾에 가득찬 노파의 모습이 그려져 있다. 그리고 「홍부네 형제」는 형제가 뒤바뀌어 설정되어 있는 형 홍부가 어느 싸움에서 맞고 분해 하는 모습을 그리고 있는데, 최소한의 소설적 구조도 갖추지 못하고 있는 논외論外의 작품이라 하겠다.

오영수, 「화산댁이」, 『문예』, 1952.1, 106쪽.

셋째, 「철조망」과 「청색 안경」 및 「동첩(童妾)」은 세태를 묘사한 작품이다.

「철조망」에는 부패한 세태, 그것도 교육계의 부패상을 그리고 있다. 보결생을 둘러싸고 거래되는 부정과 부패, 거기에 야합하는 일부 교사들, 이러한 세태를 통해 인간의 삶에 있어서 물질과 도덕 또는 인격 중 어느 것이 참가치인지 묻고 있다. 그러나 이 작품에서 주인공 최 교장이 25년간 생명처럼 지켜 왔던 청렴결백과 윤리의식에 비하면, 그 훼손 과정은 지나치게 간단하고 쉽게 그려져 플롯으로서의 사건 전개 과정이 설득력을 잃고 있다. 「청색 안경」 역시 부정적인 세태를 풍자한 작품으로 위정자들의 이기주의와 부패로 인해 일반 시민들이 고통을 받는다는 이야기를 코믹하게 그리고 있는 작품이다. 「동첩(童妾)」도 늙은 영감과 어린 첩 사이에 얽힌 이야기를 통해 당시 사회의 모습과 인간의 속악성을 드러내고 있다. 첩과 본처 사이의 갈등, 영감 몰래 애정 행각을 벌이는 어린 첩, 어린 첩이 낳은 다른 남자의 아이를 자기 아이로 생각하며 좋아하는 영감, 첩을 두고 아이만 데리고 허둥지둥 피란길에 나서는 영감 등 6·25 직전 사회의 한 모습과 개인적 이해타산이나 본능에 따라 움직이고 있는 인간의 모습을 풍자적으로 그리고 있다.

이상으로 전쟁기 소설 중 전시의식을 담고 있지 않은 일련의 작품들을 훑어보았다. 그 가운데에는 「소나기」·「암야 행로」·「과부」 등과 같이 미학적 성과를 거둔 작품이 있는가 하면, 「흥부네 형제」·「성격」 등과 같이 함량 미달의 작품도 있다. 「상면」이나 「노파와 소년과 닭」의 경우도 작가의 평균적 작품 수준에서 크게 떨어진다. 여기서 지적하고 넘어가야 할 것은 전쟁기 소설로 전쟁을 취급하면서 목적의식을 띠고 있는 작품과 그렇지 않은 작품 사이에 문학성 문제의 논의는 그 동안 일반적 통념으로 일관해 왔다는 점이다. 어느 쪽이든 불문하고 작품이 지니고 있는 문학성의 문제는 작가의 역량과 작가적 치열성에 의거한 작품

개개의 개별적 조건일 뿐 어떤 유형과의 보편적 관련성이 개재되어 있는 것은 아니다. 전쟁기 소설을 살펴볼 때 전쟁과 관련된 목적의식을 분명히 하고 있는 작품 가운데에도 좋은 작품을 어렵지 않게 찾아볼 수도 있고, 소위 순수소설로 분류되는 작품 가운데에도 수준 미달의 작품을 쉽게 만날 수도 있다.

제8부. 결론

 본 논문은 한국전쟁기 소설을 대상으로 한 연구다. 특별히 한국전쟁기 소설에 관심을 가지고 하나의 연구 주제로 잡은 것은 그 동안 학계의 논의가 미흡했을 뿐더러 그 실상조차 제대로 파악되지 않은 상태에서 일종의 선입견적 판단을 내리고 있다는 사실에서 출발하였다. 이와 같은 시각을 수정, 극복함으로써 한국현대소설사적으로 전쟁 전, 전후소설의 연결고리를 만들어 가자는 데에 주요 의도가 있었다. 이를 위하여 본 연구에서는 일차적으로 한국전쟁기 소설의 실상을 파악하고, 다음으로 전쟁이라는 특수한 시대적 상황과 문학의 이음새에 있어서 당대 정신사로서 문학의 의미 체계를 밝히며, 이 논거를 바탕으로 하여 한국전쟁기 소설의 특징과 현대문학사적 의의를 구명한다는 목표를 가지고 논지를 전개하였다.
 제2부에서는 전쟁기 당시의 문학적 제상황을 예비적으로 조감하고, 작품 분석의 토대를 마련하기 위해서 문단의 상황과 작가들의 동향 및 활동상, 종군작가단의 조직, 그리고 전쟁기에 제기되었던 문학론을 점검·분석, 정리하였다.

먼저 각종 자료 분석을 통해 파악된 문단의 상황과 작가들의 동향 및 활동상은 다음과 같이 요약된다.

첫째, 한국전쟁기는 문단이 완전히 남북으로 재편되는 상황을 제공했다는 사실이다. 이는 전쟁이 진행되는 과정에 월북하거나 납북됨으로써 북한 문단으로 편입된 경우와, 월남하여 남한 문단으로 편입된 경우가 있다. 그 근저에는 불가항력적 상황, 이데올로기 문제, 정치적 이유가 개입되어 있다. 해방 후 좌우로 나뉘어 대립과 등을 겪어 오다가 남북한 각기의 서로 다른 이념과 체제의 단독정부를 수립하면서 분단이 기정사실화되자 문단도 일단은 재편 과정을 거친 셈이다. 그러나 한국전쟁의 발발과 더불어 전선이 이동되면서, 특히 개전 후 이듬해 1·4후퇴 때까지 이념과 정치적 소신에 따라 다시 한 번 선택할 수 있는 기회가 주어졌던 것이다. 그리하여 월북한 경우도 있고 남하한 경우도 있으며, 불가항력적으로 납치된 경우도 있다. 휴전 이후 분단 상황이 고착화되면서 남북이 절연된 상태에서 각기 다른 길을 걷게 된 것이다. 따라서 그 후 한국문학도 남한문학과 북한문학으로 양분되었던 것이다.

둘째, 많은 작가들이 종군하면서 하나의 종군문단을 형성했다는 점이다. 전쟁 전에 활동했던 다수의 작가들이 종군체험과 종군작가로서의 소명의식에 의한 종군기를 남기거나 소설화함으로써 전시 일색의 계도적 목적문학이 어느 시대보다 크게 자리하게 된 결과를 낳았던 것이다.

셋째, 문학적으로는 전쟁 초기 전황이 급박했던 6개월간의 공백 기간을 거쳐 1950년 말부터 활동이 재개되었으나 극히 미미했으며, 휴전회담이 진행되고 전쟁이 소강 상태로 접어들어 후방이 어느 정도의 안정을 되찾은 1952년부터 본격적인 활동이 시작되었다. 그러나 한국전쟁기 전체적으로 전쟁 전·후기에 비하여 우선 양적인 면에서 크게 위축된 상태였음을 확인할 수 있었다.

넷째, 작가들의 작품 발표 면에서 종군작가들의 활약상이 역시 두드러졌다. 박영준·최인욱·곽하신·박용구·손소희·유주현·최태웅·박연희·김송·안수길·정비석·황순원·최정희 등과 해군에 입대했던 이무영·염상섭을 들 수 있다. 종군작가 외에는 김광주·방기환·오영수·김말봉·한무숙 등의 활동도 뚜렷했으며, 극소수의 작가들을 제외하고는 대부분의 작가들이 흔적을 남기고 있다. 따라서 이 시기의 문학을 두고 한국현대문학사에서 '불임기', 내지 '잃어버린 문학의 시대'라 하면서 문학적 공백기로 치부했던 것은 일반 미학적 장치 그것도 선입견이며 인상적 판단에 지나지 않은 잘못된 인식의 결과였음을 확인할 수 있었다.

창작 활동에 비해 상당히 활발하게 전개되었던 문학론은 크게 네 가지로 분석·정리되는데 그 결과는 다음과 같다.

첫째, 한국전쟁과 직접 관련성을 맺고 있는 전쟁문학론은 보편적인 전쟁문학론이 아니라 전쟁 수행을 위한 도구 내지 수단으로서의 문학론, 즉 승전의식을 고취하는 방향으로 주창된 한국전쟁문학론 내지 6·25전쟁문학론이었다.

둘째, 전시하의 문화정책론 내지 문화전선 구축론은 이데올로기의 경직화 현상을 가속화시킴과 동시에 한국문학의 창작적 입지를 크게 제한시키는 요인으로 작용했으며, 이에는 체제, 정치적 문제가 크게 개입되어 있었다.

셋째, 창작방법론으로는 체험적 리얼리즘론과 경험적 형상화론이 대두되었으며, 전쟁 수행의 도구로서와 불안 해소의 문학, 희망의 문학, 기쁨과 용기를 줄 수 있는 문학 등 수용론적 견지에서 여러 가지의 창작 방향이 제시되었다.

넷째, 해방 이후 소개되기 시작한 서구의 실존주의 문학론이 한국전쟁과의 상응관계에서 본격적인 수용 태세를 갖추기 시작했으며, 전쟁 현실 속에 주로 휴머니즘으로 인식, 새로운 문학사상으로서의 가능성을 찾았다. 그러나 정작 전쟁기 당시에는 이러한 문학론이 관련되어 구체적 모양을 띠고 나타난 작품은 찾아보기 어렵다. 결국 전후에 나타난 실존주의 성향 문학의 내적 생장 기간으로서의 문학론이라 하겠다.

　이상의 문학론은 넷째를 제외하면 한국전쟁기에 제기되었던 특별한 성격과 주장의 문학론, 즉 전시문학론이라 할 수 있다. 그리고 당시 북한에서 주창되었던 문학론과 대비적으로 살펴볼 때, 남한에서 실존주의 문학론이 광범하게 논의된 점과, 문학으로서 문학성 문제가 논쟁거리로 떠올랐던 점을 제외하면, 주장의 강온, 강제와 자의, 집단의식과 개별의식 등의 차이는 있으나 도구적·계도적·교육적 기조를 바탕으로 한 목적문학론이었다는 점에서는 유사했다는 것이 확인된다.

　제3부에서부터 제7부까지에는 제1부, 제2부의 논의를 바탕으로 하여 한국전쟁기 소설의 실상을 드러내기 위하여 개별 작품을 분석하였다. 작품 분석의 기본적인 방향으로는 문학 작품은 시대의 반영이라는 시각, 즉 문학사회학적 접근방식을 택했으며 여기에 내적 연구, 작가와 독자 사이의 관계 속에서도 조명하려 했다.

　한국전쟁기 소설을 배경적 요소와 소재, 전시의식의 무게와 양상에 따라 다섯 가지의 유형 즉,

　① 일선의 전투 현장을 취급한 경우,

　② 인민군 치하의 삶을 취급한 경우,

　③ 전·후방이 교차적으로 그려진 경우,

　④ 피란 생활을 그린 경우,

　⑤ 전시의식을 전혀 담지 않는 경우

로 구분하였다.

　이를 각 장으로 나누어 텍스트 속에 감추어진 개인적 삶의 구조와 집단의식, 작가 의식과 세계관 등을 추적한 결과를 요약하면 다음과 같다.

　첫째, 일선의 전투 현장을 취급하면서 전쟁의 폭력성과 비참상을 드

러내고 있는 작품으로 김송의 「달과 전쟁」·「폭풍」, 박영준의 「용사」·「암야」·「빨치산」·「어둠을 헤치고」·「김 장군」, 황순원의 「포화 속에서」, 유주현의 「영」·「기상도」, 정비석의 「간호장교」, 박연희의 「새벽」, 방기환의 「골육」 등으로 종군작가의 작품과 종군지·군기관지·군관계지에 게재된 것들이 대종을 이루고 있다.

이들 작품에 나타난 구체적 내용을 보면 아래와 같다.

① 한국전쟁은 이념 충돌이 빚어낸 형제 살상의 전정임을 말하면서 전쟁의 비극성과 반공의식을 드러내고 있다.

② 전쟁의 극한 상황과 비참상을 그림으로써 시대적 상황을 비극적으로 인식하고 전쟁 자체를 감정적으로 부정한다.

③ 빨치산 이야기를 중심으로 공산군의 폭력성과 비인간적 행위를 폭로하고 그 이념의 허구성을 고발함으로써 반공·승전의식에 맞닿아 있다.

④ 전장 속에 희생적이며 용감한 군인상을 부조시킴으로써 승전 의지를 고무하고 있다.

둘째, 후퇴와 수복 과정이 반복되는 동안 인민군 치하의 삶과 살아남기 방식을 그린 소설로는 박용구의 「칠면조」, 최인욱의 「목숨」, 염상섭의 「해방의 아침」·「홍염」·「취우」, 김송의 「서울의 비가」, 강신재의 「눈물」, 황순원의 「학」, 장용학의 「찢어진 윤리학의 근본 문제」, 최태응의 「삼인」 등이 있다.

그 구체적 내용은 다음과 같이 정리된다.

① 기회주의적 이념 선택자나 과잉적응주의자의 파멸 과정을 보여 줌으로써 부정적 인간상을 부각시키고 공산주의 이념은 발붙일 곳이 없음을 알리고 있다.

② 이념 대립, 형제 살상의 전쟁 자체를 부정하면서 민족적·인간적 동질성 회복을 통하여 현실에 대처하려 한다.

③ 전쟁을 절망적 상황으로 의식하고 스스로 파멸하거나 패배의식에

젖어 있는 경우를 보여 주면서 전망 부재 의식을 드러낸다.

④ 연속되는 일상적 삶의 중요성을 보여 주는 경우로 염상섭의 소설에서 주로 나타나는데 전쟁의 상황과 상당한 심정적으로 거리를 두고 있다.

셋째, 전장과 후방을 교차적 시각으로 그리고 있는 작품은 전후방을 동시에 조감할 기회가 많았던 종군작가들의 작품에서 역시 많이 찾아볼 수 있어 종군 체험과 깊이 관련되어 있음이 확인된다. 작품 예로는 최인욱의 「정찰 삽화」, 박영준의 「변 노파」·「저류」·「외투」, 최태응의 「무지개」, 김송의 「두 개의 심정」·「불사신」, 김동리의 「귀환 장정」, 오영수의 「눈사람」, 김동사의 「별빛」, 유주현의 「역설」, 최정희의 「낙화」, 이무영의 「바다의 대화」·「6·25」, 장덕조의 「선물」, 박연희의 「소년과 메리라는 개」 등 상당수 작품이 보인다.

내용상 갈래를 보면 다음과 같이 나누어진다.

① 후방은 제이의 전선이며 전선을 후방사회가 튼튼하게 뒷받침하고 있다는 식의 화합된 모습과 총력의식을 드러내고 있다.

② 개인적 이기주의와 국가적 대의大義 사이에 고민하는 인간상을 보여 주면서 애국심과 참전 의지를 고취한다.

③ 반면 후방사회의 부정적 모습과 전후방 사이의 괴리상을 부각시키고 있는데 여기에는 각성에의 의도가 담겨 있다.

④ 무차별적 살육이 자행되는 전쟁의 속성에 대한 하나의 반성으로 생명의 존귀함을 강조한다.

넷째, 피란민의 삶의 모습과 더불어 먹고살기 위한 몸부림의 과정에 나타나는 윤리·도덕적 타락상을 그린 작품들은, 거의 모든 작가가 피란 체험을 했던 만큼 전쟁기 소설의 각 유형 중 양적으로 가장 많다. 작품의 예로는,

① 전쟁으로 인한 거처 잃음과 극도의 궁핍상을 다룬 소설로 황순원

의「곡예사」·「메리 크리스마스」, 손소희「향연」, 권처세의「감」, 유주현의「슬픈 인연」·「신기루」, 안수길의「쾌청」 등이 있다. 여기에는 셋방살이의 설움, 가난의 비극, 가진자의 비인간적인 모습, 그리고 헤어나기 위한 갖가지의 몸부림들이 그려져 있다.

② 이산과 가정 파괴의 문제를 다룬 소설로 손소희의「쥐」·「거리」, 서근배의「항구」, 김말봉의「망령」, 박영준의「가을 저녁」, 강신재의「그 모녀」, 이무영의「범선의 길」 등을 찾아볼 수 있다. 가장家長의 부재 현상으로 삶의 기본 단위인 가정 파괴와 궁핍의 문제를 거론한다.

③ 비극적 상황 속에서 굴절된 삶을 살아가거나 뒤틀린 인간상을 그린 소설로 안수길의「제삼인간형」·「제비」, 김이석의「분별」 등의 예가 있다. 대개 지식인 주인공이 부정적 모습으로, 굴절된 삶을 살아가는 모습을 보여 주거나, 상황에 대해 적응·타개하지 못하고 있는 뒤틀린 인간상을 보여 주거나 한다.

④ 전락해 가는 삶의 과정과 먹고살기 위한 방편이 앞서서 인간적 타락상을 보여 주는 소설로 염상섭의「거품」·「해 지는 보금자리 풍경」, 박용구의「고요한 밤」·「안개는 아직도」, 최인욱의「속물」, 김영수의「퇴폐의 장」, 박연희의「빙화」, 유주현의「패배자」·「자매 계보」·「심화」, 김광주의「나는 너를 싫어한다」, 곽하신의「골목집」·「처녀 애장」·「죄와 벌」, 박용구의「하늘은 오늘도 푸르러」, 김말봉의「전락의 기록」, 강신재의「그 모녀」 등 많은 작품이 눈에 뜨인다. 피란지를 배경으로 하는 여자 주인공의 소설은 대개 이 유형의 작품으로 전쟁과 여인의 수난사를 그린 것이라 하겠다.

다섯째, 이 유형은 앞의 넷째 유형까지와는 달리 전시의식을 담고 있지 않다는 점에서 구별된다. 단순히 시간적으로 전시 배경임을 언급하고 있으나 주제가 다른 곳에 있는 경우 및 과거 역사 배경, 일제강점기나 해방기 배경, 특별한 시대나 사회가 설정되지 않은 경우의 작품으로 전쟁 전, 후기에 지속되었던 작품군이다. 예로는 김동리의 「상면」·「한내 마을의 전설」, 한무숙의 「아버지」·「노인」·「허무러진 환영」, 장용학의 「미련 소묘」, 이무영의 「암야 행로」·「O형의 인간」·「기우제」, 염상섭의 「새 설계」, 황순원의 「소나기」·「과부」·「솔메 마을 사람들」, 김말봉의 「바퀴 소리」, 박용구의 「제물」, 오영수의 「화산댁이」·「노파와 소년과 닭」, 이주홍의 「철조망」, 서근배의 「성격」, 방기환의 「동첩」, 손소희의 「닳아진 나사」 등 상당수 작품이 있다. 여기에는,

① 민족주의자의 어두운 삶의 역정을 그림으로써 민족의식을 고취하는 방향으로 씌어진 경우,

② 1950년대 삶의 한 음울한 내면 풍경을 그린 소설로 분열되어 가는 자의식 세계와 현실부적응의 문제를 다룬 경우,

③ 혈육 간의 사랑 및 농민소설 유형으로 전통 정서, 농민들의 뿌리지키기 의식이나 인정세계를 지향하고 있는 경우,

④ 순수한 서정의 세계나, 다양한 성격 창조, 세태 풍자 등을 내용으로 하는 경우

등으로 구분된다.

이상으로 본론에서 논의된 것 중 한국전쟁기 소설의 실상을 드러낼 만한 항목들을 여러 갈래로 나누어 요약했다.

본론의 장·절·항의 수미에서 한국전쟁기 소설의 특징이나 의의를 점검한 바 있지만 일반화해서 말할 수 있는 것들을 몇 가지의 줄기로 뽑아 그 특징과 의의, 제언 내지 과제의 순으로 요약하면 다음과 같다.

우선 전쟁기 전체의 문학을 전체적으로 개관해 볼 때 활동의 위축상을 꼽을 수 있다. 이는 양적인 면에서도 그렇고 질적인 면에서도 그렇다. 그 중 후자의 문제가 더욱 심각한 모습이었다. 여기에는 전쟁이라는 문학적 환경과 더불어 작가 스스로도 정신적 여유를 확보하기 어려웠으며, 거대한 소재에 대해 반성적 토대 위에서 인간의 삶 및 역사와의 관계

등을 조명해 볼 만한 시간적·심정적 거리를 유지할 수 없었던 이유를 들 수 있다. 그리고 비교적 문학 작품 발표가 활발했던 종군작가들조차 창작 외적 활동에 시간과 정력을 쏟아야 할 경우도 많았던 점도 한 요인으로 들 수 있다. 그러나 한국전쟁기가 전체적으로 문학적 공백 기간은 결코 아니었다. 개전 초 얼마간의 공백기를 뚫고 문학 활동은 재개되었고 시대 상황에 대한 응전력을 키워 나갔던 것이다. 더욱 문학적 환경 내지 토양으로 말하자면 한국전쟁기보다 척박했던 때도 드물다. 개화기나 일제강점기 그리고 해방기보다 더 어려웠다. 그런 의미에서 한국문학의 강인한 생명력이 확인되는 문학이라는 점이다.

그 가운데에도 종군작가들의 활동은 비교적 활발했으며 그들이 남긴 작품이 많다는 사실은 여러 가지 의미를 담고 있다. 앞서 전쟁기를 하나의 종군문단기라 했듯이, 다수의 기성 작가들이 종군했으며 그 체험을 소재로 한, 즉 전장, 적치의 삶, 전후방을 교차적으로 그린 것 등이 소설화된 경우가 많다. 따라서 기법적인 면에서는 소박한 리얼리즘 문학이었다고 할 수 있다. 그리고 내용면에서는 대체로 목적의식을 띠고 있는 문학, 곧 사상이나 관념이 표면에 노출된 작품이 많다. 이 역시 종군작가의 작품이 많다는 사실과 관련성을 가지며, 대부분의 작가의식이 전시의식의 중압감과 목적성의 원리에 의해 움직이고 있었다는 것을 반증한다. 뿐만 아니라 당시에 주창되었던 문학론에서도 현실에 효과적으로 대응할 수 있는 도구적 문학의 필요성이 광범하게 논의되었고 당국의 요청도 그랬다. 이와 관련, 작가 스스로도 시대적 소명의식에 충실했던 것이라 볼 수 있다.

이러한 성격의 당대 문학을 어떻게 볼 것인가. 문학 작품으로서 미학적 손상이란 엄청난 대가를 치름으로써 독자나 연구자들로부터 소외받아 왔지만, 서사 장르로서의 소설문학이 사회적 제현상으로부터 분리될 수 없을 뿐 아니라 그것이 가지는 효용성이 논의될 수밖에 없는 한, 전쟁 현실을 감안하고 또 개인적 삶의 문제조차도 추스리기 힘들었던 당대 상황을 전제한다면 미학보다도 훨씬 값있는 문학이라 평가할 수도 있을 것이다.

한편 한국전쟁기 소설 가운데에는 전시의식을 담고 있는 작품이 월등히 많은 반면 그렇지 않은 경우 작품은 아주 적으며, 전시의식을 담고 있는 작품 가운데에도 보편적 개념으로 바라볼 수 있는 전쟁소설이 적은 반면, 후방소설이 많았다는 점을 들 수 있다. 이는 당대 문학이 시대·사회를 근거로 하여 작가의 상상력이 작용했다는 것을 말한다. 그러나 전시의식을 담지 않은 작품들도 무시할 만한 정도의 양은 아니며 그 가운데에는 눈여겨볼 만한 작품도 상당수 있다. 그리고 전쟁의 후경을 다룬 작품이 많았다는 점은 전쟁이라는 당대의 가장 큰 문학적 소재에 대한 근거리 체험의 작품이 적은 반면, 원거리 체험이 소설화된 경우가 많았다는 것이다. 이것은 정작 전쟁이 치러지고 있는 현실이었지만 실체험이 부족했던 까닭이다. 종군작가들도 전쟁에 대한 관찰자에 불과했으며, 해군에 입대했던 윤백남·이무영·염상섭도 후방에서 정훈 분야나 군 관계지 혹은 군 기관지 편집 등을 중심으로 활동했다. 또 전쟁을 다루고 있는 작품들은 승전·반공을 위한 소위 6·25소설적 성격이 짙다. 이에 비하면 거의 대다수의 작가들이 피란 체험을 했던 만큼 후방소설은 양적으로도 많고 질적으로도 평가받을 만한 작품이 비교적 많다.

1950년대 벽두부터 시작된 한국전쟁기 문학의 또 하나의 주요한 특징과 의의로는 당대의 작가들은 시대·역사의 증언자 내지 기록자로서 한국전쟁을 충실히 증언함으로써 한국현대문학사에서 전쟁의 문제가 본격적으로 자리하게 되었다는 점과 더불어 전쟁문학으로서의 원형적 가치를 지니고 있다는 점이다. 서구에서 1·2차 세계대전의 체험을 통해 휴머니즘을 바탕으로 인간 역사에 대한 비판·반성적 의미의 전쟁문학 또는 전후문학이 광범하게 풍미하고 있을 때, 한국문학은 한반도의 테두리를 거의 벗어나지 못하고 있었다. 그러다가 한국문학도 한국전쟁을 통해 비로소 전쟁과 인간 및 그 역사에 대해 집중하기 시작했던 것이다. 이와 관련하여 전쟁기 문학은 문학사를 계승과 변화라는 관점에서 파악할 때, 변화의 기반이었다는 점이다. 즉 전쟁과 더불어 새로운 방향의 문학이 요청·모색되면서 과거의 전통과 일단 결별하고, 새로운 변화가 태동되는 자리의 문학이었다. 비록 기간旣刊의 문학사 내지 소설사에서 이방지대로 남겨져 있지만, 전후소설과 이후의 분단소설 등이 한국전쟁기의 소설 없이 나온 것은 아니었다. 그리하여 그 이후 시대의 소위 전후문학, 분단문학 등 6·25 관련 문학들은 한국전쟁기 문학의 지속·성장이라 보아야 할 것이다.

지금까지 한국전쟁기 소설 연구라는 주제로 여러 가지 논의를 전개하고 그것의 문학적 특징과 문학사적 의의를 점검해 보았다. 본 연구의 진행 중 연구자가 미처 눈돌리지 못한 부분을 제언 내지 과제로 남겨 보다 충실한 연구를 기대한다.

첫째, 작품 및 연구 자료 발굴·수집·정리에 보다 완벽을 기해야 한다는 의견이다. 아직도 한국전쟁기 소설은 묻혀 있는 작품이 많으며 관계되는 여러 가지 자료도 많이 있다. 이것은 시간이 지나면 지날수록 망실되거나 영원히 사장될 우려가 크다. 특히 군 기관지나 군 관계지의 것들은 일반에 공개되지 않은 것들도 많고 자료 목록조차 정리되지 않은 상태다. 문학 연구자에 남겨진 과제이며 이는 개인 연구 성과와 의의를 넘는 문제다.

둘째, 당시의 문학론은 여러 연구자·출판사에 의해 나온 바 있으나, 작품의 경우 국방부에서 간행한 『전시한국문학선』과 개인 작품집 속에 한두 편 게재된 것을 제외하면 전시소설집이 묶여져 독자나 연구자에 소개된 적이 없다는 점이다. 이 역시 상업성의 문제로만 돌릴 수 없는 문제다.

셋째, 전후소설, 또는 1950년대 소설이라는 주제로 연구할 경우도 전쟁기 소설부터 이야기하자는 제언이다. 흔히 기존의 연구는 전쟁기 소설을 뛰어넘거나 그런 것이 있었노라고만 말한다. 1950년대 소설이나 전후소설이 전쟁기 소설을 모태로 하여 산출된 것일 뿐더러 연구할 만한 가치가 없는 것도 아니다. 비록 못나기는 했어도 없었다거나 그런 것이 있었다고만 말할 수 없는 것으로, 근본적으로 이는 우리 문학에 대한 관심과 애정의 문제이기 때문이다.

넷째, 작품으로서 미학적 문제를 개별 작품에 대한 보다 충실한 분석을 통해 밝혀야 한다는 과제다. 통념으로만 미학적 소화불량이라 일괄 재단할 것이 아니라 언어·문장·구조 분석·미학과 목적성의 문제 등을 구체적으로 따져 보아 개별적으로나 전체적으로 합당한 결론을 내려야 할 것이다.

다섯째, 한국전쟁기 소설 연구는 남북한의 작품들을 동시에 비교 고찰하여 남북한 소설의 이질성과 동질성을 전체적으로 조망할 필요가 있다. 특히 전쟁에 대한 개념을 남한은 '동족상잔의 전쟁'으로 규정짓고, 북한은 '조국해방전쟁'으로 규정하고 있었던 만큼 그것을 형상화한 작품들은 상당히 이질적인 모습으로 나타날 수밖에 없을 것이다. 그러나 동일 민족으로 동일한 언어를 사용한다는 그 근본적 동질성을 가지고 있기에 전쟁기 남북한 소설의 동시 조망·비교·분석은 한국전쟁 이후 한국문학사의 종합적 정립을 위해서도 필요한 작업인 것이다. 뿐만 아니라 이것은 향후 통일된 시대를 대비한 하나의 좌표 설정을 위해서도, 나아가 통일문학사 기술을 대비하기 위해서도 긴히 요구되는 작업이기도 하다.

<부록> 검토 작품 목록(연대순)

<1950년>

박용구, 「칠면조」, 『문예』, 1950.12.
최인욱, 「목숨」, 『문예』, 1950.12.
허윤석, 「길주막」, 『문예』, 1950.12.
황순원, 「메리 크리스마스」, 『영남일보』, 1950.12(『곡예사』, 명세당, 1952 재).

<1951년>

염상섭, 「해방의 아침」, 『신천지』, 1951.1.
김　송, 「달과 전쟁」, 『전시문학 독본』, 1951.3.
장덕조, 「어머니」, 『전시문학 독본』, 1951.3.
최인욱, 「박군 이야기」, 『전시문학 독본』, 1951.3.
김동리, 「귀환 장정」, 『신조』, 1951.6.
염상섭, 「탐내는 하꼬방」, 『신생공론』, 1951.7.
이무영, 「범선에의 길」, 『신조』, 1951.7.
유주현, 「신기루」, 『신조』, 1951.7.
＿＿＿, 「부부 서정」, 『한국공론』, 1951.9.
＿＿＿, 「슬픈 인연」, 『신생공론』, 1951.12.
＿＿＿, 「불량 소년」, 『희망』, 1951.12.

손소희, 「향연」, 『신천지』, 1951.12.
김동리, 「상면」, 『귀환 장정』, 수도문화사, 1951.
김　송, 「서울의 비가」, 『전쟁과 소설』, 1951.
박영준, 「용사」, 『전쟁과 소설』, 1951.
장덕조, 「젊은 힘」, 『전쟁과 소설』, 1951.
최태웅, 「구각을 떨치고」, 『전쟁과 소설』, 1951.
황순원, 「어둠 속에 찍힌 판화」, 『신천지』, 1951.12.

<1952년>

강신재, 「눈물」, 『문예』, 1952.1.
김광주, 「나는 너를 싫어한다」, 『자유세계』, 1952.1.
김동리, 「순정기」, 서울신문, 1952.1.6~1.14.
김말봉, 「망령」, 『문예』, 1952.1.
서근배, 「항구」, 『문예』, 1952.1.
손소희, 「쥐」, 『문예』, 1952.1.
오영수, 「화산댁이」, 『문예』, 1952.1.
유주현, 「절정」, 대구신보, 1952.1(『자매 계보』, 동아문화사, 1953 재).
장용학, 「미련 소묘」, 『문예』, 1952.1.
최인욱, 「정찰 삽화」, 『문예』, 1952.1.
한무숙, 「아버지」, 『문예』, 1952.1.
황순원, 「곡예사」, 『문예』, 1952.1.
_____, 「포화 속에서」, 서울신문, 1952.1.15~1.18.
염상섭, 「홍염」, 『자유세계』, 1952.1~1953.2.
박용구, 「고요한 밤」, 『신천지』, 1952.3.
염상섭, 「거품」, 『신천지』, 1952.3.

유주현, 「영」, 『창공』, 1952.3.
최정희, 「바람 속에서」, 『신천지』, 1952.3.
김이석, 「악수」, 『전선문학』, 1952.4.
박영준, 「암야」, 『전선문학』, 1952.4.
＿＿＿, 「빨치산」, 『신천지』, 1952.5.
최독견, 「양심」, 『신천지』, 1952.5.
최인욱, 「속물」, 『신천지』, 1952.5.
김 송, 「두 개의 심정」, 『문예』, 1952.5·6.
박연희, 「빙화」, 『문예』, 1952.5·6.
박영준, 「변 노파」, 『문예』, 1952.5·6.
박용구, 「부마 고려국왕」, 『문예』, 1952.5·6.
손창섭, 「공휴일」, 『문예』, 1952.5·6.
안수길, 「제비」, 『문예』, 1952.5·6.
조진대, 「6·25」, 『문예』, 1952.5·6.
최태응, 「대가 외 삼제」, 『문예』, 1952.5·6.
김영수, 「퇴폐의 장」, 『자유세계』, 1952.7.
염상섭, 「취우」, 조선일보, 1952.7.18~1953.2.10.
최인욱, 「저류」, 『자유세계』, 1952.8.
유주현, 「자매 계보」, 『영문』, 1952.11.
＿＿＿, 「심화」, 『자유예술』, 1952.11.
최태응, 「무지개」, 『자유예술』, 1952.11.
김동리, 「한내 마을의 전설」, 『농민소설 선집』, 1952.
김 송, 「상혼」, 『농민소설 선집』, 1952.12.
김이석, 「분별」, 『전선문학』, 1952.12.
박영준, 「어둠을 헤치고」, 『농민소설 선집』, 1952.12.
＿＿＿, 「가을 저녁」, 『전선문학』, 1952.12.

방기환,「동첩」,『동첩』, 백조사, 1952.
손소희,「그 날에 있은 일」,『전선문학』, 1952.12.
오영수,「아찌야」,『사병 문고』, 1952.
염상섭,「새 설계」,『농민소설 선집』, 1952.12.
이무영,「기우제」,『농민소설 선집』, 1952.12.
정비석,「간호장교」,『전선문학』, 1952.12.
최정희,「임 하사와 그 어머니」,『협동』, 1952.12.
황순원,「솔메 마을 사람들」,『농민소설 선집』, 1952.12.
_____,「아이들」,『곡예사』, 1952.
_____,「골목 안 아이」,『곡예사』, 1952.

<1953년>

곽하신,「혼선」, 연합신문, 1953.1.16~1.19.
강신재,「그 모녀」,『문예』, 1953.2.
곽하신,「처녀 애장」,『전선문학』, 1953.2.
권처세,「감」,『문예』, 1953.2.
김동사,「별빛」,『전선문학』, 1953.2.
김말봉,「바퀴 소리」,『문예』, 1953.2.
박연희,「새벽」,『전선문학』, 1953.2.
오영수,「노파와 소년과 닭」,『문예』, 1953.2.
유주현,「연설」,『전선문학』, 1953.2.
이무영,「바다의 대화」,『전선문학』, 1953.2.
이봉구,「참새」,『문예』, 1953.2.
최인욱,「면회」,『전선문학』, 1953.2.
최정희,「낙화」,『문예』, 1953.2.

황순원, 「과부」, 『문예』, 1953.2.
이무영, 「암야 행로, -속 ㄷ씨 행장기-」, 『문예』, 1953.2·6·9.
_____, 「6·25」, 『군항』, 1953.3.
김광주, 「불효지서」, 『사상계』, 1953.4.
곽하신, 「죄와 벌」, 『자유세계』, 1953.4.
박영준, 「김 장군」, 『전선문학』, 1953.4.
유주현, 「기상도」, 『전선문학』, 1953.4.
장덕조, 「선물」, 『전선문학』, 1953.4.
정비석, 「남아 출생」, 『전선문학』, 1953.4.
김 송, 「불사신」, 『전선문학』, 1953.5.
박용구, 「하늘은 오늘도 푸르러」, 『신천지』, 1953.5.
방기환, 「골육」, 『코메트』, 1953.5.
서근배, 「홍부네 형제」, 『신천지』, 1953.5.
손소희, 「거리」, 『전선문학』, 1953.5.
황순원, 「학」, 『신천지』, 1953.5.
_____, 「소나기」, 『신문학』, 1953.5.
곽하신, 「골목집」, 『문예』, 1953.6.
김 송, 「폭풍」, 『해병과 상륙』, 1953.6.
_____, 「나체상」, 『문예』, 1953.6.
서근배, 「성격」, 『문예』, 1953.6.
손소희, 「닳아진 나사」, 『문예』, 1953.6.
손창섭, 「사선기」, 『문예』, 1953.6.
안수길, 「제삼인간형」, 『자유세계』, 1953.6.
유주현, 「패배자」, 『문예』, 1953.6.
이무영, 「일야」, 『수도평론』, 1953.6.
_____, 「O형의 인간」, 『신천지』, 1953.6.

장용학, 「찢어진 윤리학의 근본 문제」, 『문예』, 1953.6.
최인욱, 「외투」, 『신천지』, 1953.6.
한무숙, 「허무러진 환영」, 『신천지』, 1953.6.
_____, 「노인」, 『문예』, 1953.6.
박연희, 「소년과 메리라는 개」, 『문화세계』, 1953.7.
박용구, 「제물」, 서울신문, 1953.7.10~7.30.
_____, 「청색 안경」, 『수도평론』, 1953.7.
안수길, 「쾌청」, 『문화세계』, 1953.7.
염상섭, 「해 지는 보금자리 풍경」, 『문화세계』, 1953.7.
이주홍, 「철조망」, 『수도평론』, 1953.7.
최태응, 「삼인」, 『문화세계』, 1953.7.
김말봉, 「전락의 기록」, 『신천지』, 1953.7·8.
오영수, 「눈사람」, 『신천지』, 1953.7·8.
최태응, 「자매」, 『신천지』, 1953.7·8.
박용구, 「안개는 아직도」, 『안개는 아직도』, 수도문화사, 1953.
_____, 「패장 안미」, 위 소설집.
_____, 「함락 직전」, 위 소설집.
곽하신, 「전환의 역정」(1953년 작), 『신작로』, 희망사, 1955.
_____, 「비가」(1953년 작), 『신작로』, 희망사, 1955.

참고문헌

1. 기본자료

『문예』,『문화세계』,『사상계』,『신문학』,『신생공론』,『신조』,『신천지』,『자유세계』,『자유예술』,『전선문학』,『창공』,『코메트』,『한국공론』,『협동』,『농민소설 선집』(대한금융조합연합회, 1952),『적화 삼삭 9인집』(국제보도연맹, 1951),『전시문학 독본』(계몽사, 1951),『전쟁과 소설』(계몽사, 1951),『전시한국문학선』(국방부 정훈국, 1955),『해병과 상륙』(계문출판부, 1953),『해전소설집』(해군본부 정훈감실, 1957), 기타 개인 소설집

『한국 현대문학 자료총서』(거름, 1987)
『1950년대 한국문학 비평자료집』(한일문화사, 1990)
『현대 문학 비평자료집』이북편 1~3(태학사, 1993)
『한국 현대문학사 연표』(권영민 편, 서울대학교출판부, 1987)
『한국 현대문학사 연표』(김윤식 편, 문학과사상사, 1988)
『남북한 문학사 연표』1945~1989 (한길사, 1990)
『해방문학 20년』(한국문인협회 편, 1966)

2. 단행본

고 은,『1950년대』, 청하, 1989.
구인환 외,『한국 전후문학 연구』, 삼지원, 1995.

국방부,『정훈대계』, 국방부, 1956.
권영민,『해방 직후의 민족문학운동 연구』, 서울대출판부, 1986.
_____,『한국 현대문학사』(1945~1990), 민음사, 1993.
김봉군·이용남·한상무,『한국 현대작가론』, 민지사, 1989.
김상웅,『해방후 정치사 100장면』, 가람기획, 1994.
김승환,『해방공간의 현실주의소설 연구』, 일지사, 1991.
김영화,『분단상황과 문학』, 국학자료원, 1992.
김용성·우한용,『한국 근대작가 연구』, 삼지원, 1985.
김우종,『한국 현대소설사』, 성문각, 1989.
김윤식,『한국 현대문학사론』, 한샘, 1988.
_____,『한국 현대문학사 연표』, 문학사상사, 1988.
_____,『한국 현대문학사』, 일지사, 1988.
_____,『염상섭 연구』, 서울대출판부, 1989.
_____,『한국 근대 문예 비평사 연구』, 일지사, 1990.
_____·김현,『한국문학사』, 민음사, 1991.
_____·정호웅,『한국 소설사』, 예하, 1993.
_____ 외,『해방공간의 문학운동과 문학의 현실인식』, 한울, 1989.
김종균,『염상섭 연구』, 고려대출판부, 1974.
김철범 편,『한국전쟁을 보는 시각』, 을유문화사, 1990.
김학준,『한국전쟁』, 박영사, 1989.
김홍규,『민족문학과 순수문학』, 창작과 비평사, 1985.
김홍철,『세계 사상 전집』 46권, 삼성출판사, 1977.
문학사와 비평연구회 편,『1950년대 문학 연구』, 예하, 1991.
박명림,『한국전쟁 연구』, 태암, 1991.
박세길,『다시 쓰는 한국 현대사』, 돌베개, 1988.
박영신 편저,『갈등의 사회학』, 까치, 1977.

박종원·류만,『조선문학 개관』, 사회과학출판사, 1986.
백낙청,『민족문학과 세계문학』, 창작과 비평사, 1978.
백 철,『한국문학의 이론』, 정음사, 1964.
사회과학원 문학연구소,『조선문학사(1945~1958)』, 과학백과사전출
　　　　판사, 1978.
사회과학원 문학연구소,『조선문학 통사』, 인동, 1988.
서종택·정덕준,『한국 현대소설 연구』, 새문사, 1990.
신경득,『한국 전후소설 연구』, 일지사, 1983.
신형기,『해방기소설 연구』, 태학사, 1992.
안함광,『조선문학사』, 연변교육출판사, 1956.
유완식·김태서,『북한 30년사』, 현대경제일보사, 1975.
유종호,『동시대의 시와 진실』, 민음사, 1982.
윤병로,『민족문학의 모색』, 범우사, 1989.
이강언,『한국 현대소설의 전개』, 형설출판사, 1992.
이대근,『한국전쟁과 1950년의 자본 축적』, 까치글방, 1987.
이수용 외,『인간 이해』, 형설출판사, 1948.
이승훈 편,『문학상징사전』, 고려원, 1995.
이우용 편,『해방공간의 문학 연구』1·2, 태학사, 1990.
　　　　,『미군정기 민족문학의 논리』, 태학사, 1992.
이은자,『1950년대 한국 지식인소설 연구』, 태학사, 1995.
이재선,『한국 단편소설 연구』, 일조각, 1975.
　　　　,『한국 현대소설사』, 민음사, 1991.
장덕순,『국문학 통론』, 신구문화사, 1961.
장 홍 편,『6·25사변사』, 서울 : 육본 군사감실, 1959.
전기철,『한국 전후 문예비평 연구』, 도서출판 서울, 1993.
전쟁기념사업회,『한국전쟁사』1·2, 행림출판, 1990.

조가경,『실존철학』, 박영사, 1987.
조남현,『한국 소설과 갈등』, 문학과 비평사, 1990.
＿＿＿,『한국 현대소설의 해부』, 문예출판사, 1993.
＿＿＿,『소설원론』, 고려원, 1995.
조연현,『한국 문단 이면사』, 깊은샘, 1983.
중앙일보사,『민족의 증언』 7, 1985.
천이두,『한국 현대소설 작품론』, 문장사, 1981.
최재서,『문학 원론』, 춘조사, 1957.
한국문학연구회 편,『1950년대 남북한 문학』, 평민사.
한국산업은행 조사부,『한국 산업경제 10년사』(1945〜1955).
한국은행 조사부,『경제연감』, 1955.
한국정치연구회 한국정치사분과,『한국전쟁의 이해』, 역사와 비평사, 1990.
한국 현대문학 연구회,『한국의 전후문학』, 태학사, 1991.
한용환,『소설학 사전』, 고려원, 1992.
길버트 아브카리안·몬테 팔머, 서사연 옮김,『갈등의 사회 이론』, 학문과 사상사, 1985.
브루스 커밍스·존 할리데이, 양동주 역,『한국전쟁의 전개 과정』, 태암, 1989.
William Kenny, 한정옥 역,『소설 분석론』, 원광대출판부, 1980.
Brooks, C. & R. P. Warren,『Understanding Fiction』, New York : Appleton-Century-Crofts Inc, 1959.
Coser, Lewis,『The Function of Social Conflict』, A Free Press, 1969.
Goldmann, Lucien,『Towards Sociology of the Novel』, trans. by Alan Sheridan, Tavistock Publications, 1975.
Matray, J. I.,『The Reluctant Crusade : American Policy in Korea

1941~1950』, Honolulu : University of Hawaii Press, 1985.
Sills, David L.(ed.), 『International Encyclopedia of the Social Science』, Vol. 3, The Macmillan Company & The Free Press.
Park, R. E., 『The Social Fiction of War』, N. Y., 1968.
Wellek R. & Warren A., 『Theory of Literature』, Middlesex : Penguin Books Ltd, 1966.
Williams, Robin M., 『American Society : A Sociological Interpretation』, New York : Knopf, 1960.
Wright, Quincy, 『A Study of War』, Chicago : The University of Chicago Press, 1965.
Zeraffa, Michel, 『Fictions』, translated by Catherine Burns and Tom Burns, Penguin Books, 1976.

3. 논문 및 비평, 기타

계명훈, 「까뮤와 사르트르와 말로」, 『신사조』, 1951.11.
고희동, 「수난기」, 『문예』, 1950.12.
_____, 「나의 체험기」, 『신천지』, 1951.1.
곽종원, 「문학정신의 확립」, 『자유세계』, 1952.1.
_____, 「6·25동란 이후의 작단 개관」, 『신천지』, 1953.5.
_____, 「상반기 작단 총평」, 『문예』, 1953.9.
구 상, 「종군작가단 2년」, 『전선문학』, 1953.5.
구인환·조남현·최동호, 「한국문학과 실존사상」, 『현대문학』, 1990.5.
_____, 「전후 한국문학의 지형도」, 구인환 외, 『한국 전후문학 연구』, 삼지원, 1995.
김광주, 「북쪽으로 달아난 문화인에게」, 『문예』, 1950.12.

_____,「하누님을 찾는 아내」,『신천지』, 1951.1.
김기완,「전쟁과 문학」,『문예』, 1950.12.
김동리,「소설 천후」,『문예』, 1952.1.
_____,「전쟁과 문학의 근본 문제」,『협동』, 1952.6.
_____,「부진무실의 1년」,『전선문학』, 1952.12.
_____,「문단 10년의 개관」,『연합신문』, 1958.8.15.
김동명,「암흑의 서설」,『신천지』, 1951.1.
김동석,「실존주의 비판」,『신천지』, 1948.10.
김성렬,「광복 직후 좌우대립기의 문학 연구」, 고려대 대학원 박사학위논문, 1989.
김 송,「군과 함께」,『문예』, 1950.12.
김승환,「해방공간의 농민소설 연구」, 서울대 대학원 박사학위논문, 1989.
김윤성,「6·25와 문단」, 한국문인협회 편,『해방문학 20년』, 정음사, 1966.
김윤식,「해방공간의 문학」,『해방 전후사의 인식』 2, 한길사, 1985.
김춘수,「릴케적 실존」,『문예』, 1952.1.
_____,「episode의 역할」, 경북대 경북어문연구회,『어문론집』, 1962.
김팔봉,「전쟁문학의 방향」, 육군종군작가단,『전선문학』, 1953.2.
모윤숙,「천지가 지옥화」, 국제보도연맹,『전시문학 독본』, 1951.
박기준,「한국 작가의 반성」, 육군종군작가단,『전선문학』, 1952.4.
박목월,「안강 전선」,『신천지』, 1951.1.
박신헌,「한국전쟁 전후기 소설의 현실의식 연구」, 경북대학교 대학원 박사학위논문, 1992.
박영준,「노예의 노동 생활」, 국제보도연맹,『전시문학 독본』, 1951.3.
_____,「저 산정에 햇볕이」,『문학사상』, 1973.7.

박인환, 「사르트르의 실존주의」, 『신천지』, 1948.10.
박종화, 「봉구황」, 『문예』, 1953.2.
방기환, 「진통기의 소산」, 『전선문학』, 1953.8.
백운선, 「국민방위군 사건과 거창 양민 학살 사건」, 『신동아』 부록, 1988.1.
백　철, 「사슬로 묶여서 3개월」, 『전시문학 독본』, 1951.
＿＿＿, 「새로운 인간관계의 문제」, 『자유세계』, 1952.4.
＿＿＿, 「전란과 함께 자라온 50년대 문학」, 『한국문학의 이론』, 정음사, 1964.
＿＿＿, 「전쟁문학의 특질과 그 양상」, 『세대』, 1964.6.
서종택, 「전후 사회의 인식과 사회적 삶」, 『홍익어문』 7집, 1988.
손무성, 「현대 불문학의 방향」, 『문예』, 1953.2.
손소희, 「결심」, 『적화 삼삭 9인집』, 1951.
송상일, 「안수길의 제3인간형」, 『한국 현대소설 작품론』, 문장, 1981.
송지영, 「적화 3월」, 『적화 삼삭 9인집』, 1951.
신영덕, 「한국전쟁기 종군작가 연구」, 고려대학교 대학원 박사학위논문, 1993.
안수길, 「추첨」, 『문예』, 1952.1.
양명문, 「월남 문인」, 한국문인협회 편, 『해방문학 20년』, 정음사, 1966.
양병식, 「사르트르의 사상과 그의 작품」, 『신천지』, 1948.10.
＿＿＿, 「최근 불문학의 제문제」, 『신천지』, 1951.12.
＿＿＿, 「까뮤의 사상과 작품」, 『신천지』, 1952.3.
＿＿＿, 「사르트르의 철학과 문학」, 『신천지』, 1953.4.
양주동, 「공란의 교훈」, 국제보도연맹, 『전시문학 독본』, 1951.
엄해영, 「한국 전후세대 소설 연구」, 세종대 대학원 박사학위논문, 1992.
오상원, 「실존을 들먹이며」, 『한국 현대문학 전집』 33, 삼성출판사, 1983.

오세영, 「한국 전쟁문학론 연구」, 『인문론총』 제28집, 서울대학교, 1992.
옥기수, 「최근 파리의 인상」, 『백민』, 1950.3.
온창일, 「한국전쟁의 양면성」, 김철범 편, 『한국전쟁을 보는 시각』, 을유문화사, 1990.
우승규, 「사선 방황기」, 『신천지』, 1951.1.
유동준, 「불안의 해소와 문학」, 『전선문학』, 1953.2.
유종호, 「소외와 허무」, 『한국 현대문학 전집』 26, 삼성출판사, 1981.
유학영, 「1950년대 한국 소설 연구」, 성균관대 대학원 박사학위논문, 1987.
윤금숙, 「대구의 하루」, 국제보도연맹, 『전시문학 독본』, 1951.
이기윤, 「1950년대 한국 소설의 전쟁체험 연구」, 인하대 대학원 박사학위논문, 1989.
이기인, 「손창섭 소설의 구조」, 서종택·정덕준, 『한국 현대소설 연구』, 새문사, 1990.
이무영, 「피란민의 권리」, 김송 편, 『전시문학 독본』, 계몽사, 1951.
_____, 「전쟁과 문학」, 『전선문학』, 1953.5.
이봉래, 「일본 문화계의 현상」, 『신세대』, 1849.3.
이상태, 「1950년대 소설의 문체 연구」, 한국 현대문학 연구회, 『한국의 전후문학』, 태학사, 1991.
이선구, 「해군종군작가단」, 한국문인협회 편, 『해방문학 20년』, 정음사, 1966.
이선근, 「이념의 승리」, 『문예』, 1950.12.
이숭녕, 「전시 문화정책론」, 『전시과학』, 1951.8.
이어령, 「따뜻한 인정의 세계」, 『한국 현대문학 전집』, 신구문화사, 1980.
이은자, 「1950년대 한국 소설에 나타난 지식인상 연구」, 숙명여대 대학원 박사학위논문, 1994.

이재선, 「교차 전개의 반어적 구조」, 신동욱 편, 『현진건의 소설과 그 시대인식』, 새문사, 1981.
이정숙, 「코페르니쿠스적 전회와 관념의 소설화」, 구인환 외, 『한국 전후문학 연구』, 삼지원, 1995.
이태동, 「6·25의 상처와 전후문학의 대두」, 소설문학, 1987.6.
이헌구, 「문화전선은 형성되었는가」, 『전선문학』, 1951.12.
임 갑 역, 사르트르, 「실존주의는 휴머니즘이다」, 『사상계』, 1954.8.
임긍재, 「전시하의 문학자의 책무」, 육군종군작가단, 『전선문학』, 1952.4.
_____, 「회의와 모색의 계제」, 『문화세계』, 1953.7.
장덕조, 「내가 본 공산주의」, 『적화 삼삭 9인집』, 1951.
장사선, 「오영수 소설의 작품 세계」, 서종택·정덕준, 『한국 현대소설 연구』, 새문사, 1990.
장만영, 「피란민의 대열」, 『전시문학 독본』, 계몽사, 1951.
전혜자, 「전시문학의 작가 의식」, 한국 현대문학 연구회, 『한국의 전후문학』, 태학사, 1991.
정봉래, 「전쟁문학론」, 『자유문학』, 1960.1.
정인섭, 「49년도 일본 문화계를 논함」, 『신천지』, 1950.1.
정호웅, 「50년대 소설론」, 문학사와 비평연구회 편, 『1950년대 문학 연구』, 예하, 1991.
조병락, 「전쟁문학의 개념 규정에 관한 연구」, 『육사 논문집』 제3집, 1965.
조성구, 「보도연맹 사건」, 『말』, 1988.12.
조연현, 「자라나는 신인군」, 『신천지』, 1932.3.
_____, 「기아와 공포의 90일간」, 『신천지』, 1951.1.
_____, 「한국전쟁과 한국문학」, 『전선문학』, 1953.5.

_____,「현대의 위기와 문학정신의 방향」,『자유세계』, 1952.8.
_____,「개설」, 한국문인협회 편,『해방문학 20년』, 정음사, 1966.
_____,「문예시대」,『한국 문단 이면사』, 깊은샘, 1983.
조영암,「잔류한 부역 문학인에게」,『문예』, 1950.12.
조　향,「민족문학의 지향」,『전시문학 독본』, 계몽사, 1951.3.
차원현,「1950년대 한국소설의 분단인식」, 문학사와 비평연구회 편,『1950년대 문학 연구』, 예하, 1991.
천이두,「황순원의 소나기」,『한국 현대소설 작품론』, 문장사, 1981.
최독견,「창간사」,『전선문학』, 1952.4.
_____,「육군종군작가단」, 한국문인협회 편,『해방문학 20년』, 정음사, 1966.
최병우,「분단시대의 장편소설」, 구인환 외,『한국 전후문학 연구』, 삼지원, 1990.
최인욱,「전쟁문학론」,『신천지』, 1951.1.
_____,「공군종군문인단」, 한국문인협회 편,『해방문학 20년』, 정음사, 1966.
최정희,「난중일기에서」, 국제보도연맹,『적화 삼삭 9인집』, 1951.
_____,「피란 대구문단」, 한국문인협회 편,『해방문학 20년』, 정음사, 1966.
평론가한담회,『문예』, 1952.5 · 6.
한수영,「1950년대 한국 소설 연구」, 한국문학연구회 편,『1950년대 남북한 문학』, 평민사, 1991.
한승옥,「한국 전후 장편소설 연구」, 국어국문학회,『국어국문학』, 1987.
한점돌,「전후소설의 현실 인식」, 구인환 외,『한국 전후문학 연구』, 삼지원, 1995.
허백년,「전후 미국 문화의 전망」,『신천지』, 1951.12.

_____, 「희생과 정화」, 『신천지』, 1952.3.
홍한표, 「세계 예술계의 동향」, 『신천지』, 1948.7.
까 뮈, 「부조리와 인간」, 『신천지』, 1953.7·8.
뛰엣세, 「까뮈의 사상과 문학」, 『신천지』, 1952.3.
로버트 쟘펠, 「사르트르의 실존주의」, 『신사조』, 1950.5.
로테르 캠프, 「사르트르의 희곡 '더러운 손'에 관하여」, 『민성』, 1949.1.
리오라니아, 「전후 구라파 문단의 동향」, 『신천지』, 1947.11~1948.3.
사르트르, 「불란서인이 본 미국 작가」, 『신문학』, 1946.10.
_____, 「문학의 시대성」, 『신천지』, 1948.10.
삐에르 에마뉴에르, 「현대문학의 고찰」, 『문예』, 1952.1.
알베르스, 「배반당한 절망」, 『사상』, 1952.11.
야스퍼스, 「현대 질서의 위기」, 『신천지』, 1952.3.
클라우스만, 「전후 독일 문단」, 『신천지』, 1948.11·12 합집.
포크너, 「문학이란 무엇인가」, 『문예』, 1952.2.
하와드 콜러러맨, 「예술을 통하여 본 파리의 자태」, 『신천지』, 1948.2.
하인리히 듀모링, 「심판받는 인간」, 『신천지』, 1949.11.
헨리 페레, 「현대 불란서의 실존주의 작가들의 문학과 철학」, 『신천지』, 1952.3.

찾아보기

(ㄱ)

「가을 저녁」 173, 187, 189, 190, 191, 265
「간호장교」 65, 87, 90, 191, 194, 263
「갈대」 252
「감」 173, 177, 186, 200, 220, 221, 265
강소천 26
강신재 26, 32, 101, 102, 105, 106, 134, 174, 204, 263, 265
「거리」 173, 187, 188, 265
「거품」 174, 200, 202, 204, 265
계명훈 59
「고요한 밤」 174, 200, 209, 265
「고향 바다」 70
고희동 105
「곡예사」 11, 173, 177, 180, 182, 183, 184, 187, 265
「골목 안 아이」 251, 253

「골목집」 158, 174, 200, 202, 209, 211, 265
「골육」 65, 67, 73, 88, 263
「공휴일」 32, 228, 235
「과부」 226, 228, 251, 253, 255, 257, 266
곽종원 18, 30, 33, 39, 40, 43, 44, 51, 59, 66, 115, 172, 179, 226, 252
곽하신 31, 32, 37, 158, 174, 211, 261, 265
곽학송 70
「광장」 85
「구각을 떨치고」 138, 145, 154
구상 26, 34, 35, 37
구인환 229
『군항』 138, 146
권영민 11, 29
권처세 173, 186, 220, 221, 265
「귀환 장정」 138, 159, 241, 264
「그 날에 있은 일」 228, 240, 243,

244
「그 모녀」 174, 200, 202, 204, 265
「그 초기」 113
「기상도」 11, 65, 87, 95, 263
「기우제」 146, 227, 244, 247, 266
김광섭 26, 34
김광주 26, 31, 32, 101, 104, 173, 174, 186, 211, 213, 261, 265
김기림 26
김기완 33, 39, 40, 41, 51
김기진 32, 33, 39
김남천 26
김동규 26
김동리 11, 26, 27, 30, 32, 33, 37, 38, 39, 40, 45, 103, 113, 138, 155, 156, 159, 166, 190, 227, 228, 239, 240, 241, 245, 264, 266
김동사 138, 144, 264
김동석 26, 57
김동인 26
김동환 103
김말봉 26, 31, 32, 173, 174, 190, 228, 261, 265, 266
김병욱 26
김사량 26

김성한 32, 61
김송 26, 32, 33, 34, 35, 37, 39, 65, 67, 69, 70, 74, 75, 95, 102, 120, 124, 138, 145, 155, 158, 161, 174, 192, 205, 261, 263, 264
김억 26
김영랑 26
김영삼 26
김영수 33, 37, 39, 174, 265
김요섭 26
김용호 26
김우종 11, 198
김원일 165
김윤성 26
김윤식 11, 133, 171
김이석 26, 37, 70, 137, 145, 154, 164, 174, 191, 197, 265
「김 장군」 65, 87, 92, 94, 263
김정한 31
김종길 53, 80, 241
김종문 33, 39, 42
김준성 32
김진섭 26
김춘수 59

찾아보기 289

(ㄴ)

「나는 너를 싫어한다」 174, 200, 211, 213, 265
「나체상」 158, 174, 200, 205
「낙화」 138, 139, 144, 264
「난류」 133
「남부군」 85
「남아 출생」 138, 145, 154
「노인」 227, 251, 256, 266
노천명 26, 101, 103
「노파와 소년과 닭」 226, 228, 251, 256, 257, 266
「눈물」 102, 105, 106, 107, 112, 263
「눈사람」 138, 156, 162, 264
「늪」 252

(ㄷ)

「달과 전쟁」 65, 74, 263
「닭제」 252
「닳아진 나사」 226, 228, 251, 266
「대가 외 3제」 174
「독짓는 늙은이」 253
「동첩」 251, 257, 266

「두 개의 심정」 138, 155, 162, 264

(ㅁ)

「망령」 173, 187, 190, 265
「매」 252
「맹산 할머니」 253
「메리 크리스마스」 79, 173, 177, 179, 265
「면회」 137, 139, 142, 143, 144
모윤숙 26, 34, 101, 104
「목넘이 마을의 개」 79
「목숨」 77, 102, 120, 124, 125, 129, 263
「무녀도」 247
「무지개」 138, 139, 143, 144, 219, 264
「미련 소묘」 32, 126, 227, 235, 238, 240, 266
「미해결의 장」 236
「밀다원 시대」 241
「밀양 박씨」 146

(ㅂ)

「바다의 대화」 138, 141, 145, 146,

149, 264
「바람 속에서」 228, 240, 244
「바퀴 소리」 228, 251, 256, 266
박경리 165
박경종 26
박계주 26, 36, 37, 88
「박군 이야기」 137, 164
박기준 33, 40, 44, 51, 59, 60, 226
박남수 26
박두진 26, 36, 101
박목월 26, 35, 53, 80, 241
박신헌 13
박연희 31, 32, 34, 36, 37, 65, 87, 88, 138, 165, 174, 220, 261, 263, 264, 265
박영준 11, 26, 27, 31, 32, 37, 65, 67, 68, 81, 87, 92, 97, 137, 142, 173, 189, 261, 263, 264, 265
박영희 26
박용 32
박용구 26, 27, 31, 32, 37, 102, 105, 174, 191, 205, 209, 228, 234, 261, 263, 265, 266
박용덕 35
박인환 57
박종화 26, 31, 96, 101

박태원 26
박화목 35
박화성 31
방기환 18, 26, 31, 37, 65, 67, 73, 101, 226, 252, 261, 263, 266
백철 15, 30, 33, 39, 59, 60, 101, 103
「범선에의 길」 146, 173, 187
「변 노파」 137, 139, 142, 264
「별」 252
「별빛」 138, 139, 144, 264
「병든 나비」 253
「부마 고려국왕」 228, 234
「부부 서정」 251
「분별」 174, 191, 192, 197, 265
「불량 소년」 173, 177, 186
「불사신」 138, 155, 161, 192, 264
「불효지서」 173, 177, 186
「비가」 174, 200
「비 오는 날」 236
「빙화」 174, 200, 209, 216, 220, 265
「빨치산」 65, 81, 85, 97, 114, 263

(ㅅ)

「사선」 134
「사선기」 32, 177, 236
「사의 행렬」 146
「산골 아이」 252
「삼대」 131
「삼인」 102, 115, 119, 263
「상면」 227, 240, 241, 257, 266
「상혼」 138, 145, 153
「새 설계」 227, 244, 249, 250, 266
「새벽」 65, 87, 88, 90, 263
「새봄의 노래」 114
「새울림」 133
「생리의 승화」 114
「생활적」 236
서근배 32, 173, 190, 228, 234, 265, 266
「서울의 비가」 102, 120, 124, 129, 263
서정주 26, 35
서정태 35
「선물」 138, 145, 151, 152, 194, 264
선우휘 165
설정식 26

설창수 26, 101
「성격」 228, 234, 257, 266
「소나기」 226, 228, 251, 252, 257, 266
「소년과 메리라는 개」 138, 165, 169, 264
「속물」 174, 200, 202, 205, 207, 265
손무성 59
손소희 27, 31, 32, 37, 101, 103, 152, 173, 180, 187, 226, 228, 241, 243, 261, 265, 266
손창섭 32, 61, 228, 235, 236, 238
손철 32
「솔메 마을 사람들」 227, 244, 249, 266
송완순 26
「순정기」 241
「슬픈 인연」 173, 186, 265
「슬픔과 고난의 영광」 114
「승냥이」 223, 224
「신기루」 173, 177, 186, 265
신영덕 13, 14
「심화」 174, 200, 211, 213, 265
「싸우는 마을 사람들」 223

(ㅇ)

「아버지」 227, 240, 244, 266
「아이들」 251, 253
「아찌야」 138, 139, 144
「악수」 137, 145, 154
「안개구름 끼다」 252
「안개는 아직도」 174, 202, 205, 265
안수길 11, 31, 32, 37, 70, 173, 174, 184, 191, 196, 261, 265
안회남 26
「암야」 65, 67, 69, 71, 73, 88, 114, 263
「암야 행로, ―속 ㄷ씨 행장기―」 146, 224, 228, 230, 233, 257, 266
양명문 26
양병식 57, 59
「양심」 174, 177, 200, 214, 217
양주동 101, 103, 111
「어둠 속에 찍힌 판화」 79, 173, 177, 179
「어둠을 헤치고」 65, 81, 85, 263
「어머니」 138, 145, 149, 152
「역설」 138, 145, 154, 264

염상섭 11, 26, 27, 31, 32, 33, 37, 39, 102, 105, 108, 113, 129, 131, 133, 134, 147, 174, 202, 227, 249, 261, 263, 264, 265, 266, 268
「영」 65, 74, 75, 95, 263
「오빠」 114
오상순 26
오세영 64
오영수 32, 35, 138, 144, 155, 162, 226, 228, 255, 261, 264, 266
오영진 35
오장환 26
오종식 26, 101
「O형의 인간」 146, 228, 232
옥기수 57
「왕모래」 252
「외투」 137, 139, 144, 264
「요한 시집」 240
「용사」 65, 87, 88, 92, 263
「용초도 근해」 11
「운수 좋은 날」 184
원용서 26
유동준 26, 33, 39, 54, 101
유주현 11, 31, 32, 36, 37, 65, 74, 75, 87, 95, 138, 145, 154, 173, 174, 186, 211, 213, 214, 217,

261, 263, 264, 265
유치진 26, 101
유치환 35
유학영 14
「6·25」(이무영) 138, 146, 156, 164, 264
「6·25」(조진대) 173, 177, 186
윤백남 37, 109, 147, 268
이광수 26
이기윤 14
이무영 26, 31, 32, 33, 37, 39, 54, 55, 56, 109, 138, 141, 145, 146, 147, 155, 156, 164, 173, 174, 211, 224, 227, 228, 247, 261, 264, 265, 266, 268
「이리도」 79
이범선 61
이병철 26
이봉구 26, 138, 165, 167
이선구 37
이선근 33, 39, 46, 47
이숭녕 33, 39, 46
이용악 26
이원섭 26
이원조 26
이은자 13, 14

이인석 26
이인수 26, 101
이재선 10
이정호 35
이종산 26
이주홍 228, 266
이태준 26
이하윤 26, 101
이한직 26, 35
이해문 26
이헌구 26, 33, 39, 46, 49, 50
「인간동물원 초」 236
「일야」 146, 174, 211, 213
임긍재 18, 26, 33, 34, 35, 39, 40, 43, 44, 51, 59, 60, 201, 226
임서하 26
임옥인 26, 31, 101, 114
「임 하사와 그 어머니」 138, 145, 152, 153
임화 26

(ㅈ)

「자매」 174, 200, 217
「자매 계보」 174, 200, 211, 213, 265

「자전거」 134
장덕조 31, 32, 37, 138, 145, 149, 152, 264
장만영 26, 101, 172
장수철 26
장용학 32, 61, 102, 120, 126, 165, 227, 235, 238, 239, 263, 266
「재회」 113
「저녁놀」 252
「저류」 137, 145, 155, 156, 161, 191, 197, 264
「전락의 기록」 174, 205, 209, 265
전숙희 31
전영택 32, 114
전홍준 26, 101
「전환의 역정」 174, 200, 211
「절정」 174, 200, 217, 219
「젊은 사람들」 146
「젊은 힘」 138, 145, 151
정비석 31, 32, 37, 65, 87, 90, 138, 145, 154, 191, 261, 263
정인섭 57
정인택 26
정지용 26
「정찰 삽화」 137, 141, 142, 143, 144, 264

「제물」 234, 266
「제비」 174, 191, 192, 196, 265
「제삼인간형」 11, 174, 191, 192, 197, 265
조남현 13, 19, 235
조병락 64, 65
조연현 26, 33, 34, 39, 40, 44, 52, 53, 59, 60, 80, 101, 104, 119, 241
조영암 26, 27, 34
조지훈 26, 35, 36
조진대 114, 173, 186
조향 39, 42
조혼파 35
「죄와 벌」 174, 211, 265
「쥐」 173, 187, 265
「지동설」 126
「지리산」 85
「지평선」 133
「쨱 나이프」 134
「찢어진 윤리학의 근본 문제」 102, 120, 126, 263

(ㅊ)

「참새」 138, 165, 167, 169

채정근 26
「처녀 애장」 174, 200, 205, 209, 265
천세봉 223
「철조망」 228, 251, 257, 266
「청색 안경」 251, 257
「초향」 146
최독견 37, 174, 214
최상종 32
최인욱 26, 27, 31, 32, 33, 36, 37, 39, 42, 101, 102, 120, 134, 137, 141, 144, 145, 155, 156, 174, 191, 207, 261, 263, 264, 265
최인훈 165
최재서 227
최정희 27, 31, 32, 37, 101, 103, 138, 144, 145, 152, 228, 244, 261, 264
최찬식 26
최태응 26, 31, 32, 35, 37, 101, 102, 114, 115, 134, 138, 139, 145, 154, 174, 217, 219, 261, 263, 264
「취우」 11, 102, 129, 130, 133, 134, 263
「칠면조」 102, 105, 106, 108, 112, 114, 191, 263

(ㅋ)

「쾌청」 173, 177, 184, 265

(ㅌ)

「탐내는 하꼬방」 102, 129, 134
「태백산맥」 85
「퇴폐의 장」 174, 205, 209, 265

(ㅍ)

「패배자」 174, 200, 214, 217, 265
「패장 안미」 234
「포말의 의지」 236
「포화 속에서」 65, 74, 77, 88, 97, 169, 263
「폭풍」 65, 67, 69, 70, 71, 88, 95, 114, 263
「피」 252
「피란민의 대열」 172

(ㅎ)

「하늘은 오늘도 푸르러」 174, 209, 265

「학」 102, 115, 119, 123, 250, 263
「한내 마을의 전설」 228, 244, 245, 266
한무숙 26, 31, 32, 101, 227, 228, 233, 244, 261, 266
한설야 223
한정동 26
「함락 직전」 235
함윤수 26
「항구」 173, 187, 190, 265
「해 지는 보금자리 풍경」 174, 200, 202, 265
「해방의 아침」 102, 105, 108, 109, 112, 114, 131, 263
「향연」 173, 177, 180, 182, 183, 184, 187, 265
「허무러진 환영」 228, 233, 266
허백년 59
허윤석 37

현진건 184
「형제」 113
「혼선」 174, 200, 211
홍구범 26
「홍염」 102, 129, 133, 263
홍영의 35
홍한표 57
홍효민 26, 101
「화산댁이」 251, 255, 266
「황노인」 253
「황소들」 252
황순원 11, 27, 31, 32, 37, 65, 74, 77, 79, 88, 97, 102, 115, 118, 169, 173, 177, 178, 179, 187, 226, 227, 228, 249, 252, 253, 255, 261, 263, 264, 266
「흙」 251
「흥남 철수」 166, 241
「흥부네 형제」 228, 251, 256

한국전쟁기 소설 연구

초판 1쇄 인쇄일	| 2012년 02월 27일
초판 1쇄 발행일	| 2012년 02월 28일

지은이	| 김문수
펴낸이	| 정구형
출판이사	| 김성달
편집이사	| 박지연
책임편집	| 이하나
편집/디자인	| 정유진 신수빈 윤지영 이가람
마케팅	| 정찬용 권준기
영업관리	| 한미애 심소영 김소연 차용원
인쇄처	| 월드문화사
펴낸곳	| 국학자료원
	등록일 2006 11 02 제2007-12호
	서울시 강동구 성내동 447-11 현영빌딩 2층
	Tel 442-4623 Fax 442-4625
	www.kookhak.co.kr
	kookhak2001@hanmail.net

ISBN	| 978-89-279-0223-2 *93800
가격	| 21,000원

* 저자와의 협의하에 인지는 생략합니다.
  잘못된 책은 구입하신 곳에서 교환하여 드립니다.